LARA NESTERUK
NO EIXO

UM GUIA PARA ALINHAR CORPO E MENTE
Dicas para ter sucesso em sua dieta e sua vida

AUSTER

LARA NESTERUK

NO EIXO

UM GUIA PARA ALINHAR CORPO E MENTE
Dicas para ter sucesso em sua dieta e sua vida

Organização de Raquel Lemos

AUSTER

No eixo: Um guia para alinhar corpo e mente — Dicas para ter sucesso em sua dieta e sua vida.
Lara Nesteruk
1ª edição — maio de 2022 — CEDET
Copyright © Raquel Lemos, 2021.
Fotos © João Menna, 2022.

Sob responsabilidade da editora, não foi adotado o Novo Acordo Ortográfico de 1990.

Os direitos desta edição pertencem ao
CEDET — Centro de Desenvolvimento Profissional e Tecnológico
Av. Comendador Aladino Selmi, 4630 — Condomínio GR2, galpão 8
CEP: 13069-096 — Vila San Martin, Campinas (SP)
Telefones: (19) 3249-0580 / 3327-2257
E-mail: livros@cedet.com.br

Editor:
Ulisses Trevisan Palhavan

Organização:
Raquel Lemos

Fotos:
João Menna

Revisão:
Paulo Bonafina

Preparação de texto:
Danilo Carandina

Capa:
Zé Luiz Gozzo Sobrinho

Diagramação:
Virgínia Morais

Revisão de prova:
Flávia Regina Theodoro
Tamara Fraislebem
Tomaz Lemos Amaral

Conselho editorial:
Adelice Godoy
César Kyn d'Ávila
Silvio Grimaldo de Camargo

FICHA CATALOGRÁFICA

Nesteruk, Lara.
No eixo: Um guia para alinhar corpo e mente — Dicas para ter sucesso em sua dieta e sua vida/ Lara Nesteruk; organização de Raquel Lemos — 1ª ed. — Campinas, SP: Editora Auster, 2022.
ISBN: 978-65-87408-43-9

1. Aperfeiçoamento pessoal 2. Alimentação saudável, dietas
I. Autor II. Título

CDD 158.1/ 613.2

ÍNDICES PARA CATÁLOGO SISTEMÁTICO
1. Aperfeiçoamento pessoal — 158.1
2. Alimentação saudável, dietas — 613.2

AUSTER www.editoraauster.com.br

Reservados todos os direitos desta obra. Proibida toda e qualquer reprodução desta edição por qualquer meio ou forma, seja ela eletrônica ou mecânica, fotocópia, gravação ou qualquer outro meio de reprodução, sem permissão expressa do editor.

SUMÁRIO

11   **INTRODUÇÃO**
DE ONDE VEM A SUA MOTIVAÇÃO?

15   **CAPÍTULO I**
LOW CARB E EMAGRECIMENTO

O início **15**. *Sobre emagrecimento* **16**. *Por onde eu começo?* **16**. *Dieta low carb I* **17**. *O que é low carb?* **18**. *Dieta low carb II* **19**. *"Low carb não tem comprovação científica"* **20**. *Na low carb precisa eliminar carboidratos?* **21**. *Os milagres da dieta low carb* **22**. *O que você acha de tal dieta?* **23**. *Todos precisam diminuir o carboidrato na dieta?* **23**. *Zerar carboidratos?* **24**. *Carboidrato à noite engorda?* **25**. *Carboidrato à noite pode?* **26**. *Isso engorda?* **26**. *Tal coisa pode?* **27**. *Na dúvida, coma isso!* **28**. *Comer de forma natural* **29**. *Como lidar com as exceções* **29**. *Quem deve abrir exceções?* **30**. *Comer bem custa caro?* **31**. *Excesso de gordura* **32**. *Tipos de gordura* **32**. *Gordura para cozinhar* **33**. *A moda do fat free* **33**. *Sobre gordura saturada* **34**. *Cetose* **39**. *Sobre compensações* **42**. *Substituir a refeição pelo shake* **43**. *O que realmente deveria nos* *preocupar* 44. *Ou faço ou não faço* 44. *Quanto tempo vai demorar?* 45. *Tem alguma coisa para acelerar o emagrecimento?* 46. *Simplicidade* 46. *É tudo tão simples* 47. *Sobre despedidas* 48. *Não vivo sem isso* 48. *Pare e pense* 49. *Qual é a dificuldade?* 50. *Mau hálito durante a dieta* LCFH *é normal?* 50. *Alimentos saudáveis* 51. *A importância de ficar em seu galho* 51. *A dieta da moda* 52. *É moda agora?* 53. *Diferença entre low carb e dieta paleo* 54. *Utopia paleo* 55. *Tira leite, deixa leite, tira glúten, deixa glúten...* 55. *Carb up* 56. *Carb up não é dia do lixo* 57. *Fome* 57. *Comer sem fome?* 62. *Cadê os estudos que dizem para comer só com fome?* 63. *Não posso comer só quando tenho fome, porque tenho horário* 64. *Comer a cada 3 horas* 65. *Comer de 3 em 3 horas pode ser uma estratégia?* 66. *Se for comer toda vez que sinto fome, não vou parar de comer!* 67. *De 3 em 3 horas, pós e pré treino...* 68. *Saciou, parou!* 68. *Saciedade* 69. *Dieta das proteínas?* 69. *Então calorias são irrelevantes?* 70. *Low carb é perigoso?* 71. *O processo* 73. *Déficit calórico* 78. *Sobre doces* 81. *Opção de lanches sem glúten e sem lactose* 81. *Lista de compras* 82.

89 **CAPÍTULO II**
DICAS IMPORTANTES

Sorte de principiante 89. *Sobre sabor* 90. *Sobre dietas, vilões e lixo* 91. *Dieta e viagem* 92. *As férias e os furos* 93. *Até nas férias?* 93. *Fim de ano* 94. *Não vá pôr a culpa no Natal* 95. *Sobre o domingo* 95. *Tudo depende* 96. *Depende* 96. *Não encontro um nutricionista bom* 97. *O seu nutricionista* 98. *Aquele sonho seu* 99. *Tente isso* 99. *Sobre retomar* 100. *Como retomar* 101. *Gestante, lactante, criança, idoso...* 102. *Alimentação na gestação* 103. *Como adoçar a comida dos meus bebês?* 103. *Documentário What the health* 104. *Perda de referência* 104. *Pautados no medo* 105. *Por que temos tanto* medo? 106. *Liofilização* 106. *Não se apegue* 107. *Coerência* 107. *Alimentação não é religião* 108. *Pense nisso* 108. *Não se iludam* 109. *Limitações* 110. *Evidências científicas* 111. *Efeito platô* 115. *Sobre coar* 116. *Até o Drauzio* 117. *Individualização* 118. *Fixação nos detalhes* 120. *Detalhe* 121. *Isso emagrece?* 124. *Só volta* 125.

135 **CAPÍTULO III**
   TIPOS DE ALIMENTOS

Tipos de açúcares 135. *Açúcar de coco* 136. *Frutas* 136. *A questão das frutas* 137. *Banana pode?* 138. *Queijos* 139. *Laticínios* 139. *Óleo de coco pode?* 140. *Chocolate* 143. *Azeitonas* 143. *Sobre batata* 144. *Manteiga ghee* 145. *Barras de nuts* 145. *Sal* 146. *Bacon pode?* 147. *Tapioca pode?* 147. *Dois litros de água por dia?* 148. *Suco é uma boa?* 149. *O tal do suco verde* 150. *Refrigerante* 150. *Café puro* 151. *Café sem açúcar* 151. *A saga dos ovos* 152. *Ovos — parte I* 153. *Ovos — parte II* 155.

161 **CAPÍTULO IV**
   DOENÇAS, VITAMINAS E OUTROS COMPONENTES DO CORPO

Vitamina D 161. *Ferritina baixa, o que fazer?* 162. *Nitritos e nitratos* 163. *Resistência à insulina* 164. *Limpeza do fígado* 170. *Esteatose hepática* 173. *Esteatose hepática e low carb* 174. *Intestino* 174. *Compulsão alimentar* 177. *Terror alimentar* 179. *Meu colesterol está alto e agora?* 181. *Carência de nutrientes* 182. *Linus Pauling* 183. *Micro e macro nutrientes* 184.

187 **CAPÍTULO V**
   BALANÇA

A obsessão só trocou de lugar — balança 187. *Pare de se pesar* 188. *Se não me pesar como vou saber se emagreci?* 189. *Peso/balança* 190.

197 CAPÍTULO VI
EXERCÍCIOS E CORPO

Termogênese adaptativa **197**. *Definição muscular* **198**. *Trocar gordura por músculos?* **199**. *Qual treino é melhor para secar?* **199**. *Perda de massa muscular (bioimpedância)* **200**. *Quero perder barriga* **201**. *Mas e o treino?* **202**. *Ganho de massa magra e a comida de verdade* **203**. *Mulheres e o ganho de massa magra* **204**. *Preciso de pós e pré-treino?* **204**. *Catabolismo durante o sono* **205**. *Exercícios para emagrecer* **206**.

211 CAPÍTULO VII
JEJUM INTERMITENTE

Dieta low carb e jejum intermitente **211**. *O que é jejum intermitente?* **212**. *Um caso de jejum prolongado* **213**. *Jejum e o cérebro* **214**. *O metabolismo não diminui com jejum?* **215**. *Sobre jejum* **215**. *A moda agora é jejum* **216**.

219 CAPÍTULO VIII
DESAFIO BICHO E PLANTA

Desafio bicho e planta **219**. *Alimentos permitidos* **224**. *Por que não pode?* **225**.

229 CAPÍTULO IX
PERGUNTAS E RESPOSTAS

237 BIBLIOGRAFIA RECOMENDADA

INTRODUÇÃO

De onde vem a sua motivação?

Eu lia todas as biografias de atletas que podia encontrar, acompanhava os campeonatos brasileiro, sul-americano e mundial, assinava o pacote de TV que cobria as Olimpíadas, assistia a toda prova de triátlon, corrida, salto em altura e *badminton* que conseguia. Eu buscava motivação! Assistia a vídeos com frases de efeito e músicas que me tocassem. Isto até funcionava, mas por pouco tempo. Infelizmente é como usar algo sintético, que apenas se parece com o real... A verdadeira motivação precisa vir de você! Precisa vir de olhar para como você está agora e não ver o seu estado atual, mas sim imaginar o que se tornará! É necessário vislumbrar, ver o que se quer de verdade. Afinal, quem pode lhe dizer o que é importante para você? Quem pode julgar seu sonho, sua vontade? Ninguém poder fazer isso melhor do que você mesmo. Não deixe de lado as suas inspirações, mas seja você mesmo a maior delas. Não importa em que parte do caminho você está, o que importa é percorrê-lo!

Já estou nessa há muito tempo. Acompanhei tanto o emagrecimento de muitos (inclusive o meu) como o insucesso de outros tantos nessa estrada. Por isso, posso afirmar: existe um denominador comum. Há coisas que todos os que conseguem fazem, e coisas que todos os que fracassam fazem. Quem consegue normalmente opta pelo mais simples, não inventa desculpas, não faz compras de coisas "para começar a dieta", não espera a segunda-feira, cai e levanta o tempo todo, não espera a motivação chegar, aprende a falar "não" para si mesmo. Por outro lado, quem não consegue normalmente fica esperando a motivação brotar de algum lugar, encana com detalhes, troca de estratégia o tempo todo, quando erra leva dias para voltar, busca motivação antes de começar a agir, não diz "não" a si mesmo e se reveste de desculpas.

Busco sempre me direcionar para uma vida cada vez mais simples e descomplicada. Fomos ensinados que só o que é difícil e complicado dá resultados, de modo que tendemos a complicar tudo. Quando passamos a comer de forma natural, abrimos os olhos para isso, percebemos o valor da simplicidade não apenas na alimentação, mas também em toda a vida. Quando levada com simplicidade, a vida tem mais fluidez, é mais leve. Em contrapartida, quem passa seus dias envolto em questionamentos, fazendo contas e tomando notas, acaba por não ver a vida passar.

Se o seu objetivo é mudar sua composição corporal, entenda de uma vez por todas: é difícil! Sim, é muito difícil. E não à toa: não é para ser fácil. Quantas pessoas você vê à sua volta (e não na *internet*) que de fato mudaram completamente a própria composição corporal? Poucas! Quantas você vê tentando? Muitas! Sim, justamente porque é difícil. Para conseguir, você vai ter de se esforçar, e muito! É preciso dedicar-se de verdade, suar a camisa. Quer saber se é fácil levar ovo cozido, fruta e oleaginosa para o trabalho? Não, não é. Exige esforço. Ou se é fácil dizer "não" para o bolo que todo o pessoal do escritório está comendo em plena quarta-feira? Não! Exige esforço. Ou ainda se é fácil acabar de comer meio pudim e pensar: "Dane-se! Isso não me abala. Estou de volta agora mesmo à dieta"? Não! Exige esforço. Para entrar no eixo e ter sucesso em sua dieta e sua vida, coloque isto na sua cabeça: o pagamento no fim do mês é para quem trabalhou todo o mês.

CAPÍTULO I

Low carb e emagrecimento

O início

A vida inteira fomos ensinados que gordura é ruim, é uma vilã. Aprendemos que carboidratos eram a saída, eram a necessidade suprema da alimentação humana. Pão de manhã, frutas, aveia ou cereais nos lanches, arroz, batata ou macarrão nas principais refeições e assim por diante. Trata-se da ativação diária e ininterrupta de insulina. O resultado é que, a cada dia, ficamos mais gordos, mais lentos, mais viciados em comida... e mais perto do fracasso!

Tenho me dedicado muito a estudar a respeito dos malefícios dessa fartura de carboidratos e dos benefícios de uma dieta rica em gorduras e proteínas. A cada livro, a cada artigo, a cada palestra, me sinto mais confiante para trabalhar nessa linha.

Sobre emagrecimento

Quando o assunto é emagrecimento, sugiro o seguinte:

FAÇA A SUA PESQUISA — Por mais que contar com ajuda profissional seja excelente, mais seguro e poupe tempo, isso não descarta a necessidade de buscar respostas por si mesmo. Não deixe de ler tudo que puder sobre o assunto e esteja sempre aberto.

Definir "times" e endeusar ou crucificar estratégias é bobeira. Caso tenha um nutricionista, leve para a consulta um bloquinho com as suas dúvidas anotadas e faça todas as perguntas possíveis.

SEJA SIMPLES — Tendemos a pensar que o mais complicado surte um efeito maior, mas, se estamos falando de práticas diárias a serem mantidas por um longo tempo, quanto mais simples elas forem, maiores serão as chances de darem certo. Livre-se da idéia de que é preciso ingredientes raros, suplementos caríssimos ou qualquer outra coisa que te impeça de incorporar a mudança na rotina.

SÓ VOLTE — Essa é a dica mais importante. Quando comer algo que não estava em seus planos, não caia na bobeira de esperar o dia ou a semana seguinte para retomar o que estava fazendo. Volte à dieta no próximo minuto! Tenha em mente que a exceção justifica a regra, não se culpe e nem se cobre (isso não ajuda), apenas volte!

Por onde eu começo?

Muitos se encantam com um estilo de alimentação mais natural, saudável, naturalmente mais baixo em carboidratos (mas sem grandes restrições) e que não foge da gordura natural dos alimentos, mas não sabem como começar. Eles se perguntam: "Vou mudando aos poucos, ou mudo tudo de uma vez?". De modo geral, há duas opções possíveis.

A primeira opção — particularmente, a minha preferida — é o estilo Nike: *just do it* ["apenas faça" ou "faça de uma vez"]. Nesta opção, você começa já pela manhã, trocando seus cereais (pão ou biscoito) do café da manhã por ovos, seu café com leite desnatado por café com um pouquinho de creme de leite (ou nata), sua tapioca com aveia e mel por um *shake* com leite de coco e morango. Em seguida, mude o almoço, trocando arroz e macarrão por folhas e legumes, o filé magro por uma sobrecoxa com pele crocante (se for do seu gosto) e temperando a salada com sal, limão e azeite. À tarde, coma apenas se a fome aparecer e, neste caso, opte por castanhas, queijo, coco seco, azeitonas, ovinhos de codorna ou até, quem sabe, um *wrap* de couve. No jantar, faça o mesmo que no almoço e depois vá dormir. Simples e fácil.

Na segunda opção, você migra aos poucos: troque o pãozinho da manhã por pão feito com farinhas com menor teor de carboidratos (amêndoa, coco, castanha de caju), troque a geléia por manteiga e o leite por iogurte integral. No almoço, continue consumindo grãos, mas dê preferência aos de absorção mais lenta, como feijão, lentilha, grão-de-bico e quinoa. Não pegue pesado na gordura, mas não a evite! Um fio grosso de azeite vai muito bem! A tarde opte por frutas menos doces (morango, ameixa fresca, melão) e até coma uma fruta seca vez ou outra! Ou um ovinho cozido de vez em quando! Siga a mesma lógica no jantar, evitando refinados e focando nos vegetais.

As duas podem funcionar. O mais importante é que, em qualquer uma das duas, o resultado na saúde e na composição corporal é melhor do que o alcançado com uma dieta CHEIA de refinados e/ou industrializados. E aí, qual vai ser?

Dieta *low carb* I

De tempos em tempos é preciso relembrar: há uma banalização da dieta baixa em carboidratos. É preciso entender que *low carb* é uma estratégia usada no emagrecimento e no tratamento de doenças crônicas não transmissíveis. Ponto! Serve para todo mundo? Não! Todo mundo precisa? Não! É a melhor dieta que existe? Não! "Mas Lara", alguém pode dizer, "então por que você fala tanto sobre essa dieta?". Porque é o assunto que mais estudo e melhor domino, mas, por favor, entenda: não é porque priorizo essa dieta que só ela funciona!

Você pode muito bem emagrecer e ser saudável com outros tipos de dieta. O importante é individualizar. Sempre fiz questão de deixar claro que essa é apenas *uma* das estratégias possíveis. Em resumo, podemos dizer que *low carb* é para você se: você está em tratamento de resistência à insulina ou diabetes (tipo 1 e 2); tem esteatose hepática, hipercolesterolemia, hipertensão, SOP [síndrome do ovário policístico] ou endometriose; está procurando emagrecer (neste caso, lembre-se: essa é apenas uma das formas de se obter esse resultado). Porém *low carb* pode não ser ideal se você está em trabalho de ganho de massa magra, porque a dieta não se adapta bem a essa situação. Pronto, basicamente é isso.

O que sempre vai acontecer, esteja você seguindo uma dieta *low carb* ou não, é a busca por uma alimentação mais natural. Isso sim deve ser para todos. Concentre-se nisso! Você pode comer uma quantidade considerável de carboidratos por dia e ser muito saudável, basta que estes não venham de fontes refinadas ou de açúcar. Fora isso, tudo é estratégico e pode ser muito válido. Só não vale dividir o pessoal em times, fazer Fla-Flu e pregar sobre isso como se fosse religião ou partido político!

Não sou contra ninguém, não sou contra nenhum tipo de estratégia nutricional ou tratamento médico. A meu ver, mesmo o mais controverso dos tratamentos pode encontrar uma boa adesão e dar excelentes resultados quando bem aplicado. Neste ponto, segue valendo o bom senso.

O que é *low carb*?

Low carb é uma estratégia de alimentação utilizada desde o século XIX (modinha, né? Só que não!) no tratamento de obesidade, cuja eficácia tem sido exaustivamente demonstrada por muitos ensaios clínicos randomizados e confirmada por meta-análises. Ao contrário do que ocorreu com a dieta de baixa gordura (alimentos *light* e zero gordura), nascida por volta de 1970 (veja bem: uma modinha!), cujos benefícios de longo prazo nunca foram comprovados.

Comer *low carb* não tem nada a ver com "zerar carboidratos", nem com "cortar carboidratos", nem com comer *bacon*, nem com encher o café de gordura. Significa simplesmente não basear a alimentação em grãos, pães, massas e bolos, mas sim em vegetais (principalmente legumes e verduras), oleaginosas, azeite de oliva, frutas (com certas restrições a depender do caso) e gordura natural dos alimentos (carne de animais e ovos). Não traz riscos à saúde a longo prazo (há inúmeras demonstrações científicas em bancos de dados) e pode ser feita por quem tem objetivos como emagrecimento, tratamento de diabetes, esteatose, hipercolesterolemia, resistência à insulina, síndrome metabólica e outras. Consiste apenas em diminuir o teor de carboidratos da dieta, induzindo o corpo a uma adaptação que pode levar até oito semanas para acontecer.

Durante e após este período, a principal fonte de energia do organismo passa a ser a gordura, provinda tanto dos alimentos quanto do próprio corpo. A fome é consideravelmente reduzida, bem como o volume de comida. A glicemia abaixa e se estabiliza, uma vez que não há mais picos e rebotes causados pelo alto consumo de carboidratos, e o emagrecimento acontece. Essa dieta deve ser orientada por um nutricionista, de preferência um esclarecido no assunto, que não confunda cetoacidose com cetose nutricional, que entenda de gorduras e não as relacione ao risco cardiovascular e que, se possível, viva ou já tenha vivido esta realidade.

Quando bem empregada, ela pode ser levada sem grandes dificuldades pelo tempo necessário, até que se atinjam os resultados. Depois disso, a reintrodução de carboidratos pode acontecer gradualmente até que se descubra qual a quantidade ideal para cada indivíduo, de modo que ele possa manter o consumo sem desenvolver complicações.

Dieta *low carb* II

Sim, o foco é a quantidade e a qualidade do carboidrato. E não, não é preciso contar calorias (mas isso não significa que elas sejam irrelevantes).

A teoria da insulina certamente não está completa. Poucas coisas no nosso corpo são reguladas única e exclusivamente por apenas um hormônio. Afirmar o contrário seria diminuir toda a complexidade do tecido adiposo, dos outros hormônios, dos receptores, da microbiota intestinal... Mas o fato de a teoria não estar completa não implica que esteja incorreta! Pelo contrário, todo mecanismo proposto tem respaldo científico.

Mas e do ponto de vista prático? Não importa qual é o mecanismo. Quem diminui a quantidade de carboidratos na alimentação passa a ter menos fome e mais saciedade. Começa a comer menos e, conseqüentemente, ingere menos calorias. Mesmo não limitando a quantidade de calorias, as pessoas tendem a comer menos. E não, não é porque a "dieta é monótona".

Esta é uma das maiores vantagens de uma dieta *low carb* para quem quer emagrecer: diminuir a quantidade de calorias ingeridas sem passar fome.

Mas é preciso ter cuidado. Com essa dieta, o corpo torna-se apto a usar a gordura mais facilmente como fonte de energia. Isso é ótimo! Mas nosso corpo não é tão bonzinho assim. Ele não vai obrigatoriamente queimar o pneuzinho da barriga. Em vez disso, ele vai usar como combustível a gordura mais fácil de ser utilizada. Por isso, em alguns momentos, é preciso ficar atento à quantidade de gordura ingerida, se o objetivo ainda é perder peso. "Mas não disseram que eu não deveria ter medo da gordura?". É isso mesmo! Mas não ter medo não significa exagerar! Repare que ninguém está recomendando não comer gordura.

O que quero dizer com "exagerar" é comer queijo em todas as refeições, escolher sempre a carne mais gorda, abusar na quantidade de azeite e manteiga, comer diariamente doce *low carb* de sobremesa ou descontar toda a sua ansiedade do dia nas castanhas e no amendoim!

Como diria o Dr. Ted Naiman: "Se o seu corpo já é *high fat*, tudo o que você precisa é ser *low carb*".

"*Low carb* não tem comprovação científica"

Há quem reclame, dizendo que falo de estudos científicos mas jamais os mostro, embora o meu perfil no Instagram esteja repleto deles. Sabe qual o problema dessas pessoas? Preguiça! Se ninguém entregar em suas mãos os artigos, elas culpam um terceiro por não conhecê-los. É lastimável!

De qualquer modo, aqui não é o lugar para nos aprofundarmos em estudos específicos, algo que não faço nem mesmo nas minhas palestras, ainda que nelas eu mostre inumeráveis evidências científicas bem como ensine noções básicas de metodologia de pesquisa, epidemiologia e bioestatística, para que ninguém saia de lá sem saber a diferença entre um ensaio clínico, uma meta-análise e um estudo de coorte.

Mas então onde se pode procurar provas científicas? Nas bases de dados, como PubMed, Lilacs, Bireme e Scopus. Porém é claro que, se você não entende muito de metodologia, suas leituras não serão muito produtivas.

Entendo a limitação metodológica e a transitoriedade da ciência. Mas, atualmente, depois de publicados os boletins do JAMA [Journal of the American Medical Association] e da guinada que teve a ADA [American Diabetes Association], dizer que "ninguém mostra os artigos" é, no mínimo, sapiência limitada! Eles sem dúvida foram mostrados, e para o mundo inteiro; o seu único trabalho é dar alguns cliques e ler! Aos acadêmicos recomendo ler todos! Aos demais, o melhor é consultar o *blog* do Dr. Souto para ler sobre esses assuntos numa linguagem acessível aos leigos. Basta pesquisar no Google "*low carb* Dr. Souto" e você encontrará o *blog*! Lá estão listadas referências científicas para absolutamente tudo que digo aqui! Da próxima vez que alguém disser "isso é moda", "isso é charlatanismo", ou "isso é só para ganhar dinheiro", simplesmente fique tranqüilo. Você está embasado! Quanto à aplicabilidade da dieta, já escrevi que *não é para todo mundo*! No mais, me poupem do falatório!

Na *low carb* precisa eliminar carboidratos?

Há uma multidão de pessoas crentes de que precisam restringir completamente seus carboidratos para ter saúde e emagrecer. Essa noção não poderia estar mais errada! Como é de se esperar, a falta de um profissional leva à confusão.

Entenda: diminuir a quantidade deste macronutriente na dieta é uma medida terapêutica que deve ser administrada conforme a necessidade de cada indivíduo. Isso só é necessário quando a pessoa acumulou gordura corporal em excesso ou desenvolveu uma das doenças mencionadas anteriormente. A questão é que ninguém engorda por "comer muitas frutas", ou "ingerir muitas raízes" ou por "comer grãos", as pessoas engordam porque abusam de farináceos (biscoitos, bolos, pães, roscas, doces), açúcares líquidos (refrigerantes e sucos de fruta coados, em grande quantidade) e alimentos industrializados (tudo que vem embalado, tem validade longa e inclui conservantes, corantes, edulcorantes, espessantes e outros).

Depois disso, como adoeceram ou engordaram com hábitos assim, realmente precisarão evitar a maioria dos carboidratos disponíveis, a fim de diminuir a ação da insulina, um dos principais responsáveis pelo ganho de peso e, desse modo, reverter a situação. Por isso, não é certo dizer que "todos devem comer pouquíssimos carboidratos". Não é verdade! Muitos pacientes meus comem carboidratos regularmente. O que faço é apenas orientá-los, mostrando quais as boas fontes de carboidratos (raízes e frutas doces) e qual a quantidade ideal.

Por isso também não seria certo ficar indignado com o fato de que, para casos específicos, por um período limitado, até mesmo o consumo de banana e batata doce será restringido. "Mas são alimentos saudáveis!", diria o mais abismado. São mesmo, contanto que sejam ingeridos na quantidade, no caso e no momento certos. Quando falamos de *low carb*, não o recomendamos para todo mundo! Mesmo porque dificilmente recebo alguém que realmente esteja seguindo uma dieta *low carb* (apesar de 90% acharem que estão seguindo). Tudo se resume à seguinte máxima: comida natural, sem contar calorias, conforme a fome e, se houver um objetivo definido, com o auxílio de um nutricionista!

Os milagres da dieta *low carb*

Fico extremamente incomodada quando vejo a LCHF [*low-carb high-fat*] ser divulgada como um milagre. Leio por aí que ela produz um emagrecimento rápido e que é possível comer o quanto quiser sem a necessidade de contar calorias. Um mar de meias verdades! Em primeiro lugar, é um erro crasso confundir números menores na balança com emagrecimento. Partindo do princípio de que emagrecer significa diminuir a quantidade de gordura corporal e não o seu peso, pesar 3 ou 4 kg a menos nas primeiras semanas de uma nova dieta — seja ela qual for — não significa, nem de longe, emagrecer 3 ou 4 kg. Normalmente, os primeiros quilos a menos são uma conseqüência do esvaziamento dos estoques de glicogênio e água. No primeiro dia em que se ingerir uma alta quantidade de carboidratos, eles vão voltar! Por isso, o sucesso desta ou de qualquer outra dieta não se baseia na perda de peso, mas sim na mudança da composição corporal.

Em segundo lugar, é muito ingênuo tentar negar o princípio da termodinâmica. A diminuição da ativação da insulina não é o único responsável pelo sucesso da dieta *low carb* no emagrecimento. Não há segredo, a questão é muito simples: devido à saciedade produzida pelo alto consumo de gordura, a pessoa come menos e, comendo menos, acaba colocando-se naturalmente em déficit calórico. A única diferença é que na LCHF isso ocorre de forma natural e sem que seja necessário fazer restrições. Entenda: isso pode sim dar errado se a pessoa não entender que jamais deve comer sem fome e, muito menos, além da saciedade!

Milagres nessa área não existem. Seja alto ou baixo o seu consumo de carboidratos, se você quiser resultados vai precisar de disciplina, ou não chegará muito longe!

O que você acha de tal dieta?

"O que você acha da dieta x?". E por x entenda-se: flexível, *low carb*, *low fat*, vegetariana, vegana, LCHF, macrobiótica, higienista, crudívora, *whole* 30… diga o nome que você quiser, minha resposta será sempre a mesma: *não existe dieta boa e dieta ruim*. Grave isso! Existem dietas que funcionam para você e dietas que não funcionam para você. Até para uma mesma pessoa há variações: a dieta que funcionou enquanto você estava de férias em casa pode não funcionar quando você está viajando a trabalho. Aquela que foi confortável e tranqüila enquanto você se sentia bem em seu trabalho pode ser um martírio quando você está enfrentando problemas profissionais! Não é possível isolar os fatores comportamentais e avaliar a dieta em si. A opinião depende não só da dieta mas também do indivíduo envolvido. A única máxima nesse assunto, se é que existe uma, é que dieta boa é aquela que você faz!

O segredo é entender que todas as estratégias nutricionais podem ser válidas quando aplicadas na ocasião certa. O que determina se uma dieta é bacana ou não é se, além de atingir o objetivo (emagrecimento, aumento da massa muscular, controle de glicemia etc.), ela também consegue ser saudável (qualquer uma dessas que citei no início pode ser saudável ou não).

Você pode ser um vegano *junk* ou um flexível natureba! Tudo vai depender das escolhas dentro da estratégia. Estar bem orientado e aberto às possibilidades ajuda muito, afinal (para variar) em nutrição tudo depende!

Todos precisam diminuir o carboidrato na dieta?

É com grande afinco que tenho pesquisado e praticado uma dieta baixa em carboidratos e alta em gorduras. Contudo, sempre tive o cuidado de ter como objetivo último o resultado positivo dos pacientes, e não uma linha em si, seja ela qual for.

Por isso, sempre procuro ser imparcial ao buscar informações sobre dieta e alimentação. Apesar de ser saudável e eficiente do ponto de vista fisiológico, evolutivo e bioquímico, uma dieta pobre em carboidratos não é necessária em todos os casos. Em um estudo abrangente sobre a capacidade de metabolizar e utilizar carboidratos em pessoas com curva glicêmica normal, descobriu-se que, nesses casos, diminuir a ingestão total deste macronutriente faz pouca diferença no emagrecimento e nos níveis glicêmicos.

O grande problema é definir o que é "normal". Esta mesma pesquisa que mencionei nos leva à seguinte conclusão: o que muitos médicos chamam de "normal" em termos de glicemia em jejum e pós-prandial só pode receber esse rótulo se também acharmos "normais" a falência de órgãos e o surgimento de doenças metabólicas ao longo da vida. Procure um profissional que não se contente com informações prontas e que não prefira tratar exames em vez de pessoas. Descubra seu nível real de tolerância à glicose e, por extensão, determine se diminuir a quantidade de carboidratos na dieta é mesmo interessante ou necessário no seu caso.

Zerar carboidratos?

Volta e meia ouço o seguinte de alguém que não faz idéia do que realmente é *low carb*: "É perigoso zerar carboidratos, já que o cérebro é dependente de glicose para funcionar!". (Pausa para respirar fundo).

Em primeiro lugar, fazer uma dieta de baixo carboidrato não significa de maneira nenhuma "zerá-los". Trata-se de uma dieta saudável, que inclui uma variedade imensa de vegetais, além de castanhas e (para quem os tolera bem) queijos. Todos esses alimentos contêm carboidratos, ainda que em pequena quantidade. Em segundo lugar, é muito importante lembrar que a glicose é tão essencial ao funcionamento do cérebro que seu fígado produz cerca de 200 g por dia (leia de novo: 200 g por dia!), uma quantidade mais que suficiente para suprir suas necessidades (a quantidade mínima gira em torno de 100 g e 120 g). Como se não bastassem essas duas fontes, seu corpo ainda tem a capacidade de produzir corpos cetônicos a partir da quebra da gordura. Eles são responsáveis pelo suprimento de quase todos os órgãos, inclusive o cérebro.

E digo mais: ao contrário do que afirma quem não estudou bioquímica, corpos cetônicos não são tóxicos! Porém a sua produção excessiva, quando associada a um nível alto de glicemia, de fato é tóxica.

Essa situação chama-se cetoacidose, e não acontece em pessoas saudáveis, mas apenas em portadores de diabetes tipo 1. Se o estado de cetose (e não cetoacidose), que ocorre em qualquer um depois de consumir um baixo nível de carboidratos por vários dias, fosse algo perigoso e tóxico, nós não estaríamos aqui! Teríamos sido extintos há milhares de anos, uma vez que a oferta de carboidratos se tornou elevada apenas depois do desenvolvimento da agricultura, nos últimos dez mil anos (uma pequena fração dos quase 3 milhões de anos da raça humana). Além disso, todos nós, sem exceção, somos supridos por corpos cetônicos todos os dias durante as horas de sono e, como todos sabem, o sono não só não é tóxico, como é essencial e delicioso! Então não caia em falácias: o grande perigo não está em trocar pão por salmão, mas sim na ausência de informação!

Carboidrato à noite engorda?

Em primeiro lugar, grave a máxima: comida boa é boa a qualquer hora, e comida ruim não fica "melhor" quando o sol está a pino! O grande problema não é a hora em que você come, mas sim o que e quanto come!

É uma tremenda ilusão achar que, ao comer algo pela manhã, haverá tempo de "gastá-lo" ao longo do dia. Em primeiro lugar, porque quem pensa assim nem sempre tem um volume imenso de treino, muito menos na intensidade suficiente para "fazer sumir o exagero". Em segundo lugar (grave bem essa outra máxima): treino bom não compensa dieta ruim.

Se você comer a quantidade certa de cada macronutriente (carboidratos, gorduras e proteínas), como definida pelo seu nutricionista, mesmo consumindo suas refeições à noite ou de manhã, você não vai engordar. Mas, se estiver comendo além das suas necessidades, principalmente com uma qualidade baixa, você pode comer tudo antes do meio-dia que vai engordar do mesmo jeito!

Não é a hora, meu povo! É o que se come!

Carboidratos em exagero, assim como proteínas e gorduras, engordam às 6 da manhã, ao meio-dia e às 9 da noite.

Carboidrato à noite pode?

Sim! Mas precisamos antes entender bem o contexto. Isso só vale para quem já está em *low carb* há pelo menos oito a dez semanas, o período mínimo de adaptação. Para essas pessoas, mesmo se o objetivo for emagrecer, eu diria que a noite é o melhor período para consumir carboidratos. Quer saber por quê? Quando você come um carboidrato, seja ele qual for, há a elevação na glicemia e a conseqüente ativação da insulina, hormônio que impede a utilização de gordura como fonte de energia. Por isso, após ter mantido a insulina em um nível baixíssimo durante as 8–10 horas de sono, o que estimula o emagrecimento, seria contraproducente interromper esse processo logo de manhã, comendo uma tapioca, uma banana ou bebendo uma água de coco.

Mantenha essa insulina baixa o máximo que puder! Escolha ovos, queijos gordos, óleo de coco e abacate. Se for consumir uma boa fonte de carboidratos (raízes e frutas doces), que seja à noite, antes de dormir! A razão é que, assim, você evita o risco de desencadear um efeito cascata do consumo de carboidratos, porque vai comer e, em seguida, dormir! Desse modo não se corre o risco de passar o dia todo "caindo" na armadilha de comer "só mais um pedacinho".

A elevação da insulina à noite induz o sono e ainda evita picos de cortisol durante a noite, o que normalmente produz interrupções do sono. E sono ruim implica emagrecimento lento! O consumo eventual de uma fonte de carboidratos ajuda a regular a leptina, hormônio responsável pela queda do metabolismo e pela ativação da fome — duas coisas que você não quer durante a perda de gordura!

Entendeu por que vale a pena deixar sua mandioquinha, batata doce, banana, melancia, uva, inhame, mandioca etc. para o período da noite? Lembre-se de que a quantidade e a freqüência com que você faz isso depende do momento em que você está no emagrecimento e dos seus objetivos. Isso vale principalmente para quem faz treino intenso logo pela manhã.

Isso engorda?

Não existe isso de "alimento vilão", tire isso da cabeça! Nem mesmo o mais açucarado dos *brownies* age sozinho! Na vida tudo depende de contexto. E assim como não existe alimento vilão, também não existe alimento milagroso. O melhor dos gengibres não faz milagre em um cenário repleto de salgadinhos e refrigerante!

Grave bem isto: não existe alimento que engorda e nem alimento que emagrece! Simplesmente não existe! Porque engordar ou emagrecer são fenômenos multifatoriais. Você pode comer salada e engordar, ou comer brigadeiro e emagrecer! Tudo depende da alimentação como um todo, e não de certos alimentos específicos.

Uma pessoa que tem uma rotina disciplinada, que opta por uma comida mais natural e por alimentos poucos industrializados, e que baseia a sua alimentação em vegetais, pode tranqüilamente comer um doce vez ou outra sem sofrer sérias conseqüências. Por outro lado, uma pessoa que não abre mão de farinha refinada e come regularmente industrializados cheios de açúcar pode consumir óleo de coco e oleaginosas diariamente sem obter nenhum benefício real. Por que isso acontece? Porque andorinha sozinha não faz verão! O que dita o resultado é o contexto! Do dia, da época, da vida!

Mas tenha calma, sem fatalismo! Mesmo se você estiver na turma que não tem uma boa base, ainda vale a pena acrescentar bons alimentos à rotina. Vá no seu ritmo, e quanto mais, melhor! Só não vale esperar milagre ou jurar de morte um alimento específico — sua alimentação é composta de múltiplos itens!

Tal coisa pode?

Quem quer seguir uma dieta baixa em carboidratos deve entender o seguinte: não existe nenhum "alimento *low carb*"! Simplesmente não existe. Porque *low carb* (LC) é uma estratégia nutricional, não uma classe de alimentos. Você pode comer meio abacate e não estar em LC ou, então, pode consumir duas bananas no mesmo dia e estar em LC! Por quê? O que importa é o contexto! Se você tiver feito duas refeições no dia, a primeira com ovos, brócolis, manteiga, tomates e cogumelos, e a segunda com peixe, salada verde e azeite de oliva, não sairá de um contexto LC ao comer uma banana, porque a quantidade total de carboidratos ingeridos naquele dia continua baixa, ainda que a banana seja uma das frutas mais ricas neste macronutriente!

Por outro lado, se você comer uma banana ou qualquer outro alimento mais rico em carboidratos, como raízes e grãos, em um dia em que houve ingestão de oleaginosas, outras frutas e chocolate amargo, pode tirar esse dia da lista dos LC. Você pode comer feijão e estar em LC! Pode comer grão de bico e estar em LC! Pode comer caqui, mandioca, abacaxi, batata doce, qualquer coisa e continuar em LC, porque o que caracteriza uma alimentação LC não é o tipo do alimento consumido, mas sim a quantidade total de carboidratos ingerida ao longo do dia (ou no período em questão)!

"Quanto de carboidratos devo comer para estar em LC?". Isso depende de cada caso. Como sempre digo, quantidades são individuais. Há quem consuma 50 g de carboidratos líquidos (descontando fibras) ao dia e esteja em LC e há quem consuma até 100 g/dia ou 1 g de carboidratos por quilo de peso e também esteja em LC. Tudo depende da composição corporal, do nível de atividade física e do objetivo! Não existe nenhum alimento que precise ser excluído da alimentação para se permanecer em LC. Porém é necessário fazer escolhas. Afinal, consumir tudo, todo dia… é complicado!

Na dúvida, coma isso!

Em vez de barra de cereal, oleaginosas. Em vez de biscoitinho (mesmo integral), fruta. Em vez de torradinha, ovos. Em vez de suco, água. Em vez de refrigerante, água com gás e limão. Em vez de chá de caixinha, chá natural. Mas entenda: não há nada de mal em consumir a primeira opção de cada um desses exemplos, desde que isso seja uma exceção. Afinal, como você sabe, é a exceção que justifica a regra! E para ser exceção tem que valer a pena!

Aquele bolo que você ama, o pudim que só sua tia faz, o sorvete que você adora, a pizza acompanhada de cerveja que te faz babar; afinal, comer faz parte da vida. O problema não está nessas ocasiões tão especiais, mas sim na rotina! Uma rotina com açúcar e farinha em excesso não vale a pena. Primeiro, porque é nociva à saúde; segundo, porque banaliza o consumo desses alimentos. Saiba escolher não só a comida boa e saudável, mas também o momento de *furar* a dieta. Só não vale fazer-se de bobo e driblar a rotina! Na dúvida, coma isto: frutas, verduras, carnes, ovos, castanhas e legumes.

Comer de forma natural

Não tem conversa, meu povo, não tem discussão: a verdade é que se beneficia aquele que come da forma mais natural possível. O que percebo ser difícil para muitos é entender que uma alimentação natural é *naturalmente* mais baixa em carboidratos, *quando comparada* à alimentação tipicamente ocidental, cheia de pães, massas, biscoitos, bolos e produtos industrializados.

Se você trocar o pão branco da manhã por ovos, o macarrão do almoço por uma salada acompanhada de um filé com legumes, e os biscoitos e barras de cereais da tarde por frutas e oleaginosas, você já estará em uma dieta naturalmente mais baixa em carboidratos.

A estratégia só entra em jogo quando se quer baixar essa quantidade ainda mais. Mas isso é só para quem tem necessidade, como quem está tratando uma doença relacionada à hiperinsulinemia ou quem quer emagrecer.

Porém, mesmo no emagrecimento, ela é opcional! Se a pessoa não tem nenhum nível de resistência à insulina, ela não precisa fazer uma dieta *low carb*. Ela pode, mas não precisa!

Ao final de qualquer *post*, de qualquer matéria de televisão, de qualquer notícia, pergunte-se: "Estão me dizendo para deixar de comer peixe com legumes e passar a comer farinha e açúcar?". Não? Então a informação deve ser válida!

Como lidar com as exceções

A festinha de criança, o aniversário do cunhado, o seu bolo favorito, o prato que só se encontra naquele restaurante, a especialidade da avó, o chocolate da TPM... são tantas as ocasiões que podem te desviar do plano traçado. Como lidar com tantas possibilidades de escorregar na dieta?

Em primeiro lugar, entenda que isso tudo faz parte da vida e que nunca haverá um período livre de contratempos. Portanto, é uma ilusão pensar que se deve "esperar tal data passar" para, então, começar a se alimentar bem.

O "pé na jaca", o "furo", o "regaço" — chame como quiser — devem ser aproveitados enquanto acontecem e vividos intensamente. Afinal, são prazerosos e não fazem menos mal quando nos lamentamos ao mesmo tempo. Quem fica se culpando durante um furo, se torna chato e deixa de aproveitar a leveza da coisa. Furou? Furou! O importante é o que acontece em seguida!

Entenda que esse é um episódio isolado, e que deve ser tratado como tal! Não deixe um sorvete virar um final de semana de esbórnia gastronômica! Não deixe algumas fatias de pizza virarem uma semana de "ah, já que estraguei tudo mesmo…"! Não perca o fio! Furou, volta! Caiu, levanta! Sujou, limpa!

Isole o acontecimento! E não deixe que um evento isolado arruíne o plano como um todo! É preciso eliminar a noção comum de que o certo é realizar o projeto, do começo ao fim, sem nenhum escorregão. Escorregões fazem parte do trajeto! O que me impressiona em pacientes exemplares não é o número de quilos que emagrecem, mas a capacidade de recuperar-se depois dos deslizes.

Bem-sucedido não é o que não cai — que, aliás, sequer existe — é o que sabe se levantar!

Quem deve abrir exceções?

A pergunta é tão ampla que é difícil dar uma resposta única. Em primeiro lugar, é preciso definir o que seria, num caso específico, uma "exceção". Afinal, algo que acontece toda semana não é "exceção", é regra!

Em seguida, é preciso determinar "quem deve fazer". A meu ver, só quem não tem uma doença fortemente ligada à alimentação deve considerar "parte do plano" comer algo absolutamente fora da dieta. Por isso, o que direi a seguir não se aplica a diabéticos (e resistentes à insulina), portadoras de SOP [síndrome do ovário policístico], endometriose e portadores de doenças auto-imunes.

Penso que você deve abrir exceções se isso não for prejudicial para você. Se comer um doce faz você se sentir um lixo, chorar e se culpar, é melhor evitá-lo e se concentrar apenas na redefinição dos pensamentos limitantes e na terapia, que é o tratamento para esse tipo de dificuldade.

Quem está em processo de emagrecimento também deve abrir poucas exceções. Quanto mais exceções se abrem, mais tempo leva para ver o resultado. Isso pode levar a pessoa a se desanimar e desistir de tudo!

O número exato de vezes que alguém deve abrir exceções é absolutamente pessoal. Não tem uma tabela que diga "quem quer emagrecer 10 kg deve fazer x furos". Isso depende do objetivo e da necessidade de cada um. Existe quem se dê muito bem abrindo uma exceção a cada 10–15 dias e quem funcione melhor com um número bem menor de exceções.

Para obter um bom resultado, é essencial descobrir qual é o seu tipo e, principalmente, estar disposto a mudá-lo ao longo do trajeto!

Comer bem custa caro?

Essa é uma preocupação de muita gente quando o assunto é alimentação natural e mais saudável. Mas será verdade que comer bem custa mais caro? A resposta é: depende! Depende do que você chama de "comer bem". Se você quiser comer camarões gordos, aspargos, quilos de farinha de amêndoas, *blueberries*, batatas-doces laranjas e afins, realmente precisará mexer no bolso, e muito! Mas comida de verdade não é isso!

Quando falo sobre comer de forma mais natural, estou falando de chuchu, cenoura, acém, músculo, coxão duro, carne de porco, vísceras, ovos, banana, abóbora, beterraba, limão, acerola... Estou falando de frutas da época, de itens acessíveis, de alimentos que se pode comprar na feira de rua e no açougue da esquina!

"Mas não é melhor comprar daquela marca caríssima que cria sem uso de antibióticos?". Claro que é, mas se isso não for acessível para todos, o que vamos fazer? Jogar as mãos para o alto e dizer "dane-se, já que não podemos comprar aquilo, então vamos comer biscoitos"? Não, ora! Vamos fazer o melhor que pudermos!

Dê preferência a feiras e produtores da sua região, aqueles mais próximos a você, e faça o melhor que puder com o que lhe está disponível!

Basear a alimentação em alimentos naturais não significa pirar e nem gastar muito dinheiro, significa fazer o melhor que puder e jamais usar desculpas.

Pequenas trocas podem ser um bom início para uma vida mais saudável! Troque o que tem um ano de validade pelo que estraga fora da geladeira. Pronto! Já é um ótimo começo!

Excesso de gordura

Para variar, o pessoal acaba perdendo a mão. Não sei de onde vem a idéia de que comer de forma natural significa fazer uma refeição com ovos, manteiga, *bacon*, queijo, café com óleo de coco, abacate e creme de leite. Não é nada disso! Não ter medo da gordura naturalmente presente nos alimentos não significa estar livre para se entupir de gordura pensando que isso não causa danos. É lógico que causa! Outro dia me disseram "acho perigoso comer gordura à vontade"; mas quem foi que mandou comer "à vontade"?

Ora, tenhamos bom senso! Assim como comer na mesma refeição fruta, aveia, mel, suco, pão e geléia é um absurdo, um excesso de carboidratos capaz de fazer qualquer pâncreas pedir arrego, encher o prato de tudo que existe na lista dos "ricos em lipídeos", não é a solução! A gordura é um macronutriente tão denso e rico que cumpre o seu papel mesmo em pequenas quantidades. Para ter um nível de consumo saudável, basta não evitá-la, nem suplementá-la.

O que recomendamos é não consumir nenhum alimento *light* (todo alimento *light* é processado e, portanto, incompatível com uma dieta natural), não optar por nada desnatado, não tirar a pele do frango e jamais achar que margarina é algo saudável quando comparado à manteiga. Mas não estamos falando de "enfiar gordura onde não tem"! Se você for comer queijo, não acrescente azeite — isso é um exagero! Se você gosta de café puro, não adicione óleo de coco! Se a carne já tem gordura, não a cozinhe com banha! O objetivo é uma alimentação natural, e não surreal!

Tipos de gordura

O pensamento mais comum em relação ao assunto "gordura na alimentação" é também um dos mais errôneos. A maioria das pessoas tende a considerar a gordura vegetal como algo bom e a gordura animal, como algo ruim. Vamos agora refutar essa lenda. Parte da crença se origina na idéia de que "a gordura saturada é ruim" e "a gordura monoinsaturada é boa". Para ilustrar essa lógica, temos a opinião típica de quem usa essa definição simplista e incorreta: "abacate, azeite de oliva e oleaginosas são boas opções (já que são fontes da gordura monoinsaturada), enquanto manteiga, banha de porco e carnes gordas são fontes da (maléfica) versão saturada".

Mas a verdade é que quase todos os alimentos ricos em gorduras contêm as três versões (saturada, monoinsaturada e poliinsaturada), o que muda é a proporção de cada uma delas. Por exemplo, o abacate tem mais gordura monoinsaturada (60%), mas isso não significa que ele não contenha gorduras saturadas (21%) e poliinsaturadas (19%)! O mesmo acontece com oleaginosas, azeite de oliva, coco, manteiga, banha de porco... O que realmente distingue cada alimento nesse quesito não é ser de origem animal ou vegetal, mas sim a proporção de cada um dos tipos de gordura. Ácido oléico (gordura monoinsaturada) é ácido oléico! Não importa se ele está no azeite ou na gordura de porco. Ácido palmítico (gordura saturada) é ácido palmítico, esteja na manteiga ou nas castanhas.

É fato que alimentos de origem animal tendem a apresentar uma maior concentração de gordura saturada, mas isso está longe de ser um problema em si.

Então qual é o meu objetivo? Quero dizer que a fonte não importa? Não! Na hora de escolher o que comer, não devemos nos preocupar apenas com a quantidade de cada gordura. Considerar a qualidade da gordura é ESSENCIAL para outros aspectos importantes da alimentação. Fique atento!

Gordura para cozinhar

Ao cozinhar, a melhor opção é sempre a mais natural possível. Por isso, excluem-se óleos extraídos de sementes (soja, milho, girassol, canola, algodão). Em termos de ponto de fusão, as melhores opções são manteiga clarificada (*ghee*) ou normal (margarina deve ser evitada), óleo de coco e banha de porco (não refinada). O azeite de oliva comum também pode ser usado para cozinhar, porque, mesmo sob altas temperaturas, ele não produz substâncias perigosas. Porém o azeite extravirgem, rico em fenólicos (antioxidantes), que se perdem em altas temperaturas, deve ser reservado para a ingestão crua, como em saladas. Seria um desperdício usá-lo para cozinhar.

A moda do *fat free*

Há aproximadamente 70 anos, uma teoria (até hoje não comprovada) de que a gordura natural dos alimentos seria perigosa ao organismo humano ganhou enorme popularidade. A partir de então, instalou-se a moda do *fat free*. Tudo passou a ser *light*, livre de gordura e alimentos como ovos, carnes, queijos e manteiga foram associados a doenças cardiovasculares.

Embora hoje existam inumeráveis estudos de alto nível de confiabilidade que provam o contrário, a teoria de que a gordura natural dos alimentos não é prejudicial à saúde ainda encontra resistência. O que as pessoas não percebem é que deixar de consumir gordura não é algo inócuo. Trata-se de uma prática perigosa, porque em nutrição não há redução sem contrapartida; sempre que algo deixa de ser ingerido, outra coisa deve entrar em seu lugar. Apesar disso, toda uma geração, levada por teorias falsas, deixou de comer gorduras e passou a exagerar nos carboidratos.

O resultado disso não poderia ter sido pior. Desde 1958 dados observacionais mostram o efeito deletério que o aumento do consumo de carboidratos causou: obesidade, diabetes, esteatose, hipercolesterolemia e outras doenças crônicas passaram a ser quase "comuns". Todo mundo conhece alguém próximo que sofre de alguma (ou várias) dessas doenças. Não há nenhum benefício, para nenhum ser humano, em nenhuma fase da vida, em trocar abacate, azeite, oleaginosas e ovos, por pães, massas e bolos, mesmo se estes forem integrais. Uma alimentação balanceada em que carboidratos constituem mais da metade do consumo pode ser chamada de qualquer coisa, menos de balanceada!

Sobre gordura saturada

Esqueça o que eu penso, minha opinião não vale nada, nem a de nenhum especialista (mesmo se ele for no *Fantástico*, ou no *Bem Estar*): vejamos uma meta-análise de estudos observacionais de 2015. Quem já me acompanha há algum tempo entende que há muita diferença entre os tipos de estudos e artigos científicos.

Pois bem, nesta revisão sistemática, observou-se a associação entre o consumo de gordura saturada (aquela da carne e do queijo), gordura trans e o risco de mortalidade, doença cardiovascular e diabetes tipo 2. O resultado foi: forte associação positiva entre gordura trans e doença cardiovascular e mortalidade. Não se observou nenhuma associação entre consumo de gordura e diabetes — o que é lógico, dado que o diabetes é causado pelo excesso no consumo de carboidratos, ou por uma disfunção metabólica auto-imune. Não há *nenhuma* associação entre gordura saturada e outras causas de mortalidade (doença cardiovascular e coronariana).

O estudo diz ainda que, quando a gordura saturada é substituída por carboidratos (claro que não estão falando de banana e mandioca, mas sim de refinados!) vê-se um aumento no LDL (colesterol ruim). Você leu direito? Quando você corta gordura saturada, mas não corta biscoito, bolo, cerveja, arroz branco e pão, não está fazendo absolutamente nada pelo seu colesterol! Está piorando a situação!

O estudo de fato mostra que trocar gordura saturada por poliinsaturada pode reduzir o risco de doença coronariana, mas ele também deixa claro que, quando essa troca é feita por carboidratos, obtêm-se apenas prejuízos! Em letras destacadas, diz-se na primeira página que, com base nos indícios atuais, as diretrizes nutricionais precisam ser revistas! A nutrição é uma das únicas ciências que anda completamente na contramão das evidências. Eu me pergunto por quê.

Já outra meta-análise, publicada um ano antes (2014), incluiu estudos observacionais e ensaios clínicos randomizados e avaliou a ingestão de gordura na dieta, biomarcadores e suplementação de ácidos graxos. Concluiu-se também que as recomendações para reduzir o consumo de gordura saturada não possuem embasamento, ou seja, não há por que dizer às pessoas que é necessário limitar a ingestão de gordura saturada na alimentação. Repito: isso não é minha opinião, não é uma "moda", não é uma "seita" e nem uma "novidade" — já em 1982 foram publicados estudos do mesmo tipo que apontavam os mesmos resultados — o que discutimos aqui são dados e estudos.

Há mais uma meta-análise, realizada em 2010, ou seja, a notícia não é nova (tanto que sua bisavó já sabia disso e ela nem entendia a importância de se ter um trabalho publicado no *American Journal of Clinical Nutrition*). A fim de avaliar a hipótese não comprovada de que diminuir o consumo de gordura saturada melhora a saúde cardiovascular, o trabalho reuniu dados referentes à associação entre gordura saturada e doença coronariana, derrame e doença cardiovascular em estudos prospectivos epidemiológicos, incluindo um total de 347.747 pessoas, observadas por um período de 5 a 23 anos. A conclusão foi de que não há evidências significativas para concluir que a gordura saturada da alimentação (aquela das carnes gordas, queijos amarelos e laticínios integrais) aumenta o risco de doença cardiovascular ou coronariana. Os autores ainda sugerem que há necessidade de mais dados para avaliar se estes riscos estão relacionados, na verdade, com os nutrientes normalmente usados para substituir essa gordura quando o seu consumo é restrito.

É evidente, para quem sabe ler nas entrelinhas, que o que eles quiseram dizer (e que foi estudado e comprovado depois) é que, na verdade, o aumento do risco cardiovascular acontece quando há substituição do consumo de gordura por carboidratos refinados. Isso acontece na prática porque, quando se diz a um cara "normal", com seus 50 e poucos anos, que nem estava tão preocupado com a saúde assim: "Você não pode mais comer torresmo, ovo e churrasco!"; ele não troca esses alimentos prazerosos por batata doce, banana, inhame e aipim! Ele os troca por farináceos, massas, doces e bebidas alcoólicas — que também são prazerosos! E, como o estudo de 2015 apontou, isso *piora* os níveis de colesterol. Seria muito mais fácil e produtivo dizer-lhe: "Você vai continuar com os ovos, o torresmo e o churrasco, mas vai também aumentar consideravelmente os vegetais e diminuir, na mesma proporção, os carboidratos simples e refinados". Pronto, assim não se eliminam os prazeres da alimentação e há maior chance de adesão!

Uma vez, fui a um programa de televisão falar sobre comer gordura saturada sem se preocupar, afinal, se a natureza a forneceu assim e nós, enquanto raça humana, sempre a consumimos, não podíamos atribuir a um alimento ancestral uma doença "nova"! Pouco tempo depois, um médico foi ao mesmo programa e, cheio de certeza, apresentou um estudo para afirmar o contrário. Lembro de que fiquei sabendo disso, mas não me surpreendi, porque sempre vejo médicos dizendo bobeiras sobre nutrição. Porém esse caso me chamou a atenção, porque li o artigo que ele mencionou e me perguntei: será que ele leu? E mais: será que entendeu?

A meta-análise em questão sugere que substituir gordura saturada por insaturada — ou seja, *bacon* por azeite — pode produzir uma pequena redução no risco cardiovascular. O que o doutor (e muita gente) não entende é que risco não é desfecho, porque quando um trabalho analisa desfecho fica clara a redenção da gordura saturada! O artigo ainda diz explicitamente: "Esta meta-análise demonstrou que a redução de gordura saturada não traz benefício se substituída por carboidratos [mas no programa, o médico sugeria essa substituição], não reduz a mortalidade geral nem cardiovascular, mas reduz em [pasme] 1,36% a chance de sofrer eventos cardiovasculares [incluindo os não fatais]". Agora me diga, diante de todos os dados que temos, não só históricos, mas também científicos, das quatro maiores revisões sistemáticas e meta-análises disponíveis hoje, das quais apenas uma sugere um pequeno benefício na troca de uma gordura por outra (e não na eliminação de gorduras da alimentação), vamos continuar acreditando que "gordura entope veias e mata pessoas de infarto"? Quão atrasados estamos?

Vou fazer uma analogia. Sabe como não é mais necessário produzir estudos para provar que fumar é nocivo ao pulmão? Com a questão da gordura ocorre o mesmo, a ciência já cansou de provar (com experimentos, e não com hipóteses), a nós só cabe entender!

Lembra daquela recomendação que se ouve na televisão (ou no consultório de um médico desatualizado) para usar o óleo vegetal com o selinho "amigo do coração"? Veja só, este estudo foi conduzido (pasme) há mais de 40 anos, mas só recentemente teve seus dados publicados! E sabe por quê? Porque o resultado foi completamente o contrário do que o que os pesquisadores que o fizeram na época esperavam! Como o resultado não foi o que eles queriam, simplesmente esconderam os dados! É um exemplo de mau cientista, que não busca a verdade, mas sim a comprovação de suas próprias teorias. É triste, mas comum até hoje! O que o estudo demonstrou? O colesterol de fato reduziu-se com a troca de manteiga por óleo refinado, mas as mortes e o nível de aterosclerose (verificado por necropsias) aumentou em quem fez a substituição.

Para a ciência, existe uma diferença grande entre o que chamamos de desfechos moles e desfechos duros, e ela é tão importante quanto a distinção entre "risco" e "desfecho". Por isso, é inútil que uma gordura reduza o colesterol se isso não evitar os desfechos duros — ou seja, as mortes! Colesterol não é doença! É um indicador e deve ser usado como tal. A co-autora do estudo disse em nota que "essas pesquisas nos levam a concluir que a publicação incompleta de dados importantes contribuiu para superestimar os benefícios e subestimar os riscos potenciais de trocar gordura saturada por óleos vegetais ricos em ácido linoléico" (leia-se: soja, cártamo, girassol e algodão).

Realmente existem estudos que sugerem haver benefícios nessa substituição. Porém são estudos epidemiológicos e observacionais, cujos resultados não são mais confiáveis do que os de ensaios clínicos e meta-análises que provam o contrário.

Talvez você esteja pensando: "Essa Lara... Não sei o que faço com essa menina... Ela posta fotos de pratos, fotos de lugares bacaninhas, fotos de um cachorrinho, fotos dela... Ela fala de nutrição de um jeito esquisito, parece que deixa para trás tudo o que aprendeu na faculdade... Estranho isso... Será que ela bebe? Ah ela bebe, já ouvi falar! Então será que é por isso?". Quero que saiba: vir a público e dizer em alto e bom som "as diretrizes nutricionais brasileiras estão erradas e precisam ser revistas" me custa caro, muito caro.

Não é só aos meus leitores que preciso prestar esclarecimentos sobre essas afirmações. De qualquer modo, esclarecer-me para vocês ainda é tranqüilo, basta escrever e explicar. Porém, em outros casos, preciso de um bom advogado ao lado, testemunhas e noites em claro preparando a estrutura do discurso.

Então, se é tão trabalhoso assim, para que fazer isso? O que ganho com isso? Sabe que eu não sei! Não sei mesmo... porque não ganho muito mais do que ganharia se nadasse a favor da corrente ao invés de nadar no sentido contrário. Sou bem-sucedida? Sou, mas também seria se prescrevesse farinha e açúcar — bastaria dizer que a farinha deve ser integral e que o açúcar deve ser demerara. A escolha de dizer "não" ao modelo imposto e retrógrado de ciência, na verdade, não é uma escolha para mim, mas, simplesmente, uma necessidade.

Você ficaria em paz se soubesse que milhares de pessoas estão sofrendo por um motivo completamente evitável? Que poderiam melhorar com atitudes simples? Que poderiam gozar de saúde e se verem livres de aflições se apenas fossem avisadas do óbvio? Eu não consigo... Não fico em paz se não puder fazer minha pequena parte! Sou só uma nutricionista, tenho só um perfil de rede social, aquele é só mais um *post*; mas se isso puder ajudar uma pessoa que for, já fico em paz e satisfeita.

Para resumir: não, a gordura saturada não é a vilã. Ela não é a principal responsável pelas doenças e mortes que assolam a população ocidental. Afinal, ela está presente na alimentação humana há milhares de anos, ao contrário do açúcar e da farinha refinada, que passaram a dominar a dieta há cerca de um século, no mesmo período em que a incidência de doenças crônicas não-transmissíveis aumentou drasticamente. Isso não significa que "gordura pode" e nem que "*bacon* está liberado". Não seja leviano, a comida não é mais a mesma. A menos que você crie seus bichos e plante seus vegetais, tudo é diferente. Por isso, nada pode ser consumido sem bom senso!

O que você precisa gravar é o seguinte: apesar de todas essas alterações no modo como comemos e vivemos, devemos nos aproximar ao máximo dos hábitos com os quais evoluímos, porque nossos genes são os mesmos de sempre. Ou seja, você não precisa comer como um nômade (afinal seu apartamento na zona sul é muito diferente de uma caverna da savana), mas pode evitar comer como um suburbano-fastfoodiano!

Então pare com o sensacionalismo do tipo "ah, então não pode nada? Vou viver de vento!". Em vez disso, simplifique as coisas e obedeça seu organismo da melhor forma possível. Coma apenas quando tiver fome (a menos que isso contrarie seus objetivos). Priorize vegetais e não se entupa de carne. Não evite a gordura natural dos alimentos, mas nunca exagere nela (e nem em nada). Coma da forma mais natural possível, e evite ao máximo industrializados. Assuma a responsabilidade pela sua saúde e pelo seu corpo! No fim das contas, quem mora nele é você!

Cetose

Este é um assunto sobre o qual se difunde muita fantasia e confusão, então vamos tentar esclarecer o máximo possível!

A primeira coisa que é preciso deixar claro sobre cetose é que se trata de um estado fisiológico natural em que todo ser humano entra depois de passar várias horas sem comer. Todos os dias, após várias horas de sono, acordamos em cetose leve. O organismo entra nesse estado quando a liberação de insulina (hormônio secretado pelo pâncreas) encontra-se muito baixa, o que ocorre quando há ausência de oferta de substrato (principalmente carboidratos). Esse é um indicador de que é a hora de o corpo utilizar sua reserva, a gordura corporal. É então que a gordura corporal é quebrada e transforma-se no que chamamos de corpos cetônicos, que são encontrados na urina (acetoacetato), no sangue (beta-hidroxibutirato — BHB) ou na respiração (acetona). Essas substâncias são posteriormente utilizadas pelos órgãos e tecidos.

É importante notar que o estado de cetose, um estado natural e fisiológico, é completamente diferente do que chamamos de cetoacidose. Na cetose, a quantidade de BHB [beta-hidroxibutirato] no sangue raramente ultrapassa 4 mmol/L (não é nada simples alcançar e manter esse nível). Por outro lado, na cetoacidose, esse mesmo índice geralmente está acima de 15–20 mmol/L. Isso acontece exclusivamente em diabéticos tipo 1 (insulinodependentes) descompensados. É um quadro perigosíssimo que, se não for revertido, leva a coma e mata. Mas, se você não é diabético tipo 1, não há chances de isso acontecer. Nem mesmo se jejuar por muito tempo, ou se diminuir demais a quantidade de carboidratos por um longo período (não que alguém precise fazer isso). Por isso, precisamos descartar a idéia de que entrar em cetose é perigoso ou pode causar danos a longo prazo. Se isso fosse verdade, não teríamos sobrevivido ao longo de milhares de anos, dado que, no passado, a oferta de alimentos era, às vezes, intermitente.

Resta agora responder a seguinte pergunta: é preciso entrar em cetose para emagrecer?

Alguns anos atrás, quando as pessoas começaram a ouvir mais sobre dietas baixas em carboidratos (não que fossem "novas", já que as primeiras comprovações datam do século XIX), espalhou-se um boato de que se o organismo estivesse em cetose, o emagrecimento aconteceria mesmo comendo quantidades enormes de carne, queijo, creme de leite e outras fontes de proteínas e gorduras. Assim foi instalado o caos!

As pessoas, incluindo eu mesma, mediam seu nível de cetose na urina ou no sangue usando fitas de cetona e cuidavam para não sair do que se chamava de "zona ótima da quebra de gordura". O que muitos não entendiam (e que eu também levei tempo para entender) é que, quando medimos a quantidade de BHB no sangue, podemos concluir que está acontecendo a quebra de gordura, mas não é possível dizer exatamente de qual gordura!

Por isso, se uma pessoa está em cetose, isso pode indicar que ela está quebrando gordura corporal ou simplesmente a gordura proveniente da alimentação! E qual o grande problema nisso? O problema é que, se uma pessoa faz uma dieta muito rica em gordura, ela de fato atinge um bom nível de cetose, mas, ao mesmo tempo, facilmente extrapola sua necessidade calórica.

Uma dieta cheia de queijo, abacate, azeite, carne, ovo e creme de leite torna-se facilmente hipercalórica. Um tiro no pé! O que emagrece em uma dieta baixa em carboidratos não é a cetose em si, mas sim a diminuição da sinalização de insulina, que implica numa redução da fome, que, por sua vez, leva a um decréscimo do aporte calórico.

É por isso que, mesmo em cetose, não há meio de conseguir um emagrecimento expressivo comendo muito mais calorias do que seu corpo precisa. Como sabemos disso? Esqueça a evidência científica de baixo nível (opinião de especialista) e procure o que foi demonstrado em bons ensaios clínicos. Um dos que mais gosto sobre esse assunto é o "Calorie for Calorie, Dietary Fat Restriction Results in More Body Fat Loss than Carbohydrate Restriction in People with Obesity" [Caloria por caloria, restrição de gordura na dieta resulta em mais perda de gordura corporal do que restrição de carboidratos em pessoas com obesidade] publicado em 2015 na prestigiada revista *Cell Metabolism*.

Este ensaio clínico, que, apesar de breve, tem uma metodologia extremamente robusta (ambiente fechado, totalidade das refeições provida pelos pesquisadores, taxa metabólica basal medida por calorimetria indireta etc.), demonstrou que uma dieta baixa em carboidratos não produz um emagrecimento superior quando comparada a uma dieta baixa em gorduras (ainda tenho várias ressalvas sobre a metodologia empregada nas dietas, mas esse é um assunto para os especialistas da área).

Obtiveram-se tais resultados justamente porque, neste ensaio, as pessoas não estavam em condição de vida livre. Elas não podiam fazer suas escolhas e comer apenas quando tinham fome, por exemplo. Isso põe à mostra o *real* motivo de uma dieta baixa em carboidratos funcionar em tantos casos: não é a cetose, ou a gordura, ou o pouco carboidrato, ou a estratégia em si, mas sim o modo como esta estratégia modula a quantidade de alimentos consumida no fim das contas! É o mesmo que acontece com quem regularmente troca pão por ovos, macarrão por peixe e bolo por fruta! A eficácia disso já foi comprovada em muitíssimos bons ensaios clínicos em condição de vida livre.

Portanto, se seu objetivo é emagrecer e você se adapta bem a uma dieta baixa em carboidratos, siga esse caminho! Mas esqueça a preocupação com cetose e concentre-se totalmente em basear sua alimentação em vegetais (por sinal, hipocalóricos) e em não exagerar nas quantidades de gordura. Afinal, infelizmente, em nutrição ainda não progredimos no quesito "milagre" — continua não existindo.

Sobre compensações

Somos ensinados a não fazer compensações depois de excessos alimentares. Por conta dessa noção mal explicada, a maioria das pessoas entra e sai de exceções e exageros sem nenhum tipo de cuidado!

Vamos tentar esclarecer as coisas: o que você não deve fazer é uma compensação descabida, sem pé nem cabeça. Esse tipo de compensação é fácil de reconhecer: é passar dias tomando suco *detox* (o que seria isso, afinal?), jejuando sem nenhum tipo de orientação ou adaptação, vivendo só com salada e água, ou tomando litros e litros de chá, esperando realizar um milagre com essas estratégias! É desse tipo de extremismo de que não precisamos!

Prefiro a idéia do cuidado mais acentuado, mas sem exageros! Digo aos meus pacientes: "Você vai 'se preparar para', ou 'pagar por'". Oriento-os a escolher qual destes vai funcionar melhor em sua cabeça, por exemplo: eu (eu, Lara, só eu) não gosto da idéia de "pagar por", sinto um ar de penitência, sabe? E, para mim, comer não é isso! Prefiro "me preparar para", o que significa cometer o mínimo possível de erros nos dias que antecedem minha exceção.

Mas tenho pacientes que preferem "pagar por". Nesse caso, eles se esforçam para errar o mínimo possível após uma exceção. É uma estratégia que consiste em ser mais rigoroso com o que você já faz, seja nos dias que antecedem ou nos dias seguintes ao furo. O importante é que, nessa abordagem, você será mais cuidadoso com o que já faz! Você não vai precisar inventar moda, tomar sucos, passar fome ou seja lá o que for, vai apenas evitar com mais rigor aqueles erros do dia-a-dia — que a maioria de nós comete!

Se sua rotina já conta com uma alimentação natural, baseada em MUITOS vegetais, ovos, carnes, azeite de oliva, oleaginosas e frutas, apenas focar nela, diminuir os erros e deixar o tempo passar deve ser o suficiente!

Substituir a refeição pelo *shake*

Vamos ao básico sobre esse assunto: a melhor opção para um ser vivo sempre será alimento de verdade. Por "de verdade" leia-se: que vem do cultivo, da criação, que estraga fora da geladeira, que sua tataravó reconheceria como comida. Só com isso já poderíamos excluir qualquer um desses *shakes*.

Mas vamos além, vejamos o rótulo de um *shake* que promete ser uma boa opção para substituição de refeições. Ingredientes: proteína isolada de soja, frutose, fibra de aveia, inulina, óleo vegetal de canola, cloreto de potássio, triglicerídeos de cadeia média, caseinato de cálcio, proteína concentrada do soro de leite, mix de vitaminas e minerais (maltodextrina, ortofosfato férrico, vitamina C, sulfato de zinco, vitamina E, niacinamida, gluconato de cobre, D-pantotenato de cálcio, sulfato de manganês, vitamina B6, tiamina, vitamina A, ácido fólico, iodeto de potássio, selenito de sódio, biotina, vitamina D e vitamina B12), fosfato de cálcio dibásico, óxido de magnésio, estabilizante celulose microcristalina, espessantes (goma xantana, carragena e pectina), antiumectante dióxido de silício, aromatizante, emulsificante lecitina de soja, corantes naturais (clorofila e urucum) e edulcorante sucralose. CONTÉM GLÚTEN.

Ou seja, pelo menos meia dúzia de substâncias que você nem sabe o que são, meia dúzia que você já sabe que não são boas para a saúde, açúcar (frutose e maltodextrina) e óleo de canola.

Vamos pensar: como, em qual circunstância, com qual justificativa seria melhor tomar isso em vez de comer um prato repleto de verduras, legumes, carnes, ovos e azeite de oliva? Você está cansado de saber: quanto menos processado o alimento, melhor!

Se for pelas vitaminas: nos alimentos frescos elas são mais biodisponíveis. Se for pelo emagrecimento: apenas pare de ingerir excesso de farinha e açúcar, comer sem fome e baseie sua alimentação em alimentos de alto valor nutricional. Não há atalho! Isso não vai te levar mais rápido até lá. Muito pelo contrário, é uma volta a mais! Sustentável (e saboroso) é comida! Não se engane!

O que realmente deveria nos preocupar

Mais de uma vez me sugeriram ter mais cuidado com as dicas e ensinamentos que divulgo. Segundo quem sugere, dizer coisas como "coma apenas quando tiver fome", "pare quando se sentir satisfeito", "tire alguns dias para comer apenas alimentos naturais", "evite ao máximo industrializados", ou "existe um vasto corpo de evidências científicas sobre o assunto", são afirmações que podem induzir pessoas a severos transtornos alimentares, erros de interpretação e, conseqüentemente, a quadros de desnutrição e riscos à saúde.

Antes de discorrer sobre isso, devo dizer que estamos em uma época triste para se viver. O motivo é a hipocrisia: temos infinitamente mais casos de diabetes tipo 2 e esteatose hepática não-alcoólica (doenças exclusivamente de estilo de vida) do que casos de desnutrição por diminuir o consumo de pães, massas e bolos. Entretanto não há ninguém para alertar sobre esses riscos reais. Não se publicam manifestos contra a grande indústria do açúcar, não se criam perfis em redes sociais para alertar acerca de comida que não é comida, e nem há revolta contra a publicidade imoral direcionada especificamente às crianças. Na verdade, o terror surge quando se recomenda uma alimentação baseada em vegetais (legumes, verduras, frutas), carnes, ovos, oleaginosas e azeite de oliva, com exceções que justifiquem a regra.

O que normalmente se alega nos raros casos mais brandos é que a boa intenção é visível, mas que, como de boas intenções o inferno está cheio, deveríamos considerar que as pessoas que têm acesso à informação nem sempre a compreendem adequadamente. Pergunto-me se a indústria do *fast food* tem esse cuidado...

Ou faço ou não faço

Deixa eu te contar sobre os ovos e a cesta. É uma tremenda má idéia colocar todos os seus ovos em uma cesta só. Porque, nas peripécias da vida, algo pode acabar acontecendo à cesta e, como você sabe, é ruim ficar sem ovos. Quem só vê duas opções, fazer tudo ou não fazer nada, acaba colocando todos os seus ovos em uma cesta só.

Eu sempre fui assim, confesso! Ou seguia à risca a dieta, ou me entupia de comer. Ou treinava oito vezes por semana, ou não levantava para nada que não fosse obrigação. O que se ganha com isso? Bem pouco. Quem distribui as prioridades tem mais segurança e mais chances de chegar ao resultado almejado.

Não dá para fazer dieta do jeitinho que você planejou? Sem problemas, faça como você conseguir. Feito é melhor que perfeito! Não dá para fazer o melhor treino da vida? Faça um mais curto, mais simples, mas complete-o. Não dá para dormir às 21h? Tudo bem, só não vá passar da meia-noite. O que isso tudo proporciona? Assim não se volta à estaca zero! O que cansa na vida é, toda vez, ter de começar tudo de novo. Não se deixe voltar para o ponto de partida! Não permita que seus planos desmoronem! Depois de uma bela (e deliciosa) furada na dieta, a vida continua! Não é possível ir para a academia no domingo? Vá dar uma volta na praça! Não tem força para flexões completas? Apóie os joelhos no chão! Não pode se exercitar seis vezes por semana? Exercite-se apenas duas!

O perfeccionista é aquele que quer chegar ao topo sem nenhum arranhão. Perfeccionismo não é um "defeito bom", ou "chique", é ser covarde e não fazer nada a menos que tudo esteja perfeito! O perfeccionista ficou em casa, porque não tinha o tênis ideal, o freqüencímetro, ou o fôlego necessário. E o bem-sucedido? Ele foi, com sono mesmo, com preguiça mesmo, com o tênis que tinha mesmo, foi obter resultados! E, de tanto repetir tentativas, calhou de chegar onde está. E lá do topo ele ouve: "Ah, se eu fosse/tivesse..., eu também estaria lá!".

Quanto tempo vai demorar?

Na verdade, a pressa da maioria das pessoas advém não só da ânsia pelo resultado, mas sobretudo de uma associação errônea entre o processo de emagrecimento e a necessidade de uma conduta restritiva, desconfortável e insustentável. A "dieta" ou o "regime" são tão ruins que a perspectiva de tolerá-los só é aceitável se for por pouco tempo! Há de ser rápido!

É por isso que a pergunta principal no consultório de um nutricionista é "quando poderei parar?", ou "quando poderei comer algo fora do plano alimentar?". É preciso entender que o emagrecimento é um processo fisiologicamente lento (embora a perda de peso possa ser rápida devido aos acúmulos de água e glicogênio que são mobilizados logo nas primeiras semanas) justamente porque não é algo natural!

Como seres humanos, temos um organismo otimizado para armazenar energia em forma de gordura e não para se desfazer desta "poupança" com facilidade. Ou seja, se você pretende perder peso e emagrecer — duas coisas diferentes —, precisa entender que isso de fato vai levar tempo! Qualquer conduta que anteceda um prazo mínimo de doze semanas, para avaliar o começo dos resultados, não deve ser levada em consideração! Então esqueça chamadas como "5 kg em 7 dias".

Se passamos anos — veja bem, eu disse anos — comendo mal, consumindo industrializados e farináceos sem moderação e nos rendendo a toda e qualquer vontade, por que corrigiríamos esse padrão em poucas semanas? Jamais! Doze semanas é só o começo, depois é que vem a principal parte, a que separa homens de meninos, a parte da paciência, perseverança e disciplina!

Entende por que sua dieta deve ser algo prazeroso e sustentável? Porque ela vai durar muito tempo, vai durar a vida toda! Passar esse tempo todo sob restrições é, no mínimo, uma tortura! Por isso, não há atalhos, o caminho é: carnes (vermelhas e brancas), oleaginosas, queijos, azeite de oliva, frutas, verduras, legumes e, o principal, tempo!

Tem alguma coisa para acelerar o emagrecimento?

Essa pergunta é mais comum do que você pode imaginar. Mas o curioso é que ela sempre aparece em uma ocasião específica: a pessoa se consulta (com qualquer nutricionista de qualquer linha que seja), recebe um cardápio ou uma lista de orientações, segue-o "mais ou menos", fura no final de semana — afinal, "ninguém é de ferro" —, não treina intensamente, não dorme cedo e, oito semanas depois, retorna ao consultório sem resultados! Então o nutricionista repete as informações, tira dúvidas e, no final da consulta, ouve: "Mas não tem nada que possa me ajudar a emagrecer mais rápido?". A reposta é: tem, sim! Pare de furar a dieta!

Tomar um termogênico, um ergogênico, ou seja lá qual "gênico" for, não vai fazer por você o que você mesmo não faz! Não existe atalho!

Simplicidade

Vivo na tentativa de me direcionar progressivamente para uma vida mais simples, mais descomplicada. Acredite, isso requer esforço.

Fomos ensinados que só o que é difícil e complicado dá resultados, por isso tendemos a complicar tudo.

Quando passamos a comer de forma natural, abrimos os olhos para isso, percebemos o valor da simplicidade não só na alimentação, mas também na vida. A simplicidade é adotar princípios como estes: não sei qual desses vegetais tem mais flavonóides, eu como o que é mais saboroso. Não me importo com a lactose ou a caseína; quando me deparo com sobremesa com sorvete, eu como. Não conto nos dedos os dias para comer porcaria; esse dia, quando chega, é uma exceção, eu o vivo. Não deixo de curtir uma foto porque não gostei do que a pessoa fez ontem; se a foto está bacana, dou dois cliques. Não sei qual foi o posicionamento do Dr. Tal sobre determinado assunto na semana passada; eu encontro o meu caminho no meu corpo, sem negar minha evolução. Não sei o que acho do Fulano; pergunto para ele o que quero saber! Não marco um no *post* do outro e escrevo "E aí, Beltrano, o que acha disso?"; eu tiro minhas próprias conclusões. Não uso balinhas ou chicletes sem açúcar para combater a ansiedade, eu deixo ela bater e me concentro para senti-la no seu máximo, de verdade, até passar! Não "engano" a fome, eu como! Tento não encher o saco de ninguém e nunca mandar indiretas.

É só isso! É só simplicidade!

É tudo tão simples

Chegamos em um momento muito particular da vida, um momento quase triste: o simples se tornou completamente inaceitável. Tudo que é simples parece não ter valor, não dar resultados, não suprir as expectativas. É uma pena!

No meu dia-a-dia, tento explorar o simples ao máximo. As respostas "sim" e "não", as cores de uma primeira paleta, os amigos descomplicados. A vida levada com simplicidade tem mais fluidez, é mais leve! Sempre digo aos meus pacientes: "O que vou te explicar hoje é simples, mas é tão simples, que, em certa medida, você vai sentir-se tentado a complicar! Resista!". Aqueles que abraçam esse conceito, vêem lindas coisas acontecerem! Maravilhas que só são possíveis na simplicidade! O completo domínio do corpo, da mente, da alma, só é possível a quem não complica. Em contrapartida, quem passa seus dias envolto em questionamentos, fazendo contas e tomando notas, acaba por não ver o simples passar! Ele escapa, como um trem.

Não deixe que isso aconteça, simplifique! Respire bem fundo, não encha só os pulmões, encha a barriga de ar! Tome um banho frio vez ou outra, tome água toda vez que sentir sede, não conte calorias, conte histórias! Não se acabe em "pode ou não pode", experimente! Tire suas próprias conclusões! Não pule de livro em livro, leia um até o final! Ouça música e o corpo, os dois ao mesmo tempo! Simplifique!

Sobre despedidas

Não minta para mim, você já fez isso! Ou pior, você está fazendo — ou pensando em fazer! Estou falando de comer um monte de coisas que sabe que não são uma boa, com a desculpa de que "é a última vez". Se esse é o caso, só pare! Fazer "despedidas" é a maior furada que existe!

Em primeiro lugar, as chances de dar vários passos para trás antes de começar a andar para a frente são enormes! Há quem consiga comer excessivamente antes de se comprometer a um propósito, mas isso não faz sentido algum! Em segundo lugar, encarar a alimentação e/ou dieta como algo difícil e penoso já basta para te conduzir ao fracasso! Você não está indo para a masmorra, está indo para os melhores dias da sua vida! Dias que vão te ensinar mais sobre você e sua saúde do que qualquer outra experiência! Por último e mais importante, você não está se despedindo de nada! Não existe isso! Quantas vezes você já fez essas despedidas? Alguma delas cumpriu o seu propósito, isto é, você nunca mais comeu aquilo de que se entupiu na ocasião? Claro que não!

Calma, você vai comer chocolate, vai tomar sorvete, vai beber vinho, vai tomar cerveja, vai comer pizza! Relaxa! A exceção sempre vai justificar a regra, porque isso faz parte da vida. É importante que seja assim. Então não crie mitos, medos, comportamentos sem sentido. Resumindo: não pire! Siga tranqüilo e considere: a vida é saber equilibrar, tanto na ida, como na volta!

Não vivo sem isso

Não importa o que seja, não importa se é saudável ou porcaria, não importa se é chocolate, queijo ou azeite de oliva: se um paciente me diz "não sei viver sem isso", eu o encorajo a viver sem esse alimento por 15 dias no mínimo!

Isso não é, nem de longe, maldade; é aprender a exercer o autocontrole. Se ter um chocolate em casa te deixa ansioso ou desconfortável e você não sossega enquanto não o come, entenda o seguinte: quem manda neste relacionamento, entre você e o chocolate, é ele! Você realmente precisa desenvolver a capacidade de conviver, no mesmo ambiente, com algo que não pretende comer. Não tem essa de "ai, eu não fico sem um docinho", "eu não sei viver sem queijo", "sem pão não sou ninguém"... O que é isso, jovem? Está doido? Vive, sim! Fica, sim! Consegue, sim! Imponha-se, empodere-se! É só comida (ou pelo menos, deveria ser).

Não existe alimento proibido. Logo, exercitar a capacidade de escolha é fundamental. Você não vai comer o doce, ou o pão, ou seja lá o que for porque precisa, mas porque quer!

Pare e pense

Imagine a seguinte situação: ao chegar em seu prédio numa quarta-feira, você se depara com o elevador quebrado, o que te obriga a subir até seu apartamento pelas escadas. São seis lances. Você sobe e se cansa um pouco. Agora imagine que essa mesma situação aconteceu em um sábado ao invés de uma quarta-feira. Responda-me: nesse caso, você se cansaria mais (ou menos)?

Em outros termos, minha pergunta é a seguinte: o momento em que algo ocorre, seja no meio ou no final da semana, altera, de algum modo, a maneira como seu corpo lida com ele? A resposta, imagino que você deva saber, é não!

Diferentemente dos estudantes e da maioria dos trabalhadores, cujas atividades concentram-se entre segunda e sexta-feira, nosso organismo sempre trabalha da mesma forma, quer seja dia útil, final de semana ou feriado.

Por que estou dizendo isso? Porque tendemos a nos iludir em relação ao efeito do final de semana nos nossos hábitos alimentares. Acredite se quiser, ainda existe quem fantasie que, na sexta-feira à noite, o corpo entra em uma espécie de "modo final de semana", no qual os exageros se repetem até o domingo, mas "custam" menos. Ledo engano!

Em termos de dieta, trate sábado, domingo, férias e feriados como trata qualquer outro dia: com uma base de disciplina e comprometimento e exceções pontuais quando realmente valer a pena.

Qual é a dificuldade?

Às vezes chego à conclusão que o excesso de informação deve realmente confundir as pessoas. Com certeza você conhece esse hábito de nunca se desligar. Digo isso porque, volta e meia, vejo alguém lamentando que "não está conseguindo seguir a dieta" (ou o estilo de vida, chame como quiser). Por que não? Não sei como facilitar mais. Você deve comer sempre que sentir fome, ou seja, passar fome está fora da jogada, assim como medicamentos para inibir o apetite. Você deve comer comida de verdade, carnes de todo tipo, ovos, verduras, legumes e frutas. Se quiser emagrecer, você deve restringir a ingestão de alguns destes alimentos por um período limitado. Quem definirá quais deles e o tempo de duração será o seu nutricionista. Você não deve pesar e nem medir nada! Apenas comer devagar de modo a conseguir perceber quando a saciedade chegar e, então, parar de comer.

É só isso, e nada mais! Não tem comprimido, chá mágico, segredo, jeitinho, mil dúvidas, troca ou barganha! Para conquistar tudo e realmente obter resultados, é preciso ter constância e paciência. Afinal, se você trabalhou duro — comendo mal, não se mexendo e dormindo mal — por anos, para acumular gordura e arruinar sua saúde, não é em 3 meses que tudo se resolverá! Tenha paciência! Não alimente a ansiedade, tome um chá gostoso (sem adoçar), um banho gelado, pegue um cinema e esteja sempre lendo um livro (se for bom, me indique), assim tudo volta ao seu lugar.

Mau hálito durante a dieta LCFH é normal?

Não, não é normal. Mas expliquemos isso da maneira correta: um dos sintomas característicos de quem está em *low carb* sem acompanhamento de um profissional nutricionista é o surgimento de "efeitos colaterais" da alimentação. Muitos desses efeitos não são passageiros e dão origem a situações desconfortáveis. O mau hálito é um deles.

Ao contrário do que se acredita, o que causa esse mau odor não são as cetonas, mas o excesso na ingestão de proteínas! A maioria das pessoas pensa que comer menos carboidratos é o mesmo que comer muita proteína e, por isso, ingere carnes e mais carnes o dia todo. Note bem: isso não é uma alimentação equilibrada e natural, mas sim um erro comum de quem tenta seguir a dieta sem orientação profissional. O excesso de proteínas, que é convertido em glicose pelo fígado, causa a liberação do nitrogênio dos aminoácidos que constituem as proteínas. Esse nitrogênio, por sua vez, é convertido em amônia. Se seu corpo estiver processando mais amônia do que seus rins conseguem excretar, essa excreção será feita também por seu hálito. Também é por isso que a urina de quem come proteínas em excesso tem cheiro forte! É por isso que não adianta escovar os dentes ou usar balinhas, o cheiro não vem da sua boca, mas de seus pulmões!

Para ajustar a quantidade de proteínas da sua dieta, consulte seu nutricionista e siga suas orientações. Assim você poupa quem estiver perto de uma "conversa que cheira mal".

Alimentos saudáveis

Diariamente recebo pacientes cuja alimentação se baseia em produtos industrializados e — o que é pior — quase todos *diet* e *light* ou desnatados e leves. Veja só, toda vez que se retira a gordura de um alimento qualquer — do iogurte, por exemplo —, a fim de transformá-lo em *light*, acrescenta-se, no lugar dela, outro ingrediente, que, na maioria dos casos, é o açúcar. Em resumo: sai gordura e entra açúcar. E essa é uma boa troca? Não! Gordura faz bem e faz falta. Açúcar faz mal e seu corpo não precisa dele.

Por isso, opte por alimentos saudáveis, que são os presentes naturalmente na natureza, nada além de comida de verdade sem rótulo. Quando quiser algum industrializado, leia o rótulo, quanto menos ingredientes, melhor! No caso do iogurte, usado como exemplo aqui, o natural integral é a melhor opção.

A importância de ficar em seu galho

Não me canso de repetir: dieta é só com nutricionista. Mas, por incrível que pareça, ainda há quem pense que é tranquilo seguir uma dieta recomendada por alguém que "lê muito" ou "estuda muito". Vejamos um caso de exemplo. O paciente já me disse, de início, que seguia uma dieta paleo [paleolítica] recomendada pelo *coach*. Ele também afirmava que havia procurado o *coach* porque tinha resistência periférica à insulina e tinha ouvido dizer que esse tipo de dieta promovia uma melhora em casos como o dele. O *coach* não viu problema algum nisso e mandou seguir o jogo. Passou uma lista de alimentos a consumir, indicou um aplicativo de celular para contar carboidratos, e até pediu exames! Dois meses depois, o *coach* "liberou" (essa foi a palavra que ele usou) o paciente para procurar um nutricionista, por não ter percebido nos exames nada que pudesse comprometer o emagrecimento. Resultado: os níveis séricos de ferro do paciente estavam nas alturas.

O que o *coach* não sabia é que a ferritina alta tem forte relação com a resistência à insulina, além de aumentar os riscos de danos cardíacos, cerebrais e pancreáticos. Quando o ferro causa danos ao pâncreas, há uma enorme probabilidade de se ter dificuldades na produção e utilização de insulina. Mas veja bem: não pára por aí! O *coach* prescreveu também vitamina C (5000 mg). O que esse infeliz não sabe é que isso agrava mais ainda o problema, porque a vitamina C aumenta a absorção de ferro.

Observe o nível do problema! O cara orientou um senhor que sofre de resistência à insulina e o expôs a um risco ainda maior! Isso é um crime! Pelo amor de Deus, a função de *coach* não é essa! Quem passa a dieta é nutricionista! Tem um motivo para isso! Nutricionista não só "leu muito", ele cursou anos de faculdade, se especializou, estudou e tem BASE para prescrever! Não caia nessa roubada, não pegue atalho! Não se coloque em risco!

A dieta da moda

Quando digo a um paciente que ele não deve evitar a gordura natural dos alimentos, que deve consumir comida de verdade e que, caso queira emagrecer, deve consumir em menor quantidade alimentos ricos em carboidratos, ouço ele contar que dizem por aí que esta é a dieta da moda, e que isso vai passar. Vamos analisar. Observemos dois possíveis cenários. No primeiro, temos alimentos providos pela natureza, há milhões de anos, em suas formas originais, com pele, com gordura, com sabor — carnes, ovos, peixes, aves, frutos do mar, verduras, legumes, frutas e castanhas. No segundo, temos produtos da indústria, modificados, acrescidos de aditivos para flavorização e conservação, com redução da gordura natural e com composição de gordura hidrogenada. Os últimos alimentos se tornaram comuns entre nós há mais ou menos 60 anos, ao passo que os do primeiro cenário nos acompanham há quase 3 milhões de anos. Responda-me: qual dos dois casos é a dieta da moda? Obesidade e acúmulo de peso são coisas muito novas! Há cem anos, não eram tão comuns como são hoje. Há mil anos então...

O que promoveu esse ganho alucinado de peso foi, entre outros fatores, a mudança na alimentação. Passamos a evitar gorduras — acreditando no mito de que fazem mal ao coração — e passamos a comer, em todas as refeições do dia, alimentos ricos em carboidratos, como pão branco e integral, biscoitinhos, grãos, cereais, bolos, doces etc. Paramos de comer só quando sentimos fome e passamos a comer de hora em hora. Em resumo: inventamos moda! Não siga essa moda. Coma como você comeria há milhares de anos: alimentos sem rótulos, em sua forma original e apenas quando tiver fome! Logo você colherá os benefícios.

É moda agora?

Um dos meus irmãos (sou a mais velha de 6), que nasceu na era da informática, um dia se deparou com uma máquina de escrever em funcionamento e ficou estarrecido! "Uau! Ela imprime enquanto você digita!", disse ele surpreso com tamanha "modernidade". Eu ri daquilo. Mas hoje reparei que vivemos algo parecido em relação à comida!

Outro dia, vi alguém dizer de modo debochado que "a moda agora é comer só quando tiver fome e parar quando se sentir satisfeito!". Na hora, fiquei sem reação. Na verdade, estou até agora. Nem sei o que escrever sobre isso. "A moda agora..."? O papo de comer de "x em x horas" não tem mais de 10 anos — se é que tem tudo isso. Comemos quando temos fome desde que existimos, então de onde vem essa inversão de conceitos? Também não compreendo a indignação de quem diz que comer a gordura contida naturalmente nas carnes é uma "modinha". Culpam alimentos ancestrais por doenças relativamente novas!

É um mundo louco lá fora! Perdemos as referências! Comemos sem fome. Socamos comida para dentro ou, então, passamos fome em nome da beleza. Defecamos sentados e não de cócoras. Achamos "radical demais" não comer comida que fica dois anos dentro de um pacote e não estraga. Achamos normal que mulheres tomem hormônios contraceptivos como se fossem balas por anos a fio. Até no parto nos distanciamos da natureza: ouço, há muito tempo, meu ginecologista dizer que só faz cesárea, porque "aquele outro parto" de "normal" não tem nada! O que está acontecendo? Não estou sugerindo, de maneira alguma, uma vida "natureba", longe dos avanços da tecnologia e da medicina. Muito menos estou negando que hoje a comida — incluindo animais e plantas — não é mais a mesma. Mas precisamos tomar consciência! Devemos apenas ficar o mais próximo possível daquilo com o qual evoluímos e sempre lidamos, ainda que tenhamos de consumir alimentos "modernos". Não sejamos fanáticos, mas, por favor, não percamos a referência e o bom senso!

Diferença entre *low carb* e dieta paleo

Não dá para saber o que o homem paleolítico comia. Ponto! Dá para supor. Sabemos que havia diferença entre quem vivia na savana, quem vivia na geleira e quem vivia na costa. Sabemos que ele não consumia grãos e nem laticínios. Ponto! É só isso! Por isso, na dieta paleolítica tem tudo exceto industrializados, grãos e laticínios. Simples assim! Paleo inclui raízes e todas as frutas e não é *low carb*!

Low carb, por sua vez, não precisa ter nada a ver com paleo! *Low carb* é uma estratégia nutricional eficiente, exaustivamente comprovada pela ciência, que exige apenas uma coisa: que o consumo de carboidratos seja baixo! Ponto! Então, dependendo do caso, não inclui raízes, nem frutas doces, nem grãos, nem a maioria das sementes! Mas pode incluir, por exemplo, gelatina zero, chá industrializado e embutidos — embora não exista nutricionista que recomende isso! *Low carb* só quer dizer carboidrato baixo, mais nada! Não quer dizer "natural", nem "saudável", nem "do bem"! E não tem nada a ver com paleo!

Normalmente, as nutricionistas adeptas da *low carb* tendem a recomendar opções *low carb* saudáveis, que podem ou não ser paleo. Aliás, quem se importa se é paleo ou não? Que chatice esses rótulos! Ela pode, por exemplo, optar por queijos gordos, mas não por raízes, ou frutas doces, mas não gelatina. Enfim, ela analisa a necessidade e a realidade do paciente e monta a dieta de acordo com o que é saudável e funciona para ele — e não de acordo com um rótulo! Para variar, as pessoas se apegam a rótulos! Que preguiça! Não sou "nutricionista paleo", não sou "nutricionista *low carb*", não sou nutricionista "50% carboidratos"! Sou nutricionista e ponto e, da minha porta para dentro, só importa o que dizem as evidências, o bem-estar e a saúde do meu paciente!

Utopia paleo

Eu, sinceramente, odeio esse termo. Quando você diz paleo estraga tudo! As pessoas piram, dizem "pode isso na paleo?", "pode aquilo na paleo?", "a filosofia paleo é assim?", "ou é assado?"… Eu não sei! Eu não tenho nada a ver com o fanatismo associado a esse termo. Nunca uso a palavra paleo, porque ela gera brigas, discussões sobre o sexo dos anjos e afins. "Mas não podemos saber o que o homem paleolítico comia", "queijo não é paleo", "paleo não esquenta comida", "feijão é tóxico" e blá-blá-blá! Que bobagem é essa? Vamos ser obsessivos do mesmo jeito, mas agora com outro alvo? Deixar de demonizar gorduras para demonizar tudo que não é paleo! Que chato isso!

Minha linha de nutrição é muito simples: comer quando se tem fome, só até a saciedade, sem contar calorias, sem neuras. Comida de verdade, o mínimo possível de industrializados e, para quem quer emagrecer ou tem problemas de saúde, *low carb*. É só isso! Esse termo paleo não existe para mim! Quando me chamam para falar dele, eu vou! Mas, chegando lá, não recomendo nada além do simples. Sem filosofia, sem crendices, sem frescura, mas sempre com embasamento científico e tranqüilidade. Liberte-se dos rótulos e, por favor, não me rotule!

Tira leite, deixa leite, tira glúten, deixa glúten…

Certas discussões que encontramos em redes sociais me dão preguiça. Repetem-se "máximas" como "leite é veneno" ou "leite é excelente"; ou então "paleo é acidificante" e "*low carb* emagrece". Tudo isso é tão amador que só pode ser o resultado de falta de prática clínica, desconhecimento dos estudos ou insensatez — ou, ainda, uma combinação dos três! A ciência não é unânime em quase nenhum assunto! Existem estudos que afirmam isso? Sim, mas também há estudos que dizem o oposto! Há quem trabalhe assim? Sim, mas também há quem trabalhe de outro modo! Que preguiça desse campo de gladiadores da *internet*!

Cheio de heróis do teclado, que viram machos na hora de escrever, mas, na unha mesmo, não dariam o mesmo sangue. Tenha dó!

Nutrição é individual. Aliás, não só a nutrição, mas a saúde também. Cada um responde de um jeito, ainda que todos os estudos do mundo apontem o contrário. Tenho pacientes que se dão muito mal com *low carb*. Para esses prescrevo grãos. Tenho outros cuja rinite só melhorou com a ausência total de laticínios. Nesses casos elimino todos. Há outros que só treinam bem se consumirem mel. Para esses, explico o quanto se deve usar. Alguns só são impertinentes mesmo. Com eles eu não implico — afinal, para que discutir? Dessa individualidade é que se faz um bom trabalho. Trabalho, antes de tudo, com pessoas, e nenhum paciente é igual ao outro. Todos os meus pacientes ouvem a frase: "Vou te colocar onde 80% das pessoas responde bem, agora, se você faz parte dos 80% ou dos 20%, vamos descobrir juntos!". E esse "juntos" é baseado em ciência sim, mas associada à experimentação — e esta, meu amigo, não se encontra no Instagram!

Carb up

Em seu ambiente natural, longe da civilização, você com certeza teria uma dieta *low carb*! Longe da indústria, seu acesso a grãos processados e produtos alimentícios seria inexistente — que sonho! Porém, nesse mesmo hábitat natural, você sem dúvida também faria, eventualmente, *carb ups* naturais. Porque, vez ou outra, de tempos em tempos, você se depararia com uma fruta doce ou outro vegetal rico em amido, como raízes. A natureza é tão sábia que cuida disso, oferecendo, apenas em certas épocas, as frutas, que são ricas em frutose, um tipo de carboidrato.

A função desse *carb up* ocasional é extremamente importante! Quem passa muito tempo em *low carb* sem se permitir uma "furada" eventual (eu nunca encontrei ninguém!) corre o risco de desregular o hormônio leptina. A leptina é produzida principalmente pelo tecido adiposo, quando as células de gordura estão cheias. Conforme essas células vão se esvaziando (o que acontece em *low carb*), os níveis de leptina baixam. Acontece que leptina baixa nos faz sentir fome, um sinal para que se coma mais. Além disso, o seu efeito mais importante é a desaceleração do metabolismo, que nos impede de perder mais peso. Ou seja, a leptina (junto com outros hormônios que trabalham em cascata) atua para manter uma homeostase, a fim de que você não emagreça até definhar!

Justamente por isso, depois do período de adaptação (de 6 a 8 semanas) é recomendável, de tempos em tempos (a cada 15 ou 20 dias, dependendo do caso), reservar um dia para o consumo mais alto de carboidratos: um *carb up*! Nesse dia, consomem-se carboidratos limpos e saudáveis, como raízes, tapioca, e frutas doces. É claro que escolho fazer isso num dia em que pretendo seguir um treino mais longo e extenuante. Afinal, desperdiçar toda essa glicose seria uma tremenda bobeira.

Carb up não é dia do lixo

Quando faço um *carb up*, consumo carboidratos com regularidade, porque essa é uma estratégia com efeitos importantes sobre o sistema hormonal. Porém é crucial não confundir essa estratégia bacana e saudável com o infame "dia do lixo" — ocasião em que se come açúcar e refinados como se não houvesse amanhã!

Um *carb up* eficiente e saudável é feito com raízes e frutas doces! Então a bolachinha fica de fora! Oriento meus pacientes (e também sigo essa orientação) a separar o dia de subir o carboidrato do dia de comer algo mais *trash*. Essas práticas devem ser definidas por meio da auto-experimentação e da observação! Teste, teste de novo, teste outra opção, e descubra o que lhe traz mais resultados e bem-estar!

Fome

Enviaram-me a seguinte pergunta: "Lara, você nos disse para comer só quando tivermos fome. Mas, comendo só quando se tem fome, conseguimos atingir a quantidade de calorias, vitaminas e minerais de que precisamos?".

Antes de responder, quero que consideremos uma questão importante. Houve outras gerações antes da nossa. Todos nós temos bisavós, tataravós e até avós dos tataravós. Digamos que uma dessas avós dos tataravós se chamasse Ritinha. A Ritinha, que viveu há muitos e muitos anos, sabia que deveria comer a cada três horas? Não, ela nunca ouviu falar nisso! Essa moda de comer a cada três horas é coisa muito recente. A minha mãe e a minha avó nunca ouviram falar nisso.

Só a minha geração sabe dessa idéia. Por isso podemos concluir que é uma moda. Não estou discutindo aqui se isso é certo ou errado, porque não há certo ou errado neste caso. Comer a cada três horas é necessário em determinados casos e desnecessário em outros — não é certo nem errado. A Ritinha que usei como exemplo, todos os seres humanos que viveram com ela, assim como os que viveram na época da minha mãe e da minha avó, nunca se preocuparam com atingir a quantidade mínima de calorias por dia, nunca se perguntaram se estavam consumindo todos os micronutrientes necessários e, ainda assim, sempre viveram muito bem — aliás, bem melhor do que nós, porque não passavam o dia inteiro comendo. Eles tomavam café da manhã, almoçavam, jantavam, mas não ficavam beliscando o dia inteiro; isso é uma coisa recente.

Por isso, a primeira coisa que eu quero que você faça é ficar tranqüilo. Comer só quando se tem fome não é perigoso, porque a natureza, a fisiologia e o seu corpo são muito mais inteligentes do que eu e você. O seu corpo tem a capacidade de sinalizar o que ele precisa. Por exemplo, quando o seu corpo tem necessidade de dormir, você fica meio mole, meio caído. O seu corpo está te avisando que é a hora de dormir. Às vezes, você sente um aperto na região abdominal, uma necessidade de "se aliviar". Isso é o seu corpo avisando que está na hora de evacuar. A hora de ir ao banheiro é essa, não é de 3 em 3 horas, é na hora que o corpo avisa. Quando você sente um prurido, é o seu corpo avisando que coça.

Basicamente, nós temos a capacidade, ou melhor, nosso corpo tem a capacidade de mostrar tudo que precisamos fazer. Eu e você vivemos num lugar em que tem *internet*, televisão, celular, informação em todo canto. Mas existem pessoas que moram em locais onde não há nada disso e que nunca ouviram falar na regra de comer a cada três horas. Como elas atingem o nível de calorias necessárias por dia? Percebe a lógica que estou seguindo? As bisavós das nossas tataravós, todos que moram em lugares afastados e mais um monte de gente nunca ouviram falar nessa história de "você precisa comer sem ter fome".

Quem diz isso costuma se justificar com os motivos mais absurdos, como "se você não comer quando não tem fome, seu metabolismo vai ficar lento". Por quê? Por que ficaria? É o mesmo que dizer que, se você não dormir quando não tem sono, seu metabolismo vai ficar lento ou que, se você não beber quando não tem sede, vai ficar doente! O corpo é inteligente. No caso da sede, por exemplo, o grande problema é que as pessoas ignoram a sede. É comum ignorar a sede e superestimar a fome.

As pessoas muito ignoram a sede que existe naqueles que dizem não sentir sede. Sentem, sim. Apenas não sabem identificá-la. A boca levemente seca é sede. Se você ficar com a garrafinha o dia inteiro e beber a cada sinal de secura na boca, vai beber a quantidade necessária. Nem todo mundo precisa de 2 litros ao dia, isso é bobagem.

O seu corpo é sábio, ele sabe quanto você precisa comer. O problema das pessoas nunca é não atingir o consumo mínimo de calorias, o problema de 99% das pessoas é passar muito além do nível ideal.

Você pode confiar no seu corpo. Você pode comer só quando tem fome. Contanto que o que coma seja comida, não vai te faltar nutrientes. Isso ocorre porque oscilamos naturalmente: há dias em que comemos brócolis, em outros comemos couve-flor, ovo, carne, peixe, cenoura. Conforme vamos variando o que comemos o corpo faz um aporte de nutrientes. Como as nossas células têm reservas de nutrientes, você não precisa comer tudo todos os dias. É possível fazer essas oscilações.

Assim, quem come só quando tem fome às vezes atinge o nível mínimo de calorias, às vezes não. Mas, quando olhamos para o quadro geral, considerando que em certos dias atingimos o mínimo, em outros o ultrapassamos e, em outros, ficamos abaixo, percebemos que, no fim das contas, tudo fica certinho. No fundo, é algo óbvio — afinal, se não fosse assim, como é que o pessoal vivia antes de ter *internet* para mandá-los comer de 3 em 3 horas? Como é que o pessoal vivia, saudável, longevo?

É por isso que você pode confiar no seu corpo, pode comer só quando tem fome. A fome é uma sensação que não deixa nenhuma dúvida. As pessoas falam "eu não sei quando é fome!". Se você não sabe é porque não é! A fome é um sinal tão certo quanto a vontade de ir ao banheiro, que nunca nos deixa em dúvida. Com a fome é igual, quando ela é verdadeira, não escolhemos. Quando se trata de fome, não tem "ah, mas eu estou com fome de pão". Isso não existe. Você não está com fome, pode não comer. Criança é assim, quando está com fome come qualquer coisa. O grande problema é que as pessoas superestimam a quantidade que têm de comer. Elas pensam que devem comer o tempo todo e em quantidades homéricas.

Toda vez que eu posto um prato meu, recebo comentários como "nossa, só isso?". E toda vez que vejo esses comentários, me pergunto "quanto essas pessoas comem?". Quanto as pessoas pensam que devo comer, considerando que sou mulher, tenho 1,63 m, sou pequena, faço exercício uma vez por dia? O importante é comer quando se tem fome, e comer comida! Porque, do contrário, se o que você come não é comida de verdade, não adianta comer várias vezes ao dia, achando que, assim, se aporta nutrientes. A saúde de uma pessoa que come comida de verdade, só quando tem fome, poucas vezes ao dia, é melhor do que a de uma pessoa que come mal seis vezes ao dia, todo dia — ainda mais se, na maior parte das vezes, ela comer biscoito, pão, bolacha, embutidos etc.

Então comer sem fome, a cada 3 horas, está errado? Não! Mas isso só tem que ser feito em função de um objetivo. Normalmente, quem quer ganhar massa magra precisa ingerir uma quantidade determinada de alimento, que, se não for dividida em seis refeições ao longo do dia, não é atingível.

O mesmo acontece com atletas, que também são pessoas que têm um objetivo e, por isso, comem sem fome! Nesses casos, não está errado, há um objetivo e uma estratégia para alcançá-lo.

Mas não é por isso que vou dizer que todas as pessoas da humanidade têm de comer de 3 em 3 horas, sob pena de terem seus metabolismos desacelerados. Esse é um negócio sem nenhuma base científica, além de não ter nenhuma lógica!

Coma quando tiver fome, fome real! Os animais agem assim. Veja o seu cachorro, por exemplo, ele não come a cada três horas. Tente convencê-lo a comer sem fome, é impossível! É claro que se oferecemos porcaria, como um biscoito, ele come, mas comida de verdade, só com fome.

A natureza é perfeita, seu corpo é perfeito, pare de inventar moda!

A fome é regulada pela fase da vida e a necessidade do corpo. É por isso que gestantes têm a fome aumentada em certo período da gestação. Seu gasto energético se eleva a fim de gerar o bebê. Mas não se iluda, mamãe, essa história de "comer por dois" é a maior balela! Mesmo porque o "segundo" em questão é menor que seu prato. O gasto energético de uma gestante costuma ser entre 250 e 400 calorias maior que o de uma mulher não-grávida. Você tem idéia do que é isso em termos de comida? É bem pouco, bem pouco! Um filé e uma fruta podem ser o bastante para chegar a essa quantidade!

Coma quando tiver fome! E, quando comer, coma comida de verdade! Comer só quando se tem fome é libertador! É claro que, como passamos anos ignorando o fato de que a real sensação de fome é o verdadeiro motivo para comer, essa é uma tarefa que exige atenção e esforço no começo. Estamos condicionados a comer porque está na hora, porque estamos tristes, porque estamos felizes, porque estamos sozinhos, porque estamos acompanhados, porque estamos ocupados, porque estamos sem nada para fazer... Por tudo menos fome! É por isso que uma pessoa acostumada a comer o dia todo (principalmente o que não é comida de verdade) vai mesmo dizer: "se for comer só quando sinto fome, vou comer o dia inteiro". Se continuar na velha programação, vai mesmo. Para criar o hábito de comer apenas quando sente fome é preciso observar algumas máximas:

COMA COMIDA DE VERDADE — Por "comida de verdade" entenda-se tudo que não vem em pacote, caixa ou saco plástico. Estamos falando de diminuir drasticamente o consumo de alimentos industrializados e processados que contêm excesso de aditivos e açúcar. Também ficam de fora da base da alimentação os farináceos, pães, bolos, tortas, doces, biscoitos, barras de cerais etc.

A idéia é que a alimentação esteja o mais próximo possível do natural. Uma alimentação natural não tem excesso de carboidratos e inclui a gordura natural dos alimentos. É justamente isso que vai surtir efeito na saciedade!

PERCA O MEDO DE SENTIR FOME — Você tem medo de sentir sono? Não? Mas e se sentir muito sono e estiver fora de casa sem seu travesseiro na mão? Tem medo de sentir vontade de fazer xixi? Não? Mas e se a vontade for muito grande e você não tiver seu penico na bolsa? Pois é, as duas situações parecem muito simples de resolver. A verdade é que quando o assunto é fome, não há diferença! Você não é criança e sabe que sentir fome não significa que estamos prestes a morrer. A fome é como qualquer outra sinalização do corpo.

REAPRENDA O QUE É FOME — É natural que a maioria das pessoas, por chamar tudo de "fome", não saiba mais identificá-la. Vamos relembrar alguns pontos-chave:

A fome se manifesta de forma física, como qualquer outra necessidade do corpo. Você sabe que precisa ir ao banheiro quando sente uma leve cólica, sabe que precisa beber água quando sente a boca levemente seca, sabe que precisa dormir quando sente os olhos pesando e o corpo relaxando.

Pois bem, você sabe que tem fome quando sente uma sinalização física. Em algumas pessoas, essa sinalização é a barriga roncando, em outras, é uma leve dor de cabeça, em outras, uma sensação de estômago vazio. Seja o que for, é físico!

A fome não deixa nenhuma dúvida! Estar com fome é como estar apaixonado: se você não tem certeza, é porque não está! Não tem erro, se tem dúvida não tem fome!

A fome não escolhe! Não existe "fome de queijo", ou "fome de doce". O que existe é vontade de comer essas coisas. A fome de verdade não escolhe! Você acha que, se oferecer comida a uma pessoa que mora na rua e não come há muito tempo, vai ouvir dela "ah, de manhã carne e legumes não me descem"? Jamais! Ela está com fome e, na fome, a gente come o que tiver!

Sei que agora você vai dizer "não posso comer quando sinto fome porque tenho horários", "mas comendo só quando sinto fome não vou perder massa magra?", "não vai me faltar nutrientes?", "se eu comer só quando sinto fome, vou comer demais". Tudo isso tem resposta e as respostas se encontram… ao longo deste livro.

Comer sem fome?

Neste mundo louco e vendido, foram inventadas regras que deixariam nossas bisavós chocadas! Entre elas está a noção absurda de que "temos" que comer de tantas em tantas horas, ou de que "temos" que comer antes disso ou depois daquilo! Que preguiça que isso me dá!

O corpo humano é um conglomerado de sinalizações fisiológicas perfeitas, capaz de sobreviver nas condições mais adversas. É através destas sinalizações que você vive! Por exemplo, toda vez que seu organismo precisar de sono REM, ele vai pesar seus olhos e "chamar" seu corpo para a horizontal. Toda vez que eletrólitos, impurezas e água se acumularem, ele vai te "chamar" para o banheiro. Toda vez que fibras e excrementos chegarem ao fim do caminho dos intestinos, você receberá uma sinalização clássica para o "número dois"! Quando algo irritar suas mucosas do trato respiratório, você incontrolavelmente espirrará! Ou seja, o corpo sinaliza por meio de uma sensação física TUDO o que precisa!

Com o ato de se alimentar é a mesma coisa: quando seus estoques de nutrientes baixarem, ou sua glicemia cair, seu corpo sinalizará a fome. E pasme, essa é a hora de comer! Incrível, não? Isso só não é divulgado porque existe quem venda comida. Quando existir quem venda o ar para o bocejo, também haverá regras para se bocejar! "Mas isso não desacelera o metabolismo?". Quando você ouvir essa pergunta absurda e infundada, peça as referências científicas que provam que comer o tempo todo, de forma não natural, resulta num quadro melhor do que aquele proposto pela própria natureza! Tenha dó! Questione! E, principalmente, teste! Não conheço ninguém que, depois de experimentar comer apenas quando tem fome e basear sua dieta em comida de verdade, sem excesso de carboidratos, refinados e industrializados, tenha achado melhor voltar a comer o tempo todo feito galinha de granja!

Só há dois tipos de pessoas que devem comer sem fome: atletas e quem está trabalhando para ganhar peso! Porque esses dois têm uma cota de macronutrientes para fechar diariamente! Quanto ao resto? Seja inteligente: obedeça ao seu corpo.

Cadê os estudos que dizem para comer só com fome?

Cadê os estudos que provam que temos que comer apenas quando temos fome? Onde se afirma que temos que comer apenas o necessário? Quais os artigos que demonstram que comer industrializados faz mal?

Se tem uma coisa que me choca, é isso! Para citar Carl Sagan, "afirmações extraordinárias exigem evidências extraordinárias". Você consegue entender como o que ele diz se aplica à nossa situação? Consideremos, por exemplo, o sono: o normal é dormir quando se tem sono e acordar quando o sono acabou. Se, contrariando essa obviedade, alguém afirmar que se deve dormir a cada três horas ou que é benéfico interromper o sono várias vezes por noite — algo que obviamente difere do que é natural —, precisará sustentar essa afirmação extraordinária com um corpo de evidências igualmente extraordinário, ou seja, não bastará citar um ou três estudos!

É por isso que não entendo quando alguém pede referências científicas do óbvio! Não precisa, é óbvio! As referências que tenho são para outros casos. Por exemplo, preciso estar embasada quando digo a um paciente que ele vai comer x calorias, mesmo sem precisar, porque isso, combinado a treino e descanso eficientes, produzirá hipertrofia. Quando sugiro uma estratégia não natural de restrição de carboidratos ou calorias, preciso estar embasada, mas, para dizer o óbvio, não!

O que estou fazendo aqui é apenas um alinhamento de conceitos. Você pode comer como preferir, pode criar estratégias — isso não é errado! Errado é julgar que o natural, o óbvio, deve ser provado, enquanto as invenções descabidas ou coisas absurdamente novas, como os industrializados, não precisam passar por este crivo!

Não posso comer só quando tenho fome, porque tenho horário

Quando alguém me diz isso, eu penso: "Será que ela imagina que só ela passa por isso?". Querida, todos nós temos horários. Se isso fosse mesmo uma limitação, só poderia obedecer a fome quem é desocupado. É óbvio que não é assim!

Um exemplo pode nos ajudar a esclarecer: agora, entre às 12h e 13h, tenho uma janela para almoçar; se eu não comer agora, ficarei sem comer até minha próxima janela, entre às 19h e 20h. Acontece que não estou com fome agora e, logicamente, não vou comer. Numa situação como essa, algumas pessoas comem mesmo sem fome, porque, caso não o façam nessa janela, só poderão parar de novo muito tarde! Como resolver? É simples, em primeiro lugar, se você não está com fome na hora do almoço, não coma. Se a fome só aparecer por volta das 16h, 17h e você não puder sentar para fazer uma refeição, coma, sim, um lanchinho rápido, como um punhado de castanhas com queijinho, uma fruta, azeitonas, uns ovos de codorna — qualquer coisa que consiga levar com você sem atrapalhar. Com esse petisco você será capaz de suportar a fome até a hora em que realmente puder se sentar para comer! Só em ocasiões assim "lanchinhos" fazem sentido: para "enganar" uma fome que chegou, mas que não pode ser satisfeita no momento.

O que não faz sentido algum é comer lanchinhos para enganar uma fome que nem chegou ainda! É como tomar dipirona de manhã para evitar uma dor de cabeça que pode, talvez, aparecer de tarde!

Quando digo isso, é comum surgir a seguinte dúvida: "Mas fazendo pequenas refeições não evitamos comer grandes quantidades?". Veja, quem come apenas quando tem fome e só até a saciedade, numa dieta natural e mais baixa em carboidratos, dificilmente se perde com quantidades e calorias, porque ouve o próprio corpo. E seu corpo nunca te guiará para um estado não-saudável! Já seu cérebro, esse sim precisa ser educado!

Por isso, a saída é descobrir o que realmente é fome e o que é saciedade! Sabe como você vai descobrir isso? Sozinho! Afinal, você nasceu sabendo. Ou você precisa que alguém lhe ensine a hora certa de ir ao banheiro e o quanto evacuar? Não precisa, não é? Mas, para se alimentar, pensa que precisa, porque encheram sua cabeça de regras e restrições e, agora, você perdeu o controle. Retome-o! Tenha interesse e paciência.

Comer a cada 3 horas

Dizer que é necessário comer de 3 em 3 horas para emagrecer e/ou acelerar o metabolismo é um tiro no pé! O problema é afirmar isso sem procurar saber de onde diabos saiu essa informação! Os estudos randomizados controlados, aqueles que realmente temos que levar em conta para aplicar estratégias, são muito claros acerca desse tema. Não só não há redução alguma no metabolismo de quem não se alimenta com essa freqüência, como também, em vários casos, observou-se um aumento da taxa metabólica basal. Um dos artigos que tenho em minha mesa nesse momento avaliou pessoas que faziam jejuns de até 72h e constatou um aceleramento do metabolismo! Alguém poderia alegar que se trata de um único estudo, mas acontece que não é bem assim. A literatura científica está repleta de evidências de que a freqüência da alimentação não afeta a taxa metabólica basal e muito menos auxilia o emagrecimento.

Algumas pessoas defendem que, comendo assim, come-se menos. Vejo isso de forma totalmente diferente. Quando comemos uma quantidade ideal de carboidratos — que estabiliza os níveis de glicemia e elimina as "vontades de comer" —, obedecemos as sinalizações naturais de fome (nosso organismo tem essa capacidade) e paramos de comer quando estamos saciados, restauramos o estado fisiológico de alimentação do nosso corpo e, nesse estado, não há sobrepeso e nem doenças adquiridas por hábito alimentar. Bobeira mesmo é pensar que podemos ensinar ao organismo quando comer, dado que ele já nasceu sabendo. Nós desaprendemos isso ao longo da vida e nos tornamos vítimas de uma indústria interessada no consumo constante de produtos. Cabe a nós traçar uma estratégia para voltar ao básico: comer quando se tem fome, parar quando estiver saciado.

Comer de 3 em 3 horas pode ser uma estratégia?

Não temos que comer de 3 em 3 horas! Vamos entender de uma vez por todas: o que o organismo requer (sono, alimentação, hidratação, descanso, evacuação, aumento da necessidade de oxigênio etc.) é muito simples, e ele tem a total capacidade de sinalizar cada uma dessas necessidades. Esperar essa sinalização "chegar" não é errado e nem perigoso!

O que temos em nutrição são estratégias alimentares, como jejum, *refeed*, *carb ups*, cetose, *carb loading*, e o aumento da freqüência das refeições. Quando empregamos essa última estratégia, podemos chegar a um cenário em que se tenha mesmo que comer de x em x horas. O que precisamos entender é que estas estratégias nutricionais não servem para todo mundo e passam longe de formarem uma orientação generalizada, que, se ignorada, provocaria "diminuição de metabolismo", "perda de massa magra", "hipoglicemia", ou "danos permanentes ao sistema nervoso". Comer de 3 em 3 horas não é algo necessário, nem algo que faz emagrecer por si mesmo, muito menos algo que "acelera o metabolismo". Ainda estou esperando a comprovação científica disso!

Comer de x em x horas é apenas *uma* das estratégias. Em minha prática, recomendo-a para atletas profissionais e para quem quer ganhar massa magra. Uso-a nesses casos não porque a freqüência ou a quantidade de horas é o que importa, mas porque é difícil comer um volume tão grande de calorias, carboidrato, gordura e proteína — ou seja, comida — se a ingestão acontecer apenas quando a fome surgir! Atletas e pessoas em ganho de massa magra acabam tendo que comer muito, por isso é mais fácil fracionar esse total em várias refeições ao dia.

Porém, quem não está nestas duas categorias, quem quer manter e melhorar a saúde, quem quer emagrecer, quem tem gastrite, diabetes, hipoglicemia ou unha encravada, ainda deve comer apenas quando tiver fome. O que vai resolver todos estes problemas não é a freqüência das refeições, mas sim a sua composição! Comida de verdade, sem rótulos!

Se for comer toda vez que sinto fome, não vou parar de comer!

Quando sugerimos comer quando há fome a alguém cuja alimentação é riquíssima em carboidratos e pobre em gorduras (cheia de açúcares, farináceos e produtos *light*), realmente é possível prever o caos, porque, ao tentar seguir essa estratégia, o seu dia-a-dia se tornará uma eterna luta contra a fome — uma vez que a pessoa não sabe usar esta ferramenta natural e eficiente do corpo.

É preciso entender que, para quem tem uma alimentação natural, comer quando se tem fome implica fazer poucas refeições ao longo do dia. Isso acontece porque a fome se reduz quando adotamos uma alimentação assim, que, por incluir a gordura natural dos alimentos, gera mais saciedade e que, por reduzir o consumo de farináceos, é naturalmente mais baixa em carboidratos.

Quando você come um macarrão com molho de tomate, por exemplo, normalmente sente fome pouco tempo depois, o que não acontece caso se farte de um filé com sua gordura natural, um legume refogado na manteiga e uma salada com azeite! Além disso, com esse tipo de alimentação, as oscilações da glicemia — e, conseqüentemente, dos níveis de insulina — são pequenas e pouco freqüentes, o que impede que uma fome louca bata o tempo todo!

Para seguir essa recomendação, o mais importante é saber identificar o que é fome real e, principalmente, diferenciá-la da vontade de comer. A fome é uma sinalização tão certa quanto a vontade de ir ao banheiro. Comer e evacuar são necessidades fisiológicas, e seu corpo está pronto para avisá-lo do momento certo de fazer cada um.

Quando há fome real, não há dúvida! Se você não tem certeza, não é fome! Para saber se sua fome é real, avalie a sua seletividade. É como fazemos com crianças: se ela diz que quer biscoito, mas diz "não" para o prato de feijão e couve, a mãe responde, "então você não está com fome"! Para nós vale o mesmo: se sua fome é "fome de queijo" (ou de qualquer outra coisa específica), há grandes chances de não ser fome de verdade!

De 3 em 3 horas, pós e pré treino...

É de suma importância que se entenda: em nutrição existem inúmeras possibilidades, abordagens e técnicas diferentes. Não é errado comer de 3 em 3 horas, o errado é dizer que essa é a única forma correta de se alimentar, sob pena de ter o metabolismo reduzido e problemas de saúde a longo prazo.

Não é incorreto e, muito menos, perigoso jejuar, desde que haja um motivo específico e, principalmente, orientação médica ou nutricional. "Frango com batata doce" é um tipo de estratégia, comer de forma muito variada é outra. Beber água sem sede, ou apenas quando há sede, são formas diferentes e igualmente válidas de se trabalhar a hidratação. Desde que bem orientadas, ambas podem dar bons (ou maus) resultados. Fazer pré e/ou pós-treino é completamente opcional e depende do objetivo de cada um.

Em nutrição, não existe essa coisa de "nós contra eles". Não acho que a nutricionista que prescreve seis refeições ao dia está errada — e, principalmente, não sou "inimiga" dela! Essa é apenas a sua forma de trabalho! A nutrição é uma ciência com múltiplas variáveis, e isso é ótimo, porque assim é possível encontrar a estratégia mais bem adaptada a cada um.

Neste livro, você vai ler mais sobre *low carb*, sobre comer quando se tem fome, sobre uma forma mais natural de se nutrir. Porém isso não significa que essa seja a única maneira de se fazer, significa apenas que essa é a maneira que eu mais estudo, aprendo e, conseqüentemente, recomendo. Então fique em paz, não julgue o nutricionista que não trabalha assim ou que discorda desse tipo de abordagem. Não leve nada para o lado pessoal. Afinal, não é pessoal, é só nutrição! Todos temos a liberdade de escolher!

Informe-se, pesquise, leia, teste em si mesmo, encontre suas respostas! O corpo, a saúde e os resultados são seus, cabe a você se interessar!

Saciou, parou!

O que sobrou do meu prato vai para a geladeira! Uma das coisas mais importantes da alimentação natural é comer apenas com fome e, principalmente, só até a saciedade! Ao contrário daquilo que nos ensinaram desde pequenos, não temos que "raspar o prato", o corpo sabe exatamente a hora de parar. Mas, para que isso aconteça, é preciso comer devagar — ou seja, descansando os talheres no prato a cada garfada, usando a hora da refeição para uma conversa agradável e um momento gostoso.

O momento da alimentação é extremamente importante, toda sua atenção deve estar nela! Você tem 5 sentidos, use pelo menos quatro! 1. Olhe a sua comida! Arrume um prato bem lindo, vistoso aos olhos, fotografe! Tenha orgulho dele, das suas boas escolhas! 2. Cheire cada garfada! Seu nariz fica perto da boca justamente para você não morrer envenenado! Use-o para apreciar o cheiro — que é parte do sabor — do que você vai ingerir! 3. Toque — com as mãos limpas, claro — as folhas de sua salada, pegue na mão o pedaço durinho do legume, explore a textura! 4. Saboreie cada garfada! Da garganta para baixo, não se sente mais sabor! Então, por que engolir tão rápido? Viva esse momento! Seguindo esses passos, será muito mais fácil identificar quando o suspiro da saciedade chegar!

Saciedade

Quem me segue sempre me vê bater na tecla do "comer apenas até estar satisfeito" e nunca "socar" comida para dentro. Há quem use a desculpa de que deixar comida no prato é pecado. É óbvio que essa é apenas uma desculpa, porque deixar no prato não é a única opção. Guardar para comer em outra hora é uma saída simples (que quem me acompanha também me vê fazer), mas quando a gula está enraizada em alguém, isso parece impossível!

Colecistoquinina, peptídeo YY e grelina são os principais hormônios envolvidos na sinalização de saciedade. Porém, é necessário tempo para que cumpram sua função. Por isso, se você é dos que come em 3 ou 4 minutos, realmente nunca vai sentir a saciedade! Descansar os talheres no prato a cada garfada e explorar os sentidos na hora da refeição faz você comer com calma. Desse modo, é possível sentir um leve suspiro seguido da sensação de "Hum! Satisfeito!".

Dieta das proteínas?

Que preguiça me dá quando vejo alguém dizendo que alimentação *low carb* é o mesmo que "dieta das proteínas"! Que preguiça de quem não entende que a base da alimentação são os vegetais! Sim, vegetais! Mais uma vez para os mais lentos: vegetais! Como pode a alimentação *low carb* estar estritamente relacionada a um alto consumo de carnes e peixes, se meus pacientes vegetarianos a seguem? Como pode ser uma dieta "das proteínas" se as proteínas não constituem nem 30% do total de macronutrientes? Como pode alguém que não estuda isso, alguém que não pesquisa isso, alguém que não pratica isso, ainda achar que não há suficientes evidências científicas para comprovar que *low carb* é uma excelente abordagem nutricional, sobretudo quando aplicada ao tratamento de diabetes, síndrome metabólica, esteatose não-alcoólica, dislipidemia e obesidade? De onde vem essa "implicância pessoal"? Não fale do que você não domina (principalmente se você é da área da saúde) porque fica feio!

Você nunca vai me ver falando "minha opinião sobre neurocirurgia". Sabe por quê? Porque eu não sei nada sobre isso! E mesmo "ler muito" sobre o assunto não muda essa situação! Ou você se dispõe a estudar tudo sobre *low carb* — como eu fiz e faço —, ou vai falar besteiras!

Em resumo, não, essa não é a "dieta das proteínas" (na maioria das vezes ela é hiper-lipídica), assim como não é "perigosa", "irresponsável", "não comprovada" e "inviável a longo prazo"!

Então calorias são irrelevantes?

Seria no mínimo ingênuo pensar que calorias são irrelevantes! Tão ingênuo quanto pensar que são elas que determinam se você vai engordar ou emagrecer!

Vejamos o que ocorre na prática. Digamos que você fez um exame muito preciso (uma calorimetria indireta, por exemplo) e descobriu que gasta, em repouso, 1.800 kcal/dia. Se você comer, enquanto segue uma dieta baixa em carboidratos, 1.900 kcal hoje, 2.100 amanhã,

1.600 depois, 2.200 no outro dia, 1.500 num dia em que tiver menos fome, e assim por diante, no fim, a conta fecha! Isso só funciona em uma alimentação baixa em carboidratos. Caso mais da metade da sua alimentação consista em pães, cereais, doces, grãos, massas etc., sua única saída será contar calorias rigorosamente.

Mas, se nesta mesma alimentação *low carb*, você comer cotidianamente muito acima da sua necessidade diária, ainda que o excesso de calorias provenha de alimentos excelentes como azeite, ovos, abacate e castanhas, não há como justificar fisiologicamente uma ingestão superior à necessidade!

Então como podemos regular isso? É simples, quem ingere acima da necessidade não está seguindo os sinais do corpo, isto é, a fome genuína e a saciedade, mas sim o mau hábito de comer sem ter fome e em quantidades pré-determinadas (não pelo nutricionista, mas pelo restaurante, por exemplo).

Sabe aquela história de "raspar o prato"? Pois é, esqueça-a! Coma apenas quando tiver fome física, devagar, e pare quando sentir-se satisfeito! Opte por alimentos naturais, tenha bom senso e lembre-se de que nem em *low carb* há milagre! Essa história de comer, na mesma refeição, queijo, ovo, carne, abacate, azeite, castanha, bacon e óleo de coco não tem nada a ver com a alimentação natural e saudável que defendo!

Low carb é perigoso?

É prudente fazer *low carb* sem orientação de um profissional? Todo mundo vai responder imediatamente que não, não é prudente. Eu, no entanto, antes de responder automaticamente, gostaria de levantar duas questões. Em primeiro lugar, é preciso entender o que as pessoas chamam de *low carb*, porque, tecnicamente, qualquer dieta que não tenha excesso de carboidratos — sobretudo dos provenientes de farinha e açúcar — é uma dieta *low carb*. Infelizmente, como não há, na literatura científica, uma definição unânime de *low carb*, alguns trabalhos aplicam esse termo a dietas em que até 40% das calorias totais são convertidas em carboidratos, outros chamam de *low carb* uma dieta que trabalha com 1 g de carboidratos por quilo de peso, outros consideram *low carb* uma dieta com até 20 g de carboidratos.

Por isso, a primeira questão que levanto é: precisamos decidir o que estamos chamando de *low carb*. Se consideramos *low carb* simplesmente excluir ou diminuir drasticamente o consumo de farinha e de açúcar, então não é perigoso fazer isso sozinho, certo?

Além disso, deixando de lado a definição de *low carb*, há mais uma questão que devemos considerar. A nossa sociedade, a nossa geração, todos nós, basicamente, nos preocupamos bastante com os perigos de uma dieta um pouco mais baixa em carboidratos, mas ninguém se importa se alguém decide comer carboidratos em excesso.

Eu nunca vi uma pessoa perguntar para uma nutricionista ou se consultar com um médico antes de iniciar férias em que vai passar dias comendo pão, biscoito e macarrão, tomando cerveja, se esbaldando na pipoca e no bolo de chocolate. Para passar dias comendo tudo isso ninguém tem a mínima preocupação de antes consultar um nutricionista ou médico e dizer: "Escuta, pretendo ferrar com a minha alimentação pelos próximos anos, quero passá-los comendo errado a ponto de engordar o máximo que puder, desenvolver resistência à insulina e diabetes, você acha que eu devo?". Essa pergunta ninguém faz!

Hoje em dia, o que produz um número maior de problemas: pessoas que comem carboidratos em excesso e, por isso, sofrem de diabetes e outras complicações, ou pessoas que tiveram maus resultados quando arriscaram fazer uma dieta sem orientação? Repare que não estou dizendo que fazer dieta sozinha é bacanérrimo. A questão é que quando decidimos melhorar nossa alimentação, imediatamente pensamos que não podemos fazê-lo sem autorização, sem uma prescrição dietética. Mas, ao mesmo tempo, quando alguém decide se empanturrar de açúcar e pão, não costuma ter esse mesmo cuidado.

O mesmo ocorre com exercícios. As pessoas têm pânico, um medo real da simples idéia de levantar a bunda do sofá e dar uma volta na rua por meia hora. Sempre ouvimos: "Ai, não, eu preciso antes passar pelo meu cardiologista, preciso de uma orientação, de um treinador físico". Para dar uma volta na rua! Mas, quando se trata de passar 20 anos sedentária, sentada no sofá, desenvolvendo dor nas juntas, engordando e perdendo autonomia, ninguém se preocupa com autorização profissional.

O que eu estou levantando não é a questão de ter ou não autorização. De fato, toda intervenção não-natural deve ter acompanhamento! Não é isso que estou discutindo. O que me chama a atenção é que tem gente que se preocupa com isso antes de fazer alguma coisa boa, gente que pensa: "Será que eu posso levantar do sofá e dar uma volta? Não! Não sem antes passar por uns profissionais... Não vou fazer isso, não, porque eu conheço uma pessoa que foi jogar vôlei, não passou pelo médico e enfartou na quadra".

E quantas pessoas você conhece que enfartaram com doenças cardiovasculares porque comeram errado e não treinaram ao longo da vida toda? Por isso, a questão para mim é uma só. É preciso se preocupar? É preciso se preocupar! É preciso fazer acompanhamento das coisas que são intervenções? É preciso fazer acompanhamento! Mas pensa bem se seus valores não estão invertidos, se você não está pensando que precisa de autorização de um profissional da saúde para fazer uma coisa que, na verdade, é intuitiva para você, isto é, para comer comida!

Uma alimentação natural é naturalmente baixa em carboidratos. Se você comer frutas, verduras, legumes, raízes, carnes, azeite, oleaginosas e queijos, estará seguindo uma dieta baixa em carboidratos, ponto! Uma dieta assim pode ser considerada baixa em carboidratos, porque, quando comparada aos excessos da maioria das pessoas — que comem pão, macarrão, biscoito, bolacha, bolo e *milk shake* —, ela apresenta um consumo de carboidratos comparativamente baixo. E, para fazer uma dieta baixa em carboidrato em relação a esse povo, você não precisa de autorização e exames prévios. Isso é comida, isso é natural, isso é o que você deveria estar comendo desde sempre. Você vai precisar de acompanhamento se for fazer uma intervenção, uma estratégia específica em que você precisa realizar exames e que tem um objetivo certo. Nesses casos, você deve mesmo estar acompanhado, mas esse nível está muito acima de onde a galera está parando! O pessoal pára muito antes!

O processo

"Me dê uma boa razão para me desapegar do doce". Eu nunca me desapeguei do doce, e nem quero! O problema não é gostar de doce. O problema é querer fazer na vida só o que se gosta. Em vez de almejar um objetivo extremo e absurdo, como se desapegar dos doces, escolha um mais palpável, como dar-se um pouco menos do que quer e um pouco mais do que precisa — o que também pode ser aplicado a outras áreas da vida.

Muita gente, incluindo eu mesma, tem essa idéia errada. Temos a impressão de que as coisas só vão acontecer se envolvermos sentimento e prazer. Veja bem, não é que a idéia esteja errada, o problema é que nós a projetamos de forma errada. E como acontece essa projeção errada? Aprendemos que quando fazemos algo com amor e prazer, o resultado é maravilhoso, tudo vai melhor e todo mundo fica mais feliz. Porém não nos damos conta de que fazer as coisas assim, com amor, carinho e prazer, não é a única maneira de fazê-las, é apenas a melhor. Existe um monte de coisas na vida que fazemos sem carinho, sem amor e sem prazer, na rotina do dia-a-dia. Por exemplo, por mais que você goste muito do seu trabalho e do que faz, não é todos os dias que você acorda feliz da vida para ir trabalhar. Tem dias em que estamos cansados. Tem dias em que estamos de saco cheio. Tem dias em que queremos ficar em casa e não podemos. Nesses dias, não seguimos em frente amando o que fazemos, vamos porque temos de ir. E isso só vale para quem tem a sorte de fazer o que gosta, porque a maioria dos mortais não faz o que ama de paixão. Há pessoas que têm um emprego porque precisam de dinheiro, porque esse emprego vai ajudá-las a conseguir fazer o que querem. Nesses casos, a pessoa não faz aquilo com todo amor e carinho do mundo, mas faz o que tem que ser feito, não é? "A necessidade faz o sapo pular".

O lance é entender que, se eu pudesse fazer, com amor e carinho, o meu trabalho, a minha dieta, o meu relacionamento com as pessoas e tudo mais, sim, seria melhor, mas tem vezes que não dá! Ou você deixa de fazer algo, de trabalhar, de conviver com a sogra de que não gosta, de falar com a sua prima que é um saco? Não! Porque você tem de fazer o que tem de fazer! Você, como adulto, faz o que nessa hora? Joga os braços para cima e diz "não vou fazer"? Não! Você engole seco, engole vários sapos e fala "vou ter de fazer"!

A mesma coisa vale para a dieta e para a disciplina ao comer, treinar e dormir cedo. Às vezes, ficamos pensando: "O problema é que eu deveria gostar de fazer dieta, mas não gosto". Tem um monte de gente que não gosta, e tem gente que gosta — essas pessoas são muito sortudas. Que bom para elas, mas a maioria dos meros mortais não vai gostar. O negócio é que não é tudo que fazemos amando de paixão. É preciso entender que nem sempre sentimos amor pelo caminho; às vezes, o amor é pelo objetivo e, por muito amor ao objetivo, aprendemos a gostar do caminho, mas isso não significa que esse caminho vai ser delicioso.

Então, quando a amiga diz, "Poxa, eu gosto muito de doce", eu respondo, "Eu também gosto de doce, ela também gosta de doce, quase todo mundo gosta de doce!". Pouquíssimas pessoas têm a sorte de não gostar de doces. Existem alguns felizardos que não gostam de doce, outros que adoram fazer dieta, outros que gostam muito da profissão, outros que gostam muito de todo o trabalho de casa... Mas talvez esse não seja você! Isso significa que você não pode chegar onde "os felizardos" chegaram? Não! Isso só significa que talvez o processo seja mais penoso para você do que é para eles. Por isso, não fique esperando o dia em que você não vai gostar de doces.

Às vezes, também me perguntam: "O que que eu faço para não gostar de doce?". Isso não existe! Muito provavelmente, você vai gostar de doce para sempre. Pode ser que aconteça um milagre, que caia um raio na sua cabeça e você pare de gostar? Pode! Você quer contar com esse milagre? Ou você quer aprender a trabalhar sem ele?

Como seria trabalhar sem esse milagre? Seria dizer: "Olha, eu gosto de doce para caramba, eu gosto daqueles doces que ardem a garganta. Sabe brigadeiro de colher com biscoito? Eu adoro. No entanto, o meu objetivo hoje é não comer o doce. Logo, o que preciso fazer? Preciso deixar de gostar do doce? Não! Porque não é possível. É para deixar de querer? Não, porque também não é possível. Eu devo simplesmente dizer não para o doce!". Talvez você esteja pensando: "Ai, Lara, mas isso é ruim, isso não traz prazer!". Sim, bem-vindo ao mundo adulto, onde nem tudo é prazer e flores, onde nem tudo é sentimento e prazer, onde fazemos coisas que são, às vezes, muito desconfortáveis, quando buscamos um objetivo claro.

Comecei este capítulo dizendo que o maior erro das pessoas é achar que tudo tem que envolver sentimento e prazer. Às vezes, se alimentar bem até envolve sentimentos, mas são sentimentos mais próximos da angústia, da raiva, da esquisitice. É a restrição! Quando falamos disso, sempre há quem diga que não se pode fazer restrições, que não se pode dizer não. Lembre-se: uma criança que não ouve "não" é um delinquente.

Pode dizer não, sim. O que não pode é fazer restrição maluca. Fazer restrição tonta, restrição sem um motivo, sem porquê, sem saber direito, só porque o padrão impõe! Isso não pode! Fazer restrição porque todo mundo está fazendo, sem saber o porquê! "Ah, todo mundo está fazendo jejum, então eu vou fazer também". Isso não pode! Mas, se você se consultou com um médico ou um nutricionista, e ele lhe recomendou uma abordagem que exige restrições, depois de ter explicado o tempo que isso vai levar, então é válido fazer restrições. Isso só não vale para quem tem um distúrbio alimentar, de ordem psíquica. Do contrário, para os demais, "dizer não" é necessário! E não vai ser maléfico, não existe uma coisa taxativa, não existe essa história de "toda restrição gera compulsão". As restrições só desencadeiam a compulsão em quem já tem algum distúrbio.

A compulsão, principalmente a alimentar, é um problema de ordem psíquica, e não de ordem nutricional. Por isso, a sua causa não é a restrição de um nutriente. A causa da compulsão alimentar, às vezes, tem a mesma natureza da causa da compulsão por compras, por drogas, por sexo, por qualquer coisa que seja um estímulo prazeroso. Ou seja, não é no ato em si, seja ele alimentação, compras, drogas ou sexo; a origem dessa compulsão está em um distúrbio de comportamento ou de pensamento, que tem origem num problema, num trauma ou numa crença. Isso precisa ser tratado por um psicólogo e, talvez, por um psiquiatra.

Para quem não tem esse tipo de problema de ordem psíquica, é extremamente importante dizer "não", entender que talvez você vai, sim, ficar vivendo, por um período, com restrições a algo que é prazeroso para você. É a mesma coisa com tudo na vida: se a pessoa quer comprar um carro, ela precisa economizar dinheiro. Nesse caso, ela vai dizer para si mesma: "Ah, mas eu não posso restringir meus gastos, porque restrição gera compulsão. Se eu restringir meus gastos, vou me tornar uma compradora compulsiva". Não, senhora! Não é seu objetivo comprar um carro? Então, a senhora vai sim dizer não aos gastos!

É confortável dizer não para os gastos que você normalmente faz? Não! É legal? Não! Envolve um sentimento de carinho? Não! Envolve desconforto, envolve sair da zona que é mais comum, mas isso é necessário para o objetivo traçado. Se o seu objetivo é emagrecer ou tratar uma doença crônica não-transmissível (como diabetes, hipercolesterolemia e hipertensão), você precisa compreender que isso envolve restrições.

Tudo que a gente quer na vida envolve restrições. Por exemplo, ter um filho envolve uma restrição imensa da própria vida, do próprio tempo, dos próprios objetivos. Mas ninguém diz para a mãe de um recém-nascido: "Olha, você não pode dizer "não" para si mesma, entende? Tem que continuar se dando o mesmo tempo, a mesma atenção e a mesma prioridade, porque senão a restrição gera compulsão". Não é assim! Geralmente, o que se diz para a mãe é: "Pariu, agora embale". Você teve um filho, agora tem de cuidar dele. Ele é a sua prioridade, ele vai tomar todo seu tempo, sugar as suas energias — inclusive seu peito! Essa é a vida de uma mãe, não tem saída. Embora a mãe ame aquele filho mais do que tudo na vida, o preço da restrição de sono que ela paga, por exemplo, é grande. Quando uma mãe acorda estonteada de madrugada, pega o neném e lhe dá o peito, ela está fazendo uma restrição de sono, de conforto, de tudo. Pergunte para ela se é agradável acordar de madrugada, a cada 3 horas para dar de mamar. Ela vai responder que não! Então porque ela faz isso, se não é agradável? Porque tem um objetivo muito maior: o seu filho!

Pergunte para o investidor bilionário: "Você gosta de não comprar tudo que vê a sua frente?". Ele vai dizer que não. "Então por que você não compra se você é bilionário?". "Porque eu sou investidor, tenho um objetivo maior". Pergunte para o atleta olímpico: "Você gosta de não sair com a turma para encher a cara? De ter perdido a sua juventude? De acordar às 4 horas da manhã todo dia para treinar?". Ele não gosta, necessariamente, de tudo isso. Se ele faz é porque gosta do objetivo, gosta de subir lá no pódio e ouvir o hino nacional.

O processo é penoso. Não envolve paixão, carinho e muito conforto. Temos de aceitar isso, do contrário, ficamos pensando: "Ah, o negócio que eu não gosto". Não é para gostar, é para topar fazer, apesar de não gostar, porque você gosta mesmo é do objetivo.

A maior balela que eu ouço e que faz muita gente se perder é: "Você precisa se apaixonar pelo processo!". O processo é horrível, não tem como todo mundo se apaixonar pelo processo. Como já mencionei, há felizardos que gostam de dieta ou que gostam de treinar, mas a maioria dos meros mortais faz o mesmo, apesar de não gostar tanto. E depois que faz, aprende, descobre um amor no que está fazendo, começa até a gostar um pouco do negócio. Porém a verdade é que a maioria de nós não gosta do processo.

O que eu estou falando para você, o que vai te libertar, é que é normal não gostar do processo. Você não precisa gostar do processo, você precisa fazê-lo! "Ah, mas eu não gosto". Você quer atingir o objetivo? Então faz sem gostar! É aquilo que a gente fala aqui, só vai! Vai com sono, vai com preguiça, vai sem motivação, vai sem inspiração... O povo fica esperando ter inspiração, ter motivação, deixar de gostar de doce. Isso não existe!

É muito mais proveitoso aceitar que você vai gostar de doce para sempre e, então, aprender a viver com isso. "Eu gosto de doce e estou com vontade de doce". Você vai parar de comer doce? Não! O que você faz então? Vai passar vontade, porque tem um objetivo maior! A mesma coisa se aplica ao dinheiro: se você está com muita vontade de comprar um sapato, mas quer adquirir um apartamento, tem que decidir. Tem que deixar passar a vontade de comprar o sapato, e não ficar choramingando por não comprá-lo. Ou, então, comprar logo o sapato, abrir mão do apartamento e não encher o saco de ninguém.

É uma escolha, e precisamos escolher o que queremos! De novo, se você tem um distúrbio alimentar, um distúrbio de pensamento, um distúrbio de comportamento, então nada disso é para você. Você deve procurar terapia e tratamento psiquiátrico, como eu mesma já fiz por muito tempo. Quando meu problema era na cabeça, eu o tratei na terapia por 10 anos e fiz tratamento psiquiátrico. Se esse é o seu problema, esse discurso não é para você. Essas coisas são para quem não tem um problema psiquiátrico, nem psicológico, mas continua se iludindo, pensando que uma hora vai bater um amor, uma motivação, uma inspiração e você vai se sentir muito à vontade para fazer o processo, para o objetivo que você está traçando. Acorda! O processo só é divino, leve, gostoso e prazeroso para poucas pessoas.

É mínima a chance de que você seja uma delas. O mais provável é que você seja só mais um de nós, para quem o processo é muito penoso. É por isso que tão poucas pessoas chegam lá!

Em qualquer tipo de objetivo, seja o que for — dinheiro, vida financeira, saúde, relacionamento —, não alcança o resultado quem o quer muito, mas sim quem está disposto a pagar o preço!

Déficit calórico

Em 2015, quando eu comecei a falar sobre *low carb*, fiz um *post* que derrubava esse mito tão popular de que na dieta *low carb* — ou em qualquer outra — é permitido comer à vontade.

A origem desse erro é a noção de que a ativação da insulina faz engordar. Pensam que quem tem a insulina alta engorda. Mas não é bem assim. O emagrecimento está relacionado a um conjunto de fatores. Um deles é o balanço energético negativo ou déficit calórico, sem o qual é impossível emagrecer.

A idéia central de uma dieta baixa em carboidrato é que, quando se ingere menos carboidratos, reduzem-se as oscilações dos níveis de insulina e, por extensão, da glicemia. Isso faz a pessoa sentir menos fome. Outro fator que também contribui para isso é que, como a dieta *low carb* é rica em proteínas e gorduras, ela tende a ser mais sacietógena. Assim, reduzindo-se a fome, come-se menos, o que resulta num déficit calórico e, conseqüentemente, em emagrecimento.

É por isso que, desde quando comecei a falar nesse assunto, tento deixar claro que o papel da insulina na engorda e no emagrecimento é muito importante, mas não é o principal. O mesmo vale para as calorias, que também são importantes, mas não são o único fator a se considerar. Não é time *low carb* contra time hipocalórica. E é justamente por isso que eu sempre bati na tecla de que *low carb* não é para todo mundo, é para todo mundo que precisa.

Quem se beneficia mais de uma dieta baixa em carboidratos? Quem tem resistência à insulina, diabetes, hipercolesterolemia, SOP, hipertensão ou alguma doença resultante da hiperinsulinemia. Mas quem não tem nenhuma dessas doenças e não quer seguir uma dieta *low carb* pode emagrecer com uma dieta em que conta calorias? Sim. Do ponto de vista de mecanismos é possível. Mas acontece que, na nossa vida, na nossa realidade, nós não somos apenas um mecanismo, temos também o aspecto comportamental. É aí que entra a chave para entender o emagrecimento, que gente muito instruída às vezes não consegue ver.

É comum eu me deparar, quando assisto a um curso ou leio alguma coisa, com pessoas vidradas em mecanismos, descrevendo rotas metabólicas, explicando detalhes daquela bioquímica toda. Porém, para mim, que entendo o dia-a-dia do paciente, o que importa não é só a rota metabólica, mas sim se ele vai fazer a dieta.

Por isso, eu sempre insisto que não existe uma dieta melhor que a outra, existe a dieta que você faz! Porque, por mais que você entenda todos os mecanismos bioquímicos, todas as rotas metabólicas, o que importa é: você vai fazer essa dieta ou não vai? O principal da dieta baixa em carboidratos e rica em gorduras não são os mecanismos, a insulina ou a restrição calórica que ela produz, mas sim o fato de que, para a maioria das pessoas, essa é uma dieta mais fácil de fazer. É uma dieta que conseguimos fazer em todo lugar, numa viagem, numa festa, num jantar, num restaurante. Seja onde for, nós sabemos seguir a dieta. É diferente do que ocorre quando fazemos uma dieta toda programada em detalhes, que exige uma compra de mês planejada e que não conseguimos seguir fora de casa.

Para resumir: a dieta que é complicada funciona? Sim! A dieta que não é complicada funciona? Sim! Por que é assim? Porque a dieta que funciona é a que você faz! Por isso não adianta eu descrever mil mecanismos se você não vai seguir essa dieta dos mecanismos. De que adianta saber qual a melhor dieta do ponto de vista bioquímico e fisiológico, se você não consegue segui-la? É muito melhor para você uma dieta que é possível.

Mas precisa ter déficit calórico? Claro que sim! A idéia é que você faça qualquer dieta que te leve a um déficit calórico, a um déficit energético. Precisa ser esse o ponto chave? Não necessariamente! Mas ele é um componente muito importante, é um tiro certo!

Um exemplo que sempre dou em minhas palestras e aulas é o seguinte: se uma modelo entra na minha sala, me dizendo que tem 30 dias para entregar um trabalho e que, por isso, precisa emagrecer, eu vou prescrever restrição calórica para ela? É óbvio que sim, porque funciona. A questão é, como ela tem 30 dias e eu sei que ela não precisa manter isso por muito tempo, posso recomendar uma dieta assim. O grande problema da restrição calórica é que as pessoas não agüentam mantê-la por muito tempo! Todas as pessoas que fizeram dietas bem restritivas do ponto de vista calórico sabem que uma hora a gente tenta compensar. É por isso que as pessoas são fascinadas por "dia do lixo". Por que alguém que está comendo bem quer saber se pode passar um dia inteirinho se entupindo de lixo? Porque essa pessoa está fazendo uma restrição muito grande.

Ou seja, se trabalharmos só com a restrição e mais nada, vai ser mais difícil do ponto de vista comportamental. É mais interessante se valer também dos outros fatores do emagrecimento. Podemos explorar o fator comportamental com uma dieta mais praticável. Podemos também utilizar alimentos que elevam menos os níveis de insulina e, assim, facilitam a lipólise e o processo de adesão.

É por isso que digo: não tem certo, errado, nós contra eles, um jeito certo de fazer e outro errado; o que existe é combinar as coisas.

Sobre doces

"Meu problema é doce". Para resolver isso existem três caminhos (você não precisa escolher apenas um deles, pode experimentar os três e, inclusive, alternar entre eles).

OPÇÃO 1 — Abstinência: lidar com o consumo de açúcar, ou de qualquer substituto, da mesma forma que um viciado em álcool e drogas lidaria: evitando o primeiro contato e submetendo-se às difíceis sensações do período de restrição.

OPÇÃO 2 — Substituição: encontrar opções melhores, em termos de composição e calorias, que substituam os alimentos preferidos. É aqui que entram as receitinhas *fit*, *low carb*, *diet*, *light*, zero e o raio que o parta...

OPÇÃO 3 — Manejo de freqüência e quantidade: comer exatamente o que quer, mas cuidando para que seja em pequenas quantidades e de forma esporádica.

Qual deles é o melhor? Depende de para quem seria e de qual fase essa pessoa está vivendo no momento. Eu mesma já usei os três, cada um em uma fase diferente.

Não seria lógico usar o modo "restrição" na fase em que ela não está funcionando, da mesma forma que não faria o menor sentido tentar "substituições" se no momento elas mais atrapalham do que ajudam. Como saber qual a melhor opção para o meu caso? Pela magia da tentativa!

Opção de lanches sem glúten e sem lactose

Tenho um pouco de aflição quando vejo encherem a boca para dizer "Não como glúten e nem lactose!", porque, na maioria das vezes, a intenção é boa, mas o modo de execução tira todo o sentido da coisa! O fato de um alimento não conter glúten ou lactose não implica, nem de longe, que ele seja saudável. Freqüentemente vejo pessoas enchendo carrinhos de pacotinhos com estes dizeres, achando que estão optando pelo melhor para suas saúdes, mas não é bem assim!

Meu amor, se você precisa evitar glúten ou lactose, vire homem e evite *a fonte*! Não é para comer "biscoitinho sem glúten", é para eliminar o biscoito! Não é para tomar sorvete sem lactose, é para cortar o sorvete! Só faz sentido optar por um produto industrializado sem estes componentes, se for para não se enganar: o fato de não ter glúten ou lactose não significa que não tenha caseína, açúcar, corante, conservantes e outras bruxarias. Isso significa que, se você realmente tem uma intolerância ou alergia, até poderá ingerir esse alimento sem "virar do avesso". Contudo, melhor ainda seria trocar esse pão sem glúten por ovos de galinhas criadas soltas, o leite sem lactose por um leite de coco, por exemplo, e parar de tentar mascarar o que já não é boa opção! Legumes, verduras, frutas, oleaginosas, ovos, carnes, aves, peixes, frutos do mar e azeite de oliva também não contêm glúten e lactose, e ainda têm a vantagem de serem realmente opções para quem não lida bem com algum dos dois!

Lista de compras

Eu não tenho preguiça, medo, nojinho ou sei lá o quê, de comer o que fiz e sobrou! Inclusive quem acompanha meu trabalho já me ouviu várias vezes falar sobre isso. Quando eu fico saciada eu PARO de comer, eu não soco a comida para dentro, nem a jogo fora.

Por isso, quando você for elaborar um esqueminha do que comprar e cozinhar, conte com a possibilidade de preparar algo com o que sobrou da comida. Por exemplo, quando sobrar muita abóbora, você pode fazer um escondidinho. Quando sobra muito brócolis, você pode adicioná-lo a uma omelete. Temos que começar a aproveitar as coisas. Tem gente que me diz o seguinte: "Lá em casa não pode ser a mesma coisa todo dia". Poxa, gente, não! Tem que alterar esse padrão, porque ele é ruim. Do contrário, não há bolso que sustente e não há mulher que agüente um trem desses! Quando a mulherada me diz, "Ai, meu marido não come a mesma coisa todos os dias", eu respondo, "Então bota seu marido para cozinhar!".

Quando se trata de planejar o que vamos comprar, eu gosto de pensar assim: "Como eu vou fazer? O que vou comprar no supermercado toda vez que eu entrar?". A idéia é encontrar uma fórmula que seja sempre a mesma e que você aplique toda vez que for ao mercado. O que varia são os componentes da fórmula, o que você coloca nela.

A elaboração da fórmula é dividida em várias etapas, vários níveis de acontecimentos. A primeira delas é a resposta da pergunta: "O que, exatamente, você quer cozinhar quando faz uma refeição?". Eu, por exemplo, sempre penso em cozinhar uma carne e alguns legumes. No meu caso específico, gosto de combinar a carne com dois ou três legumes, porque, no fim das contas, a minha refeição é só isso, carne e legumes.

"Posso botar verdura no lugar do legume?". Pode! Inclusive vou falar em vegetais, em vez de legumes. Ou seja, eu sempre sigo o padrão de uma carne e dois a três vegetais. Agora, essa é a única forma de fazer? Claro que não. Eu, por exemplo, não preparo no dia-a-dia arroz, feijão, grão de bico ou ervilha, porque dá trabalho e eu não tenho mais o costume. Mas, se isso faz parte do seu dia-a-dia, coloca! Podemos, então, usar a seguinte fórmula: uma carne (um tipo de carne), dois tipos de vegetal e um tipo de grão. Outra opção: uma carne, dois tipos de vegetal e um tipo de raiz. O importante é montar a disposição da refeição, porque, uma vez montada essa disposição, sempre que você for ao supermercado, saberá pelo menos o que costuma cozinhar.

O problema é que, às vezes, a gente não sabe o que comprar. Pensamos: "O que vou fazer? Um legume? Será que eu faço um arroz com feijão? Será que eu faço uma carne?". Para que isso não aconteça, já determine na sua cabeça uma fórmula básica. Essa fórmula não é necessariamente imutável. O intuito é que você, toda vez que se sentir perdido no supermercado, recorra a ela e pense: "vou fazer um tipo de carne, um tipo de legume etc.". A disposição da refeição já está certa para você.

Basicamente, grande parte da lista vai se referir às refeições principais. Em segundo lugar vêm alguns itens que usamos no preparo e algumas coisinhas que comemos nos intervalos ou quando não dá para fazer uma refeição principal. Por isso, eu dividi a lista em duas partes. Há uma coluna chamada "os de sempre", nela entram aqueles itens que você pode comprar em maiores quantidades, a cada dez dias. Na outra coluna, listam-se "os que variam", ou seja, os legumes e tudo mais que você compra no dia-a-dia.

Agora, e isso é importante, tem coisa que vai ficar de fora? Tem! Pelo amor de Deus, eu estou tentando ajudar! Eu estou falando daquela ida ao supermercado de sempre. Eu, Lara, que tenho um supermercado a meio quarteirão da minha casa, prefiro ir a cada dois ou três dias, umas duas ou três vezes por semana. Por quê? Porque eu vou a cada dois ou três dias comprar, justamente, os itens variáveis, que estragam mesmo na geladeira. Não existem meios de armazená-los por mais tempo, como o congelamento? Existem, mas não estamos tratando disso agora. Quero te ajudar naquelas vezes em que você vai ao supermercado e percebe que não sabe o que comprar.

Então, vamos lá, o que está na minha lista "dos de sempre"?

Cebola, alho, azeite e manteiga (pode trocar por banha de porco ou óleo de coco).

Se for usar azeite para cozinhar, é só não comprar o extra virgem. Porque ele, quando aquecido, perde suas propriedades. Mas isso não é um problema em si, só um desperdício. É melhor deixar o azeite perder as propriedades do que usar um óleo vegetal extraído de semente, rico em gordura poliinsaturada ômega 3, como os óleos de girassol, milho e canola.

Ainda na lista dos de sempre, temos: cheiro verde, todos os temperos (toca o terror no tempero, é noz moscada, páprica picante, páprica doce, páprica defumada, cominho, pimenta branca, preta, biquinho, manjerona, manjericão, alecrim, salsa!). O povo não gosta de comer porque não faz comida gostosa. Pára com isso! É para fazer umas comidas gostosas. "Olha, Lara, eu até posso comprar esses temperos, mas como vou aprender a usar?". Testando! Você vai cheirar e se perguntar, "será que isso fica bom na carne?". Então, você tempera a carne com ele e vê o resultado. Se tiver ficado uma porcaria, você vai descobrir que esse tempero não combina com carne. Depois você vai cheirar outro e se perguntar: "Será que fica bom no peixe?". Então você vai lá e põe no peixe!

O que mais entra nessa lista "dos de sempre": frutas que não estragam rapidamente, como limão e maracujá. Esses dois, aliás, nós vamos usar para temperar carne, peixe e frango. E também para fazer um suquinho. Por isso, pode comprar limão e maracujá.

O que mais? Azeitonas e ovos, porque ovo a gente sempre usa. Sobre a azeitona eu sempre falo para os meus pacientes: "explora a tal da azeitona". Tem gente que me diz: "Eu chego em casa às 6 horas da tarde e começo a comer igual a um louco". Você deveria, então, fatiar um tomate, adicionar azeite, limão e sal, e comer com azeitona.

Lista "dos de sempre":

Manteiga (ou banha de porco).
Azeite de Oliva (ou óleo de coco).
Cebola, alho, azeitonas, cheiro verde (conservo congelado).
Temperos variados (páprica, noz moscada, cúrcuma, pimenta, salsa desidratada, cominho etc.).
Sal.
Ovos, limão, maracujá e gengibre.

Esses itens são os que costumo comprar em boa quantidade, para que não precise voltar ao mercado por eles antes de 10 dias. O intuito é que, tendo definido o que você sempre vai usar, não aconteça de você chegar em casa um dia para fazer uma comidinha e não ter manteiga. Isso também serve para você não poder dizer: "Ai, gente, não tem um limãozinho para eu jogar nesse peixe. Então vamos pedir uma pizza!". É isso que eu não quero que aconteça, entendeu?

Feito isso, entramos na parte da lista que chama "os que variam". Na categoria dos que variam estão aqueles de que compro pouquinho, a cada dois ou três dias. Faço isso porque tenho um mercado ao lado de casa, mas você pode aumentar a compra e estender esse prazo. Aqui entram legumes, verduras (que só como se já vierem lavadas, porque morro de preguiça), carnes (a menos que você tenha um *freezer*), frutas que estragam mais rápido, iogurte, coalhada, queijos e oleaginosas. Tendo essa divisão bem gravada, fica mais fácil saber o que procurar depois de entrar no mercado.

Quanto aos vegetais (que são a maior parte das minhas refeições), penso em dois ou três por dia. Isso sempre usando o que sobrar de um dia no dia seguinte. Então, para um dia escolho, por exemplo: brócolis, cenoura e vagem. Para o outro: abobrinha, berinjela e abóbora. Se for incluir raízes e/ou grãos, considerá-los aqui.

Bom, escolhidos os legumes, qual é o esquema? Você pensa nos legumes que você vai querer usar e, então, abusa das receitinhas! Receitinhas da Lara que são fáceis para caramba, receitinhas da Vic que são maravilhosas, receitinhas do Bruno que são incríveis, receitinhas da Malu… Toca o terror na receitinha! Você quer comer o negócio ou não quer?

Depois disso, você vai pensar nas carnes. Você precisa decidir qual das carnes você quer comer de diferente. Minha sugestão é escolher dois ou três tipos de carne diferentes para a semana toda. Não precisa ser de animais diferentes. Você pode comprar, por exemplo, diferentes partes do frango. O peito você faz grelhado no mesmo dia e as tulipinhas você congela já temperadas — assim, basta jogar no forno quando quiser prepará-las. Se for usar carne vermelha, pode fazer um filé, que é bem fácil. Desse modo, no dia em que você for ao mercado, vai ter um esqueminha montado na cabeça e, então, só vai precisar dividir. É meio caminho andado, pode acreditar!

Para determinar a quantidade de carne que vamos comprar, podemos seguir a seguinte regra: se for uma carne com osso, como as tulipinhas ou uma costelinha de porco, cerca de 250 g por pessoa é o suficiente; se for uma carne sem osso, bastam 150 g a 200 g.

Resumindo: separe o que é constante do que é variável. O que é constante você compra a cada 10 dias; o que é variável você compra a cada dois ou três dias. Feita a lista do esqueminha, é mais fácil você entrar no mercado pensando: "Já sei que faço dois legumes, e hoje está faltando um". Assim que se fecha a conta!

CAPÍTULO II

Dicas importantes

Sorte de principiante

Na primeira vez em que tentamos emagrecer, a tarefa é rápida e fácil, mas, com o passar do tempo, algo que antes era simples torna-se cada vez mais difícil.

O que influencia essa situação?

IDADE — Normalmente, a primeira experiência com emagrecimento acontece antes dos 20 anos e, nesta fase, uma única semana "pegando leve" te coloca de volta no jeans que você queria já no próximo final de semana!

METABOLISMO — Com o passar dos anos, a perda gradual de massa magra e a alimentação incorreta, o organismo tende a não responder mais da mesma forma e fica consideravelmente mais lento.

UTILIZAÇÃO EXAGERADA DE MEDICAMENTOS VOLTADOS AO EMAGRECIMENTO — Substâncias que geram bons resultados em situações pontuais (quando bem indicadas, principalmente com acompanhamento adequado), podem, quando utilizadas sem parcimônia, prejudicar processos futuros.

Esses e outros motivos sem dúvida dificultam o processo de emagrecimento, mas quase nada atrapalha mais do que o fato de já ter perdido e, então, recuperado muito peso (na forma de gordura, é claro) em curto espaço de tempo! Esse é o tal efeito sanfona. Como o emagrecimento é um processo importante e muitas vezes agressivo, o organismo o nota e reage! É como se, na primeira vez, você o pegasse "desprevenido", mas na quinta vez, ele está bem alerta!

Por isso, tentar emagrecer pela oitava vez, pode ser sim muito mais difícil, sem que a causa seja a dieta escolhida!

O que fazer nesse caso? Ter consistência! É preciso escolher para a base do processo um método que você seja capaz de cumprir a longo prazo! Assim, é menor o risco de recuperar todo o peso de volta. Respeite o tempo do corpo! Mais vale diminuir o manequim a cada 3 meses de forma contínua, do que perder 10 kg em um mês, mas não ser capaz de manter o resultado por um ano. Escolha uma dieta simples! A idéia é que ela seja prazerosa e possível de seguir em qualquer lugar ou ocasião!

O mais importante de tudo é: tenha paciência! Você causou algo ao seu corpo, nada neste âmbito sai de graça. Então cancele a pressa e não se perca no caminho!

Sobre sabor

Não tem outra saída: o segredo da dieta está no preparo, no tempero, na manteiga, no azeite, na noz moscada! Não adianta, qualquer dieta só vinga, só vai para frente e vira estilo de vida se for prazerosa. Se for para tomar um café da manhã sem graça, um almoço insosso e um jantar pálido, a dieta acaba durando pouco!

Lembro-me nitidamente da primeira vez que fiz uma dieta. Estava no primeiro colegial e a Dani, minha BFF da época, me entregou uma revista de capa verde com uma chamada atraente: "Perca 3 kg em uma semana"! Fiquei chocada! Era a primeira vez que via uma revista dessas! Não sabia bem como era isso de controlar o que comer e, assim, emagrecer. Como quase toda adolescente acima do peso e incomodada com isso, embarquei!

É como dizia Tim Maia: em uma semana perdi sete dias! De manhã, podia comer claras, uma fruta com aveia e café com um pouco de leite desnatado. No almoço, ganhava salada com limão, filé de frango feito em um fio de azeite e pouco sal, mais legumes no vapor. No jantar, a grandiosa oportunidade de me fartar de uma sopa de legumes com carne magra! Tinha também os lanches, de iogurte desnatado e biscoito integral...

Emagrece? Claro que emagrece! Restrição calórica sempre funcionou e sempre vai funcionar! Do ponto de vista fisiológico é exatamente o que quem quer emagrecer precisa fazer. No entanto, considerando o lado comportamental, uma dieta assim dura pouco! O resultado rápido não compensa, afinal, será seguido de um belo rebote. Rebote esse que eu vivi tantas vezes na vida!

Emagrecer de uma vez por todas e manter esse resultado requer uma estratégia que seja praticável para sempre! Por isso, dietas muito restritivas não são ruins, são apenas ineficazes a longo prazo!

O segredo está no tempero! Na manteiga, que deixa os legumes tostadinhos; no azeite, que tempera fartamente a salada; na gordura da carne, que a torna divina; nas combinações dos vegetais, que surpreendem nosso paladar! Faça ser gostoso! Faça ser para sempre!

Sobre dietas, vilões e lixo

Quando uma criança tem medo do escuro, você não grita: "Filho do céu! Está escuro mesmo! E agora? O que a gente faz?". Como adulto, você o acolhe e diz que no escuro não há nada a se temer. Você explica que o escuro não machuca, que não tem bicho e assim por diante. O mesmo precisa acontecer com a palavra dieta.

Toda vez que pronuncio essa palavra, alguém diz: "Dieta não, essa palavra não! Para mim é um estilo de vida". É nessa hora que eu travo!

Quase todas as pessoas que dizem isso têm medo da palavra "dieta" pela mesma razão que crianças têm medo do escuro: porque acreditam em uma fantasia!

A palavra "dieta" vem do grego *diaita*, que quer dizer maneira de viver — ou seja, o tal do estilo de vida! A noção de que dieta é algo necessariamente restritivo e que tem data para acabar é invenção de quem falou. Esqueça isso!

De mesma forma, quando uma criança chama sua mãe de "bruxa", é dever do adulto explicar que a mamãe não é bruxa só porque não faz o que o filho quer, certo? Pois é, o mesmo se dá com brigadeiro, bolo, pizza, *milk-shake*, salgadinho, seja lá o que for!

É absurdo chamar uma comida de "lixo" ou "vilão" só porque ela não gera o resultado que buscamos em termos de estética ou saúde!

Essa conotação ruim, repetida ao longo dos anos, deixou muita gente pinéu!

Era óbvio que, se certos alimentos fossem chamados de vilões, o pessoal passaria a ter medo de comida! Era esperado que, chamando-os de lixo, chegássemos ao ponto de comer escondidos, envergonhados, com a certeza de que está errado! Livre-se dessas conotações tão falsas! Reconhecer as coisas como elas realmente são é um passo importantíssimo para qualquer objetivo!

Dieta e viagem

Sempre digo que a única dieta que vai funcionar é aquela que você consegue manter em qualquer lugar ou circunstância. Isso inclui férias, festas, viagens e fossas (normalmente regadas a panelas e mais panelas de brigadeiro)! As pessoas se assustam com a palavra dieta porque não sabem que, primitivamente, ela significa modo de viver! Por isso, não importa o tipo da dieta; com o perdão do pleonasmo: faça a que você faz!

As exceções em uma viagem funcionam como no dia-a-dia: quando valem a pena! Em passeios, isso acontece com maior freqüência. Porém, para quem vive em dieta, isso não é um problema, basta tratar as exceções como "janelas": elas abrem (come-se SEM culpa) e, então, fecham (tudo volta ao normal no minuto seguinte)!

O segredo é saber fechar essa janela! Furar 5 vezes em 5 dias é diferente de passar 5 dias furando! A cabeça de quem "passa 5 dias furando" pensa coisas como: "Agora que já foi, vamos tocar o terror", ou "Já que errei, não faz diferença o que mais vou comer". Coisas assim acabam com o progresso!

Saiba que esse pensamento extremista não é bom! Pense sempre: "Exceções, quanto menos, quanto menores, melhor!". Costumo dizer que é como estourar o cartão de crédito: quando acontece, não pensamos: "Bom, já que estourei, vou comprar um carro, no mês que vem eu resolvo!". Afinal, paga-se juros por cada real acima do limite! A mesma lógica se aplica à comida fora dos planos: cada garfada tem seu "preço", então coma apenas as que realmente quer e nenhuma a mais!

Não pire, administre!

As férias e os furos

Quando viajo, tento manter a rotina tanto quanto possível. "Tanto quanto possível" às vezes, é pouco; às vezes, é quase igual ao meu dia-a-dia. Não importa, o segredo é não ter uma mentalidade fatalista. Não pense: "Ah, já que não vai dar para treinar todos os dias da viagem, não vou treinar nenhum!". Não, senhor! Se você não pode treinar todos os dias, mas pode treinar três vezes, está ótimo! Se só conseguir fazer um treino, está ótimo também! Se não deu para fazer nenhum, paciência! Para mim, o que não vale é não tentar!

É claro que tentar manter a rotina em viagem só vai ser atrativo se sua rotina for prazerosa! Sempre ouço: "Ai, mas você está viajando, pára com isso, vai aproveitar a viagem!". Quem pensa assim é quem não entende que, para mim e para quem pensa como eu, manter uma alimentação limpa e dormir mais cedo tem tudo a ver com aproveitar! Passar dias se entupindo de açúcar e farinha, sem movimento e dormindo pouco normalmente resulta em letargia, retenção e cansaço. Há quem pense que isso é "aproveitar", e esses têm mais é que fazer isso mesmo! Só não vale achar que isso se aplica a todo mundo!

O que estou propondo é a liberdade de querer manter o máximo possível dos seus bons hábitos durante feriados e viagens, desde que isso seja confortável para você!

Até nas férias?

Hoje é menos freqüente, mas vez ou outra alguém ainda me pergunta até quando vai precisar fazer exercícios e dieta — isto é, seguir um estilo de vida. Ora, a resposta é: para sempre! A prática de atividade física, em particular, merece bastante atenção. Falamos tanto de uma alimentação mais primitiva, que se assemelhe ao que comiam nossos antepassados, mas às vezes ignoramos o fato de que eles andavam o dia inteiro atrás de comida e locais seguros, levantavam coisas do chão e acima da cabeça (agachamento e desenvolvimento), corriam quando necessário, enfim, estavam em constante movimento!

Nós falamos sobre comer gordura sem medo, afinal, sempre se comeu gordura. Eu concordo! Mas tenha em mente que o mesmo homem que comia a gordura do bicho era quem matava o bicho, carregava-o no lombo (imagine o nível de esforço!), cortava e trabalhava com a carcaça. Isso tudo gera um enorme gasto energético, que é importante para "fechar a conta"!

Comer *bacon* e passar o dia inteiro sentado e sem sequer fazer o esforço de abrir o vidro do carro não é reproduzir um estilo de vida saudável! O movimento diário é fundamental! Tem que se mexer! Até nas férias? Claro! Principalmente nas férias, que é quando temos um pouco mais de tempo. E qual exercício devo fazer? Bom, aí a conversa já ultrapassa a minha alçada! Eu diria: consulte um profissional de educação física e, principalmente, faça o que conseguir e gostar!

Fim de ano

No fim do ano, para variar, o que vai te ferrar não é a dieta, o treino, ou a falta dos dois. O que realmente é capaz de botar tudo a perder é o fatalismo! O segredo é não entrar nem na turma dos que se desesperam e nem na dos que largam tudo. Vai de leve, meu jovem!

Ofereço a seguinte dica: e se, só dessa vez, você pagasse para ver essa história de "moderar"? Eleja apenas uma tarefa para cumprir por semana até o último dia deste ano (começando agora, e não na segunda-feira). Nada dramático! Uma coisa simples, como comer vegetais em todas as refeições ou não comer açúcar branco. Mas evite promessas longas, a idéia é que cada tarefa dure apenas uma semana. E, conforme você for conseguindo cumprir, vai escolhendo outra, trocando a tarefa! Conseguir cumprir pequenas metas faz você sentir que é capaz, o que dá origem a um ciclo virtuoso: quanto mais metas cumpre, melhor se sente, quanto melhor se sente, mais cumpre!

O segredo é não desistir e não se afobar! Vai aos pouquinhos, conquistando, sentindo que pode!

Não vá pôr a culpa no Natal

Comer um monte de porcarias no Natal e na véspera e fazer o mesmo no ano novo não causa problema nenhum, nem para sua saúde, nem para a sua cintura! E você sabe disso! O grande problema é pensar "Ah, já que já ferrou tudo mesmo…". É por conta desse pensamento que o pessoal começa a se arregaçar de comer já no início de dezembro — e continua até quase 10 de janeiro! Depois disso, eles vêm com esse papo de "o Natal engorda"! O Natal não engorda ninguém!

A exceção justifica a regra. Mas uma coisa que ocorre, por exemplo, toda semana, não é exceção, é regra! Assim não tem como manter ou garantir qualquer resultado! É por não entenderem isso que me perguntam: "Como eu saio do platô?", "O jejum pode me ajudar a emagrecer?", "Estou a dois meses em *low carb*, por que não emagreci nada?", "Tomar limão em jejum ajuda?" e tantas outras perguntas claramente enviadas por algum desesperado! Mas não é isso que vai ajudar! O que vai ajudar é adotar uma base bem-feita! Marque no seu calendário um x em cada dia em que você não comer nada fora do planejado, não perder o treino e conseguir dormir antes das 23h. Marque uma bolinha nos dias em que qualquer um destes sair errado. Ao final de 45 dias, olhe seu calendário e me diga se você está em "platô" ou se está apenas errando a base!

Entendeu? Então, tenha em mente esse pensamento e fique tranqüilo no Natal. Não pire! Coma sem neuras, ninguém precisa levar uma marmita para a ceia! Mas não use essa época do ano para se detonar, certo? Caiu, levanta!

Sobre o domingo

O problema da maioria das pessoas não é o hambúrguer no sábado, mas sim o que elas fazem no domingo. Se, por ter comido algo que não estava em seus planos no sábado, você pensar "ah, agora já foi!" e, por isso, passar a comer mil outras coisas que também não estavam nos planos, jurando que na segunda-feira feira tudo voltará ao "normal", vai viver dando dois passos para frente e três para trás!

Entenda: o segredo de quem come bem não é nunca comer hambúrguer, ou batata frita, ou bolo de chocolate, mas sim o que eles fazem no minuto seguinte, logo depois de comê-los! É saber voltar!

Comeu seu chocolate? Ótimo! Agora volte! Lambeu a travessa do pudim? Maravilha! Agora volte! Rapou até as batatinhas do namorado? Sem problema, só volte!

É assim que você conseguirá que a exceção seja realmente apenas um fato isolado e não uma porta aberta para o descontrole!

Tudo depende

É frustrante, às vezes, eu sei. Mas a verdade é que "depende" é a primeira resposta para quase tudo em nutrição. Isso porque não existem muitas verdades absolutas em um assunto que cruza fisiologia e bioquímica com comportamento.

É por isso que às vezes simplesmente não dá para responder algumas dúvidas que me enviam. Quem pergunta "posso comer tal coisa?", ou "meu colesterol está alto?", ou "o que você acha de amendoim?", ou "se eu furar a dieta algumas vezes na semana, vou ter resultado?" não imagina a infinidade de variáveis que precisam ser consideradas antes de se chegar a uma resposta. É justamente por isso, por conta das especificidades, que a consulta com um nutricionista é essencial.

Entretanto, há muitas recomendações, no campo da nutrição e da saúde, que não dependem de informações específicas de cada um. São justamente essas que nós, profissionais, divulgamos nas redes sociais.

Então, para ler a respeito de nutrição, principalmente conceitos gerais, conte com essa tecnologia maravilhosa da qual dispomos hoje! Mas, para ter um plano específico traçado de acordo com suas necessidades, estado físico e preferências, para ter solucionadas dúvidas que dependem de uma avaliação mais aguçada, consulte um nutricionista!

Depende

Sempre recebo dúvidas e perguntas nas redes sociais, por *e-mail* e pessoalmente. Na grande maioria das vezes são dúvidas importantes e pontuais, o problema é que em nutrição TODAS as respostas possíveis vão começar com um "depende".

Eu me canso de explicar: não tem receita de bolo, não tem resposta fechada. "Pode isso?", "Quanto devemos comer daquilo?", "Tal coisa faz mal?", "Quanto deve estar meu colesterol?", "O que você acha de tal coisa?", "Qual sua opinião sobre isso?" são perguntas que exigem uma investigação da situação. O que funciona para você, funciona só para você! Em cada caso a conduta é diferente! Não existe isso de: "Todo mundo deve comer uma dieta com baixo carboidrato", ou "gordura deve ser alta para todos", ou "comer de 3 em 3 horas não funciona para ninguém", afirmar essas coisas de modo generalizado é o caminho certo do erro!

É por isso, por não ter orientação individualizada, por buscar informação na *internet* e no Instagram em vez de com o profissional, que chegam no consultório pessoas fazendo *low carb* de forma muito errada, com exames alterados e rendendo pouco nos treinos! Quando sugerimos procurar um nutricionista, não estamos fazendo isso porque queremos "vender consultas", mas sim porque as chances de você fazer merda (perdão, mas é a expressão correta no caso) diminuem infinitamente!

Mas lembre-se: ler muito não confere a ninguém a habilidade de prescrever condutas. O *coach*, treinador, professor, namorado, amigo, médico, não é capacitado para prescrever alimentação. Quando você consulta qualquer um desses com esse intuito, está fadado ao insucesso. Cortar caminho, nesse caso, só atrasa a viagem! (ps: que fique claro que estamos falando de estratégias nutricionais, já que para "comer comida", enquanto reduz açúcar e farinha, ninguém precisa de nutricionista).

Não encontro um nutricionista bom

Como já disse antes, há pessoas que, na tentativa de resolver suas dúvidas, buscam respostas na *internet*. Esse é o motivo de tantas coisas darem errado, já que tudo em saúde e nutrição depende, e não existe receita de bolo ou respostas fechadas (como são dadas na rede). Ao mesmo tempo, eu também defendo que, para comer comida e reduzir o consumo de farinha e açúcar, ninguém precisa de nutricionista. Quando levantei essas questões nas redes sociais, recebi muitos comentários de pessoas que diziam não conseguir encontrar bons nutricionistas. Por isso, queria tentar esclarecer alguns pontos. Você não precisa de nutricionista para comer comida e evitar açúcar. É difícil achar um nutricionista que você considere bom, assim como é difícil achar médicos, fisioterapeutas, profissionais de educação física, cabeleireiros, passadeiras... ou qualquer outro profissional! Mas isso não elimina a necessidade de consultar um nutricionista, nem torna a *internet* um lugar seguro para "caçar" estratégias nutricionais ou tratamentos!

É preciso ressaltar que estou falando de estratégias nutricionais. Estou falando de fazer, sem acompanhamento profissional, jejum, dieta restritiva, suplementação, interpretação de exames etc. Não estou falando de comer comida quando se tem fome!

Do mesmo jeito que é difícil para quem vive no interior do estado, é difícil na capital! O fato de ser difícil dificulta (com o perdão do trocadilho), mas não é porque é difícil achar um neurocirurgião bom, que vou pedir para meu amigo que "lê muito" operar a minha cabeça! "Então o que eu faço?". É simples: o que não requer nutricionista para fazer — comer comida natural! Sem pacotes! Tenha bom senso. Informe-se, mas saiba filtrar. E vida que segue!

O seu nutricionista

Quem já se consultou comigo sabe que, entre as paredes do meu consultório, não se fala mal de nutricionista algum! Não me interessa o que alguém fez ou prescreveu, sou enfática ao dizer: "Não sei o que ele(a) pensou quando te prescreveu isso, sinceramente prefiro não julgar!". Depois disso, passo uma régua no assunto e começo a ensinar e prescrever o que julgo adequado para o caso.

Entenda: seu nutricionista (parto do princípio de que foi esse tipo de profissional que te passou seu plano alimentar, mas se foi o médico, o *coach*, ou o amigo, volte duas casas e fique uma rodada sem jogar!) conhece seu caso, está com você, te avaliou, te ouviu, despendeu uma hora ou mais só para traçar a melhor estratégia para seu caso! Se isso tudo não te agradou, esse é um direito seu. Procure uma segunda opinião (ou terceira, ou quarta, se precisar), mas não critique as condutas de um para o outro, não marque no *post* alheio, não seja indelicado! Isso não é uma indireta para ninguém, porque comigo ainda não aconteceu. Mas o que vejo de gente trocando a conduta do seu nutricionista por um *post* de Instagram não é brincadeira!

O nutricionista que fez um *post* (eu inclusive!) não te acompanha! Quem sabe melhor sobre você é quem te viu, ouviu, avaliou, mediu, pesou, viu exames e olhou sinais clínicos (entendeu por que não existe consulta nutricional a distância?)! Ouça essa pessoa! Seja paciente e persistente, tente exatamente o que te foi sugerido por pelo menos 10 semanas. Depois deste prazo, se necessário, troque a abordagem! Mas não deixe de ser fino. Respeito pela profissão é a principal parte da troca entre profissional e paciente!

Aquele sonho seu

Quem pode lhe dizer o que é importante para você? Quem pode julgar seu sonho, sua vontade? É triste que vivamos uma realidade que não motiva cada um a realizar seus próprios desejos, mas, em vez disso, busca encaixar todos os desejos em um só padrão.

Não, você não tem que ser magro! E não, você não precisa ter uma barriga sarada! Você não tem que se destacar nos esportes! Também não tem que ser mãe! Você não precisa se formar em medicina nem engenharia! Não há necessidade de ter casa, carro e barco — mas se tiver o barco, me chama! Tudo isso só deve acontecer se for um sonho seu!

E se for mesmo um sonho seu, não deixe que ninguém lhe diga que é melhor não fazer! Você não precisa aceitar um corpo diferente do que realmente quer — contanto que seja possível, claro. Você pode lutar e trabalhar para melhorar! Você não precisa aceitar que não freqüentará a faculdade, pode buscar maneiras de fazer isso, pode batalhar por uma bolsa! Você não precisa aceitar que não será mãe, pode buscar recursos, realizar esse sonho de outras maneiras menos convencionais, mas com o mesmo amor!

Só não perca o que é seu! Essa essência, essa vontade! A vontade tem que ter! Forte, intensa, constante! É isso que te leva pelos momentos difíceis do caminho, é exatamente isso que te leva lá!

Tente isso

Vou te dar uma sugestão, uma coisa nova para aplicar em sua alimentação no dia-a-dia. Tente pensar, "o que posso acrescentar?", ao invés de se perguntar, "o que devo tirar?". Quando converso com um paciente ou um amigo a respeito de alimentação, dieta e hábitos, noto uma fixação no tópico "o que devo tirar da minha alimentação". Isso sempre leva à inevitável pergunta: "Tal alimento é proibido?". É sempre assim. Acontece que o pensamento focado em excluir pode não ser tão proveitoso quanto um pensamento focado em incluir! Isso acontece porque, quando incluímos na alimentação boas fontes de nutrientes, mais naturais e saborosas e realmente alimentamos o corpo em vez de apenas enchê-lo de comida, há grandes chances de esses novos hábitos se tornarem rotina e findarem, aos poucos e sem sofrimento, os velhos hábitos.

Este é um jeito menos agressivo e mais promissor de fazer mudanças duradouras!

Então, começando agora, sempre que for comer, pense "o que posso incluir para tornar essa refeição mais saudável?". Nessa hora, o pulo do gato é escolher, para compor o prato, mais uma verdura, ou uma porção de legumes, ou uma fruta fresca, da época, ou um punhado de oleaginosas, ou uns ovos!

Deixe que as boas opções ganhem espaço! Deixe que se tornem parte da sua vida e assim, aos pouquinhos, a mágica acontecerá! Quando você menos esperar, estará jantando regularmente um prato lindo de vegetais, carnes (ou ovos para os vegetarianos) e azeite de oliva!

Sobre retomar

Acabo de voltar de viagem e, apesar de ainda não ser o fim das minhas férias, é hora de retomar a rotina, principalmente a parte alimentar. O bacana de fazer uma dieta sem muita firula, sem muito detalhe, fácil, prazerosa e acessível a todos, é que voltar para ela não é um martírio. Muitos de nós abrimos exceções no fim do ano: o chocotone na chapa, o pudim que só a avó faz, a farofa da tia Rita, as rabanadas da Dona Ciça, os churros do Manolo… e tudo isso é parte da vida! Se você não está em tratamento de uma doença em que o consumo dessas coisas é contra-indicado, mesmo em pequenas porções, tem que fazer mesmo!

O segredo é o hoje! Se sua dieta exigir muitas horas no fogão, ingredientes raros e caros, horários impostos para comer e alimentos insossos, as chances de retomar o prumo logo depois da exceção vão diminuir consideravelmente! Não é todo mundo que fica ansioso para voltar a comer queijo-*light*-ultra-filtrado-sem-gosto-de-nada e torradinha-industrializada-acrescida-de-conservantes logo após dias comendo delícias.

Mas, quando seguimos uma dieta prazerosa, com legumes preparados da forma mais saborosa (com temperos naturais e gordura natural, isto é, manteiga, azeite de oliva, óleo de coco, banha de porco), com um queijo de verdade na salada — aquele amarelo e gorduroso —, com carnes preparadas de modo a preservar a sua gordura natural (que é responsável pelo sabor), com frutas da época, oleaginosas, ovos... tudo fica muito mais fácil!

Precisamos ter consciência de que fácil, fácil mesmo, é não cuidar de nada, não pensar na hora de fazer escolhas e se iludir pensando que isso é liberdade. Todo o resto requer esforço, atenção e trabalho. Mas aquilo que, além de exigir esforço e trabalho, pode ser gostoso tem maiores chances de acontecer!

Até porque, não sei para você, mas para mim difícil mesmo é a sensação de estar estufado, o desconforto, a falta de cuidado com meu bem mais precioso (meu corpo) e o resultado do relapso a longo prazo.

Como retomar

Você está largadão? Paradão? Descambou de uns tempos para cá? Então deixa eu te falar sobre RETOMAR!

Entenda que retomar é preciso e você não é "um bosta" por ter deixado os cuidados consigo mesmo de lado por um tempo. Relaxa, isso acontece. Não se prenda a isso, só volte!

Sou da turma que tem horror a firulas no dia-a-dia, mas nada me dá mais agonia do que firulas na hora de retomar. Grave isto: quanto mais você complicar a volta, maior a chance de largar de novo rapidinho. As firulas não são ruins, mas são para quem já tem a base sólida, bem fixada. Então esqueça os detalhes, vamos focar no grosso!

Sem inventar moda, apenas corte as extravagâncias. Chega de açúcar e farinha! Vamos de comida! E tudo simples: legumes, verduras, frutas, carnes, ovos, queijos, oleaginosas, azeite de oliva. Simples assim!

Se você não consulta um nutricionista, deve usar o bom senso para determinar as quantidades. Não é difícil, apenas tenha em mente que vegetais devem compor a base, devem ser o que você mais come. Para todo o resto: parcimônia!

É simples: se mexa! Depois a gente aplica a coordenação motora fina e lapida, mas, por enquanto, é só sair da inércia. Levante e vá! Qualquer coisa está valendo, exceto o sofá e as desculpas.

Deixe o tempo passar! Tenha paciência! Para zoar com o corpo e a saúde ninguém tem pressa! Trabalham por anos a fio, todos os dias, com disciplina militar, comendo besteiras e evitando o movimento. Então não seja ansioso!

Pronto, é isso! Você está pronto! Não espere mais absolutamente nada! Só vá!

Gestante, lactante, criança, idoso...

Quando me perguntam se tal grupo de pessoas "pode fazer essa dieta", ou se pode comer apenas quando tem fome, juro que não sei bem o que dizer! Isso porque "essa dieta" (não acho que seja uma dieta) consiste em comer uma grande variedade de legumes, verduras, frutas, além de carnes, ovos, queijos, azeite de oliva e oleaginosas. Se uma gestante ou qualquer outra pessoa em qualquer condição de vida não pode comer isso, ela vai comer o quê? Por acaso para gestar, amamentar, crescer, envelhecer (ou analisar sistemas) é necessário ingerir açúcar e farinha?

Mulheres sempre conceberam, mas açúcar e farinha refinada são extremamente novos na alimentação humana. Para se ter uma idéia, os grãos só entraram na alimentação humana há dez mil anos. Antes disso também se engravidava e se paria; do contrário, não estaríamos aqui! Não estou dizendo que você deve excluir grãos da sua alimentação, porém se ganha muito mais, do ponto de vista nutricional, comendo espinafre e ovos em vez de arroz branco. É um erro dizer que é perigoso, em qualquer período da vida, deixar de consumir porções e mais porções de grãos.

A gestação e a amamentação, mais do que qualquer outra época da vida, exigem atenção à alimentação! Isso significa ingerir alimentos nutritivos, ricos em vitaminas, minerais, antioxidantes, proteínas, gorduras e apenas o necessário de carboidratos. O excesso de carboidratos é justamente o que leva mães a acumularem um excesso absurdo de peso na gestação e desenvolver resistência à insulina e diabetes gestacional!

Quanto a comer apenas quando se tem fome, qual seria o problema? A fisiologia é perfeita! A fome da gestante é naturalmente aumentada e se ajusta à sua necessidade calórica, que muitos, aliás, tendem a superestimar. Em gestantes, o gasto calórico se eleva em cerca de 300 ou 400 kcal; em lactantes, esse número gira em torno de 500 a 600 kcal. Você tem idéia do que é isso em comida? É pouco!

Bem pouco! Essa idéia de "comer por dois" é absurda! Até porque o "segundo" em questão é menor que o prato do primeiro!

Alimentação na gestação

"E mulher grávida? Pode fazer essa alimentação também?". A pergunta normalmente vem de quem ainda vê a alimentação rica em gorduras naturais e sem farináceos como uma intervenção e não como um estilo de vida saudável para todos. Para responder a essa pergunta, temos que considerar que mulheres sempre conceberam por todo tempo de evolução da humanidade (aproximadamente 3 milhões de anos) e só muito recentemente (mais ou menos 50 anos) é que surgiram os alimentos "super saudáveis" que vêm em pacotes, sacos plásticos e potinhos! A mídia fez um grande trabalho nos convencendo de que essas são opções indispensáveis, mas não são! Gestante tem que comer comida de verdade:

Carnes (sempre melhor as criadas soltas), ovos (sempre melhor os caipiras de galinhas que ciscam), frutas (sem restrições e de preferência orgânicas), legumes (todos) e carboidratos do bem (inhame, batata doce, mandioca, mandioquinha). Desde que a procedência do alimento seja conhecida, não há problema algum em consumi-lo cru! A redoma de vidro criada em volta da gestante ("não pode fazer esforço físico, não pode comer ovo, não pode andar muito") não faz o menor sentido! Salvo em gravidez de risco (em que se deve manter a orientação médica) há de se pensar que cortadoras de cana e artistas de circo também engravidam e não deixam seus ofícios enquanto não se encontram fisicamente limitadas! Durante esse período, pense no seu bebê! Coma com carinho alimentos naturais e, se possível, ZERO industrializados! E quando o pequenininho aparecer aqui fora, tire uma foto e me mande, que é para eu babar!

Como adoçar a comida dos meus bebês?

Uma dúvida muito freqüente entre as mamães é "Com o que adoçar a comida do meu filho?". A resposta é simples: com nada! Nos primeiros anos de vida, o açúcar e qualquer alimento açucarado devem ser evitados. É você, papai/mamãe/vovó/dindo, que está acostumado ao doce! Deixe que a criança conheça o gosto natural dos alimentos, ela não nasceu com preferências alimentares.

Posso adoçar com mel, que é natural? O mel não deve ser ingerido no primeiro ano de vida, porque pode conter esporos da bactéria *Clostridium botulinum*, causadora do botulismo, que pode se proliferar no intestino imaturo da criança e produzir a toxina botulínica.

Os alimentos em conserva, tais como palmito e picles, e os alimentos embutidos, tais como salsichas, salames, peito de peru, presuntos e patês, também são fontes potenciais de contaminação por esporos do *C. botulinum* e devem ser evitados. Além disso, esses alimentos contêm grandes quantidades de aditivos químicos, que causam reações adversas no organismo do seu pequeno. Se corantes, espessantes e conservantes fazem mal para os adultos, imagine para uma criança de 6 ou 7 kg! O efeito possivelmente será muito maior. Garanta QUALIDADE alimentar para prevenir doenças crônicas!

Documentário *What the health*

Atualmente, temos uma ENXURRADA de evidências científicas de peso (ensaios clínicos randomizados e suas meta-análises, e não documentários) que demonstram exaustivamente a eficácia de uma dieta baixa em carboidratos (e conseqüentemente mais rica em proteínas e gorduras) na prevenção e no tratamento de diabetes (1 e 2).

É simplesmente de uma ingenuidade imensa escolher um mecanismo fisiológico isolado e querer traçar o caminho de QUALQUER doença por ele! A própria teoria dos mecanismos fisiológicos precisa ser comprovada na prática, ou vai continuar sendo apenas uma teoria. O que vemos na prática é fato. Estou falando de evidências científicas de nível 1 e 2, e não de documentários! Não tem como discutir! Agora, tem coisa que é ciência e tem coisa que é apenas bom senso! Você jura que vai parar para analisar a hipótese de que comer um ovo é tão prejudicial quanto fumar cinco cigarros? Não precisa ser nutricionista, não precisa ser médico, nem precisa ser muito inteligente! Basta ter raciocínio lógico!

Perda de referência

Mantemos as crianças sentadas, quase todos os dias, por cinco ou seis horas na escola e, depois, por mais duas ou três horas estudando em casa ou em outros cursos. Em todo esse tempo, não lhes ensinamos como abrir um negócio, como escolher um bom companheiro, como não magoar os amigos ou como poupar dinheiro. Em vez disso, martelamos nas suas cabeças a soma dos quadrados dos catetos, algo que noventa por cento das pessoas nunca usam ao longo da vida.

Crianças sentadas transformam-se em adultos sentados. Adultos sentados se tornam adultos que se incomodam de se levantar. É então que nos levantamos apenas para não adoecermos, mas, a meu ver, a esta altura já estamos doentes.

O movimento forçado, a luta veemente contra a prática física é o atestado do quão errado é o caminho que tomamos. É triste que o natural não seja comum. É uma pena que defequemos sentados e não de cócoras, como a natureza quis. É uma pena que dar à luz sem uma cesariana seja tão chocante. É uma pena que comer comida de verdade seja tido como "extremo e radical". É uma pena que não durmamos quando o sol se põe, a fim de cumprir mais e mais horas de trabalho. É uma pena que os valores e deveres tenham se perdido numa infinita inclusão digital, presente (de grego?) de uma economia crescente, rebelde e talvez insustentável, mesmo para aqueles com dedos opositores.

Deixemos um abraço para a evolução!

Pautados no medo

Eu me pergunto de onde veio isso. Vejo nos discursos um medo sem fim, que leva muitos a não tentarem nada. "Mas se eu não comer antes de treinar, não vou passar mal?", "Mas sem comer de 3 em 3 horas, não vou desacelerar meu metabolismo?", "Mas comendo gordura todos os dias, não vou engordar?". Minha vontade é responder: "Não sei! Vai lá e tenta! Vamos ver!". É incrível como "tentativa e erro" é algo absurdo para as pessoas!

Parece que todos querem a informação simplesmente para se pouparem de tentar. E a paixão é tanta que pulam de nutricionista em nutricionista, de linha em linha, sem nunca se responsabilizar pelos resultados. Uma vez que você leu, pesquisou e entendeu um assunto: tente! Coloque em prática em você, por um tempo considerável (no mínimo, oito semanas) e então descubra se funciona ou não! Deixe esse medo de lado! Ficar pulando de galho em galho sem nunca tentar nada, só procurando respostas prontas, é uma bobeira! Nós vivemos em uma sociedade dominada pelo medo! Temos medo de "dar alguma coisa errada", "medo de correr riscos", "medo de perder", e assim ficamos patinando sempre no mesmo lugar! Encare o cano da arma, vista as calças, assuma a bronca, perca esse medo! Isso só te atrasa!

Por que temos tanto medo?

As pessoas sempre me perguntam se podem adotar a alimentação que recomendo em circunstâncias específicas, como gestação, treino intenso, doença, *stress*, unha encravada e assim por diante. A essas perguntas eu respondo com outra pergunta: em que situação possível pode ser uma má idéia eliminar industrializados da alimentação? Comer de forma natural, obedecer ao corpo, respeitar-se? Em que conta o resultado pode dar negativo quando se troca barrinha de cereal, adicionada de xarope de milho e corantes, por castanha *in natura* e abacate orgânico?

Do que temos medo? O que de ruim pode acontecer se trocarmos pão de pacote, cheio de aditivos e conservantes, por ossobuco cozido em fogo baixo? Sempre conto a história da mãe que me perguntou se não era perigoso deixar a filha de 3 anos comer mais de um ovo por dia, mas não tinha medo de dar a ela a bolacha que pinta a língua de azul!

Minha pergunta é: como tirar das pessoas esse medo implantado e absurdo de comer comida? A resposta é simples: todos devemos buscar o conhecimento, considerar as nossas raízes evolutivas, ignorar o senso comum e o confiar no que a própria natureza não restringe! Ouça menos o que a televisão diz e mais o que diz a sua horta!

Liofilização

Você sabe o que é liofilização? Eu acabei de descobrir e estou encantada. Ganhei de um casal de pacientes muito aplicados um saquinho de banana e um de maçã liofilizadas, e gostei muito! Liofilização é um processo de secagem a frio, considerado o método mais nobre de conservação em produtos biológicos, que consiste no congelamento seguido de desidratação. Normalmente é usado para preservação de flores, documentos, livros antigos, probióticos e medicamentos. Ele preserva todos os nutrientes e acentua muito o sabor, porque o alimento fica mais concentrado. Essa pode ser uma boa opção principalmente para atletas de *endurance* [resistência], porque é fácil de transportar e não requer refrigeração! Para quem está mais *low carb*, é recomendável ficar atento à quantidade, uma vez que o alimento, por estar desidratado, diminui de tamanho, o que pode nos levar a exceder os limites sem perceber.

Não se apegue

A vida tem mil questões, não se apegue à quantidade de carboidratos de uma ameixa. Nossos dias são extremamente corridos, não se apegue à velocidade de absorção da proteína isolada. Nossas mentes giram sobre as mais variadas possibilidades, não planeje uma fome que ainda não veio. Nosso coração deseja um amor de verdade, não ame o que te deixa doente e sem disposição (estou falando de açúcar). Nossos pensamentos são confusos, não confunda "cuidar da alimentação" com "paranóia". Deixe de apegar-se a detalhes, viva seus dias no macro, deixe o micro. Às vezes, nos apegamos tanto a meros detalhes, que perdemos a chance de reparar no céu: azul, lindo e zero açúcar!

Coerência

Mais uma vez foca-se no micro. Ó geração incrédula, quando despertarás? Não adianta crucificar embutidos e liberar pão de pacote, feito com trigo modificado e acrescido de maltodextrina e amido invertido. Não adianta culpar a lingüiça e santificar o iogurte, que sai da fábrica desprovido de sua gordura natural e acrescido de aditivos (conservantes, emulsificantes e controladores de acidez). Não adianta dizer que salsicha é lixo — embora seja mesmo —, enquanto acha aceitável comer barras de cereais carregadas de frutose e xarope de milho! Não faz sentido condenar o salame, para absolver os grãos polidos!

Mais uma vez o problema é a incoerência! E a inocência também, não é? Afinal, é novidade para alguém que algo que sai de dentro de uma fábrica não é saudável? É preciso que a OMS [Organização Mundial da Saúde] lhe conte? Então, amigo, você está mal de capacidade de raciocínio... A incoerência está em achar que *apenas* embutidos são um mal negócio. Todos os industrializados são!

Isso significa que não se deve comê-los nunca mais? Claro que não! O importante é não fazer deles a base da sua alimentação! Mas, uma vez que você se alimente regularmente com uma dieta composta por 90% de bichos e plantas naturais, não lhe causará câncer consumir *eventualmente* uma pequena quantidade de um embutido, desde que seja em uma situação esporádica em que não há opção melhor. Para variar, meu conselho é: foque no macro! E não custa repetir: a exceção justifica a regra!

Alimentação não é religião

Sim, eu como Oreo! E digo logo: adoro! Também tomo sorvete. E gosto de sorvete tranqueira, sabe? Cheio de pedaços de coisas dentro. Eu como fritura e embutidos. E tomo refrigerante zero. E se tomo! Absolutamente NADA disso é pecado, imoral, ou muda tudo que sei e faço em 90% do tempo. Que bobeira é essa? Que neura é essa? Precisa disso? Gente tratando comida como religião? É só comida! O problema não é comer essas coisas que mencionei, o problema é a freqüência! A freqüência!

Um cara que joga bola todo sábado, é um cara que joga bola! Mas um cara que jogou ontem, vai jogar de novo na festa de fim de ano da empresa e depois mais uma vez três semanas depois, não é um cara que joga bola! O mesmo vale para comida! Pegue leve com você! A gente já tem problemas demais!

Pense nisso

A capacidade de assimilação, que é a chave para sanar as dúvidas que aparecem ao longo do tempo, é algo que a grande maioria das pessoas não exercita. É por isso que, de tempos em tempos, notas e manchetes de assuntos relacionados a alimentação e saúde são capazes de causar tanta confusão e caos.

Vou explicar com um exemplo. Se você já leu neste livro que uma alimentação natural (ou seja, com o mínimo possível de industrializados) é a opção mais saudável para um ser humano, não há motivo para acreditar em uma manchete que diz que óleo de coco é veneno. Isso porque, usando a capacidade de assimilação, você pode se lembrar de que o óleo de coco é uma fonte natural de gordura, de fácil extração, que qualquer um pode fazer em casa se quiser, ao contrário de óleos como os de soja, milho, girassol, canola e algodão, que exigem várias etapas de processamento (peneiração, descascamento, condicionamento, trituração, cozimento, extração, degomagem,* neutralização, branqueamento, desodorização), e por isso passam longe de ser uma boa opção.

Se já você leu aqui que a principal causa da resistência à insulina e, conseqüentemente, do diabetes é o consumo excessivo de carboidratos ao longo do tempo, não terá motivos para acreditar em uma nota que diz que uma dieta baixa em carboidratos e a prática de jejum intermitente podem causar diabetes! Usando a capacidade de assimilação será possível deduzir o óbvio!

Se você sabe que uma dieta rica em verduras, legumes e frutas, com quantidades ideais de carnes (peixe, vaca, porco, galinha e demais bichos — para os onívoros), ovos e azeite de oliva é capaz de promover a saúde, uma vez que, neste cenário, há um baixo consumo de pães, massas e bolos (açúcar e farinha), não vai dar crédito à notícia que diz que uma dieta assim é responsável pela diminuição da expectativa de vida, certo?

É a capacidade de assimilação! Ferramenta que torna possível não se desesperar a cada notícia que aparecer e nem precisar explicar mais uma vez o que já está explicado. Sempre que possível, exercite-a, você só tem a ganhar!

Não se iludam

Se um estudo experimental é feito com um número x de pessoas, o seu resultado será 100% válido para este grupo de pessoas, será praticamente válido para muitas outras pessoas, mas, nem de longe, será válido para TODAS as pessoas. Somos todos diferentes.

Uma história contada tem pelo menos três versões: a da primeira parte, a da segunda parte e a verdade (fora a versão dos observadores). Não acredite em tudo que você "ouve dizer".

Tanto para ciência, como para "causos" da vida, o que vale é o que faz você se sentir bem! Sente-se bem comendo assim? Coma!

---

* Trata-se do processo químico de refino de óleo cujo objetivo é a eliminação, remoção ou inativação de fosfatídeos, que são utilizados para a produção de biodiesel — NE.

Sente-se bem comendo assado? Coma! Não critique quem come diferente, quem treina diferente, quem vota, ouve, sonha, compara, vive diferente! Não somos todos iguais, é esperado que tenhamos nossas diferenças! Não há apenas uma maneira correta, nem só a minha, nem só a dela! Para as demais questões, tenha amor.

Não exale ódio, não ataque pessoas deliberadamente; isso é feio e mais nada! Não dê indiretas (este texto não é uma indireta, nada aconteceu, está tudo bem!), nem fale pelas costas. Tem um problema com a conduta de alguém? Se tiver liberdade com essa pessoa, fale com ela! Se não tiver, deixe-a, não acompanhe mais! Só evoluímos se houver sabedoria e paz!

Limitações

Fico realmente desolada ao ver como nossas faculdades lançam no mercado de trabalho, todos os semestres, alunos mal preparados. Eu mesma me incluo entre eles. Ao contrário do que li em comentários feitos em minha página, não me julgo soberana, não me acho dona da verdade e reconheço minhas inúmeras limitações. Justamente por reconhecê-las, tomo muito cuidado antes de bater no peito e me opor a uma linha de outro profissional que estuda exclusivamente aquilo e que talvez domine o tema melhor do que eu. É esperado que todo profissional que depende de publicações científicas para atualizar-se entenda de bioestatística, epidemiologia e metodologia da pesquisa científica como um todo, mas na prática, infelizmente, não é isso o que acontece.

Recentemente, uma excelente profissional citou um estudo de coorte transversal para tirar uma conclusão, e ainda salientou que ele tinha 30 anos. Foi um erro crasso, que no meio acadêmico seria completamente inadmissível. Estudos de associação e correlação são excelentes para levantar hipóteses, mas de maneira alguma podem estabelecer uma relação de causa-efeito. Qualquer um que entenda o mínimo de metodologia sabe disso, trata-se do básico. Mas como esse é um erro comum, uma vez que os cursos de graduação são absurdamente falhos nesse quesito e nem todo profissional tem apego ao estudo, há a necessidade de explicar ao público leigo as diferenças entre os vários tipos de estudos.

Porém, antes de fazer isso, quero deixar claro que cometer um erro de metodologia e interpretação de texto não quer dizer, de modo algum, que o profissional seja ruim ou incompetente. Isso quer dizer apenas que ele não domina aquela área e que não está apto a escrever ou opinar sobre aquele assunto. Mas isso não o desqualifica para seu trabalho diário ou suas funções!

Ninguém chega aonde está senão por mérito! Cada louro é conquistado por suor e trabalho e deve ser aplaudido! A seguir, discutiremos as diferenças entre os diversos tipos de estudos e o motivo por que você pode sim ler um estudo, a despeito do que dizem por aí.

Evidências científicas

Como vocês sabem, hoje em dia, na *internet*, todo mundo manja muito de ciência! Discutem periódicos e até pedem referências científicas quando se deparam com algo de que desconfiam! Isso é ótimo! Mas será que quem faz isso sabe mesmo o que é uma referência científica válida? Outro dia vi uma mestranda citar um estudo de caso — logo mais trataremos disso — como referência científica para manter um certo nutriente na alimentação, o que não faz sentido. Mesmo para quem pertence ao meio acadêmico, as diferenças entre os tipos de estudo às vezes são obscuras. Imagine para quem é leigo e nunca passou perto da academia — tudo isso pode ser uma confusão só!

Por isso, vamos agora esclarecer esse assunto. Existem vários tipos de evidências científicas, umas com um peso maior, outras, com um peso menor. Nem tudo que está na literatura científica é regra e deve ser levado ao pé da letra. A principal razão é que a pressão para publicar e fazer citações é tão grande que muito do que é produzido é simplesmente lixo — é triste, mas é verdade. Para que você possa finalmente entender por que "apresentar uma referência" pode não significar nada, vamos descrever os sete tipos de referências científicas em ordem (da de menor validade, para a de maior validade).

As referências científicas de menor peso são: estudos *in vitro* e opiniões de especialistas. No primeiro, observa-se uma experiência fora de um organismo vivo, e assim é possível ver processos bioquímicos em um "pratinho de vidro". Isso pode ser muito útil para, por exemplo, testes preliminares de medicações, realizados antes dos testes em animais e humanos. O resultado de um destes estudos não pode, de forma alguma, ser extrapolado para a realidade sem que antes se executem testes em organismos vivos. Já quando um profissional (com títulos acadêmicos) emite uma opinião sobre determinado assunto, sem, no entanto, sustentar suas conclusões com referências, temos o que se denomina opinião de especialista. É por causa disso que se ouvem afirmações começadas com "mas o Dr. Fulano disse…", "mas a nutricionista tal falou…", "mas ele tem doutorado", ou ainda "mas ela é mestre em tal coisa". O especialista pode ter o maior currículo do mundo, mas sua opinião ainda é uma evidência científica de nível BAIXÍSSIMO e não deve ser aceita como verdade absoluta!

Logo em seguida vêm os relatos de caso, que são basicamente "estórias" de um certo evento, narradas do ponto de vista do autor. Por exemplo: "Fulano deu entrada no hospital com parada cardíaca após anos ingerindo gordura saturada". Nesse caso, não se prova se o que fez o Fulano sofrer uma parada cardíaca foi a ingestão de gordura, e nem se explicita quanto, como e quando ele ingeriu isso. Nesse tipo de estudo, não há controle de variáveis, e ele é extremamente dependente da subjetividade de quem escreve. Não há como saber se este Fulano do exemplo também fumava e não contou ao médico, ou se estava num momento de extremo esforço e não contou ao entrevistador, ou se tem um histórico de eventos cardíacos na família. Além disso, é impossível definir se a ingestão de gordura ao longo dos anos foi mesmo grande ou pequena. Afinal, todas as informações de um relato de caso dependem do que o paciente e o médico falam, relembram e supõem. Podem ser realizados exames? Pode-se obter comprovação do que se afirma? Sim! Mas a comprovação permanece restrita àquele caso específico e não pode ser extrapolada para o restante da população. Por esses motivos, o nível de validade desta referência científica é baixo.

Depois disso, vêm os experimentos em modelos animais, feitos principalmente com roedores. O falecido Dr. Folkmann, gigante pesquisador de câncer e angiogênese, uma vez disse: "Se você for um camundongo e tiver câncer, posso curá-lo!". Com o perdão da piada, isso é genial! O que ele quis dizer e que muitos deveriam saber é que, apesar de termos mecanismos fisiológicos muito parecidos com o de certos animais, isso não significa que o que vale para eles valerá para nós. Quando um estudo avalia, por exemplo, a ingestão de gordura em roedores, que são adaptados a comer grãos, é comum que se dê aos ratos gordura e se encontre problemas! É claro! Eles são roedores! Foram feitos para roer grãos! Não são carnívoros, não comem carnes e gorduras há milhões de anos! É óbvio que quando os colocamos em uma dieta com óleos e gorduras, isso terá um desfecho desfavorável! Um ratinho ingerir gordura sintética em um experimento não é a mesma coisa que você ingerir gordura natural de ovos, manteiga e carne de bichos criados soltos! Você, como membro da raça humana, se alimenta disso há milhões de anos! Por isso e por tantos outros pontos, experimentos em animais não devem ter seus resultados extrapolados para humanos. Eles de fato levantam boas hipóteses, que podem ser testadas em humanos depois. Mas, se já se demonstrou que algo é bom em humanos, é inútil tentar provar o contrário utilizando animais.

O próximo item na hierarquia das evidências científicas são os estudos de caso controle. Nesses estudos observacionais epidemiológicos, um pesquisador seleciona um grupo de pessoas com uma doença e o compara com outro grupo de pessoas sem a doença. Este modelo de estudo parte do desfecho para levantar uma hipótese acerca da causa, ou seja, ele não pode estabelecer uma relação de causa e efeito, mas apenas levantar uma questão, que, mais adiante, em outro experimento, deverá ser analisada. Quer ver como funciona? O Dr. Souto dá um exemplo muito bom disso: o fato de que no verão há um aumento no número de ataques de tubarão em uma praia, enquanto, ao mesmo tempo, aumentam as vendas de sorvete nesta mesma praia, não implica que tomar sorvete cause ataques de tubarão. Esses são apenas dois fatos relacionados que têm como "fator comum" o verão (verão = mais gente na praia = mais ataques de tubarão; verão = mais gente na praia = mais gente comparando sorvete). O maior exemplo deste tipo de erro ocorre em estudos (observacionais) que relacionam a gordura saturada a eventos cardíacos. O fato de analisar uma grande população e concluir que quem diz comer mais gordura também é quem tem mais infartos não quer dizer que a gordura causou o infarto. Isso só quer dizer que quem não obedece à restrição de gordura vigente nas diretrizes nutricionais e come gordura em excesso — que é também o tipo de pessoa que "não se preocupa muito com diretrizes", e que possivelmente também fuma, não pratica exercícios físicos, come excesso de farináceos, doces e bebe — acaba também apresentando eventos cardíacos.

Então como comprovar uma teoria levantada em um estudo epidemiológico observacional? Para isso, precisamos partir para níveis mais altos de evidência científica, como os estudos de coorte. Neste modelo, acompanha-se uma população, através de exames e questionários, a fim de identificar fatores de risco. Em estudos prospectivos, esse acompanhamento começa no presente e se estende até um ponto determinado do futuro; já nos estudos retrospectivos, analisa-se o passado da população examinada. É possível ver o risco absoluto e o risco relativo de um evento e estudar o modo como a presença de certo comportamento influencia o aparecimento de determinada doença (sempre considerando os fatores de risco)! Quer um exemplo? Conseguimos ver que pessoas que fumam por longos anos, desenvolvem câncer de pulmão com maior freqüência do que quem não fuma. Inclusive, é possível determinar quais são as chances (ou seja, o risco) de desenvolver este câncer para uma pessoa que fuma. O triste é que muitas empresas (principalmente da indústria farmacêutica) manipulam estudos assim, utilizando o risco relativo para justificar a prescrição de uma droga. Para usar uma analogia: quando você sai à rua, há uma chance de ser atropelado; se você sair duas vezes por dia, dobram suas chances de ser atropelado — isto é, aumenta-se o risco relativo. Porém, se calcularmos a proporção de pessoas atropeladas em relação ao número total de pessoas que saem às ruas todos os dias, concluiremos que o risco (absoluto) de ser atropelado é extremamente baixo. Entretanto, baseando-se unicamente no risco relativo, pode-se dizer em uma manchete de jornal: "sair à rua duas vezes ao dia dobra as chances de morte por atropelamento". Mas isso não seria real ou honesto, porque dobrar o risco não implica necessariamente dobrar o número de pessoas atropeladas. Embora as chances de você ser atropelado "dobrem", o risco absoluto de isso acontecer ainda é extremamente pequeno. Isso não deve ser motivo para ninguém deixar de sair à rua. Por isso, é muito importante analisar qual destes riscos foi considerado na hora de publicar os dados de um estudo científico!

Finalmente chegamos ao alto nível de evidência científica: os ensaios clínicos randomizados. Estes sim devem ser levados em conta para comprovar teorias do tipo "gordura saturada não é uma vilã", "reduzir a gordura da dieta não traz benefícios", ou "*low carb* é uma abordagem eficiente no tratamento de obesidade, esteatose, diabetes e síndrome metabólica". Neste modelo, um grande número de pessoas é dividido de modo aleatório (randomizado) em dois ou mais grupos. Um destes grupos sofrerá uma intervenção, um experimento, como uma dieta, um tipo de treinamento, ou o uso de uma medicação; enquanto o outro grupo servirá de controle e, portanto, não sofrerá nenhuma intervenção. Este tipo de estudo pode SIM sugerir uma relação de causa e efeito, e não associação, como no caso dos outros modelos citados anteriormente.

Acima destes está o santo-graal da evidência científica: as revisões sistemáticas de ensaios clínicos randomizados e as meta-análises! Estudos como esses são necessários porque os resultados obtidos em um experimento qualquer, por mais que sejam válidos, podem ser aplicáveis somente à população estudada. As revisões sistemáticas resolvem esse problema reunindo 10, 20, 200, 300 (ou mais) experimentos (ensaios clínicos) e analisando os dados para chegar a uma conclusão. São estudos como esses que mostram, por exemplo, que uma alimentação *low carb* tem função cardioprotetora, ou seja: ela não "entope veias", não causa "risco cardiovascular" e não é algo "doido", "para ganhar dinheiro", "modismo" ou "charlatanismo"! Então, da próxima vez que você encontrar um texto ou um profissional citando referências científicas, entenda que isso POUCO significa, o mais importante é o TIPO de referência!

Efeito platô

"O que fazer para sair do efeito platô?", alguém me pergunta. E eu respondo: "Bom, primeiro de tudo, você tem que estar nele! Mas acontece que, até hoje, nunca encontrei ninguém em efeito platô!".

Quer saber por quê? Entende-se por "platô" que um sujeito está tendo 100% de acerto no descanso, 100% de acerto na alimentação e os mesmos 100% de acerto no treino, mas há um bom tempo não vê nenhum resultado! É ISSO que eu nunca encontrei!

O que encontro (todos os dias) é gente que parou de emagrecer, mas que dorme depois das 23h, treina de duas a três vezes por semana (e vez ou outra ainda falta, ou treina meia-boca) e faz dieta de segunda a sábado (fora os pequenos erros ocasionais, afinal, "a vida é corrida" e "ninguém é de ferro")! É claro que parou de emagrecer! Depois de um certo resultado, se você quiser continuar progredindo, terá que apertar ainda mais o cerco! Terá que melhorar o que já está bom! Terá que ter disciplina! "Poxa, mas eu não posso fazer mais do que o que já estou fazendo". Eu entendo. Mas isso não altera sua fisiologia, que vai continuar respondendo a estímulos. Fazer 80% do proposto não significa ter 80% de resultado; na maioria esmagadora dos casos, fazer 80% do proposto significa não ter resultado algum!

Adianta trocar a dieta? Jejuar? Trocar o treino? Rezar? Tudo isso pode ajudar desde que você faça com acompanhamento (no caso do "rezar", recomendo o *snap* do Padre Fábio de Melo! Ele não reza, mas a gente ri muito!), mas em pouco tempo os resultados vão cessar de novo!

Não tem atalho, você vai ter de aprender a ter disciplina. As pessoas querem resultados incríveis fazendo o mínimo. Simplesmente não dá! Faça um calendário e marque cada acerto e erro seu (no sono, treino e alimentação) e observe quantos "erros" acontecem em 90 dias! Então me diga se é "platô" mesmo! Se for, recomendo investigar a tireóide e as possíveis resistências à insulina e à leptina. Mas, para dizer a verdade, na minha experiência isso só ocorre em um a cada cem casos! Os outros 99 apenas precisam de uma dieta bem feita, uma cama às 22:30h e um treino sério, por 90 dias (no mínimo) sem falhas!

Sobre coar

Percebo que muitos têm uma dificuldade imensa para entender a questão "suco". "Você fala para não tomar suco, mas hoje bateu morango com água de coco", "por que suco não pode, mas pode coar o coco para fazer leite?", "o suco verde não está coado? Por que você está tomando?". Bom, respira fundo e vamos.

Você não deve tomar suco de frutas coado! A natureza é perfeita e, por isso, nas frutas, a quantidade de fibras é proporcional à quantidade de açúcares (carboidratos). Quando você coa um suco, separa as fibras e acaba por ingerir o açúcar da fruta isoladamente e em uma quantidade muito maior do que faria se comesse a fruta *in natura*, uma vez que, para fazer um copo de suco de frutas coado, utiliza-se bem mais que uma ou duas unidades!

Isso não acontece com o suco de vegetais, porque os vegetais não têm a mesma quantidade de açúcar que as frutas. Por isso, tudo bem coá-los. "Mas e as fibras que se perderão?", você pode consumi-las em outro momento, ora! Numa salada, com legumes. No caso do coco, faz-se leite, que, neste caso, assim como no das oleaginosas, compõe-se majoritariamente de gordura e não de açúcar (carboidrato) e, portanto, também não eleva a glicemia!

Não há problemas em fazer um suco se você vai bater uma quantidade de frutas que normalmente comeria e não vai coar! Não, não existe esse negócio de que liquidificar "rompe" as fibras! Mastigar é o quê? Ou você acha que as fibras são absorvidas inteiras? Mas fica a máxima: em 90% do tempo, água! Simplifique!

Até o Drauzio

Drauzio Varella, médico bem conhecido do grande público, discorreu sobre o que já tratamos aqui. Segundo ele, a dieta com restrição de gorduras nunca teve sua eficácia comprovada (eu te avisei, não?) e ainda contribuiu para engordar a população. Ora, é claro! No lugar de gordura o pessoal comeu carboidrato refinado. Ou você achava que iam trocar torresmo por alface?

Ele fala de estudos epidemiológicos para exemplificar e aponta coisas que já mencionamos aqui: a ciência não conseguiu provar causa e efeito na relação "gordura saturada e doenças cardiovasculares". Reduzir o consumo de gordura saturada realmente causa uma pequena redução de pouco mais de 10% do LDL, porém mais da metade das pessoas que enfartam tem valores de LDL dentro da normalidade!

Povos do Mediterrâneo consumiram 30% mais gordura nos últimos anos e, no entanto, a mortalidade por infarto diminuiu proporcionalmente! Cortar carnes da alimentação por medo de sua gordura faz as pessoas aumentarem o consumo de pães, biscoitos e demais farináceos, o que fatalmente piora o perfil lipídico. Isso é evidente, afinal, alimentação também é prazer, o que não se tem de um lado, busca-se do outro!

Que bom que até o Drauzio sacou isso! Que bom! Um médico tradicional, que segundo seu próprio relato, recomendou a seus pacientes por 20 anos que evitassem o consumo de carnes e suas gorduras. Sabe o que eu acho mais lindo nisso? A HUMILDADE — que é a real inteligência — de dizer: "Olha, fiz isso por 20 anos, mas hoje me dou conta de que não deveria ser assim, e por isso mudo minha conduta!".

Por mais médicos assim, que se interessam pelo bem da ciência e do paciente e não por seu próprio ego! Fico muito feliz! Muito mesmo!

Individualização

Em nutrição existe sempre a prioridade da individualização. Você vê nutricionistas falando sobre isso o tempo todo. "É preciso individualizar!" e "Todos fazerem algo igual, jamais!" ou, ainda, em tom de denúncia, "Fulano passa tudo igual para todo mundo".

Tenho várias colegas nutricionistas e todas, absolutamente todas, já tiveram seus cardápios e planos alimentares comparados entre pacientes que chegam à conclusão de que não foram "individualizados"! Bom, vamos entender isso. Uma nutricionista que atende em média 7 pacientes ao dia, terá atendido quase 1.500 pessoas ao final de um ano. Será que, nesse contexto, ela montou 1.500 dietas completamente diferentes? Será que, apesar de cada indivíduo ser único, ela não atende uma maioria de pessoas com características muito parecidas? Por exemplo, eu, Lara, atendo principalmente mulheres, por volta dos 35 anos, por volta dos 70 kg, com o objetivo de emagrecer. Dentro deste número, há muitas particularidades, mas há também um mar de semelhanças.

Quero que fique claro o que realmente significa individualizar. Não estou, de modo algum, defendendo que todos devem ser tabelados. Mas não podemos nos iludir, individualizar não significa prescrever 32 g de castanha para um e 47 g de castanhas para outro! Na verdade, é possível falar de uma vez só para uma sala de 50 pessoas a mesma coisa sobre alimentação e individualizar cada um! Mas, Lara, como isso é possível?

Parta do princípio de que cada ser humano é único, e que cada um responde de uma forma. Com isso em mente, entenda que se eu como 100 g de carboidratos ao dia, e você come 100 g de carboidratos ao dia, responderemos de forma diferente. Se eu não tiver nenhum problema de metabolização de carboidratos ou resistência à insulina, possivelmente responderei muito bem. Mas se você tiver esses problemas e, de quebra, uma tendência genética a engordar, vai ter um resultado muito diferente do meu.

A questão é a seguinte: como é que o nutricionista, que está tendo o primeiro (ou o segundo, terceiro) contato com você poderá adivinhar essa "resposta" com exatidão, para não errar em nada na sua prescrição? "Ora Lara, ele estudou! Ele sabe! E mais, ele vai olhar exames, fazer mil perguntas, avaliação física!". Entendi... que bom! Espero que ele faça tudo isso mesmo. Mas minha pergunta é: quem garante que o que eu aprendi na faculdade, em minhas especializações, estará 100% correto em relação a esta pessoa sentada à minha frente?

Quer um exemplo? Seu Dorival, um dos meus pacientes. Ele queixava-se de desconforto estomacal toda vez que comia abobrinha. Dizia que era tiro-e-queda, comia abobrinha, passava mal. Então lhe perguntei: "E por que o senhor continua comendo?", e ele respondeu: "Porque a nutricionista que consultei há poucos meses colocou no meu cardápio!". Veja só, essa nutricionista fez a mesma graduação que eu, aprendeu as mesmas coisas que eu, ambas sabemos que abobrinha não faz mal algum. No entanto, quando ela foi individualizar a dieta do seu Dorival, ela se esqueceu de que individualizar não significa passar abobrinha para ele e só para ele, e unicamente para ele. Ela teria individualizado se, na hora em que colocou no cardápio dele "abobrinha", tivesse explicado exatamente quais eram os "resultados" que se esperavam disso. Seria assim: "Seu Dorival, está aqui, abobrinha, com isso espero que o senhor: 1. se sinta alimentado e satisfeito, 2. não tenha mal estar, 3. alcance o objetivo que me relatou!". Em seguida, ela continuaria: "Mas se sentir algo diferente disso, troque esse legume por este, esse ou aquele".

Dessa forma, ela poderia ter passado a tal da abobrinha, inclusive em quantidades muito parecidas, para outras 100 pessoas, desde que cada uma soubesse exatamente quais resultados esperar e, principalmente, o que fazer caso esses resultados não estivessem acontecendo. Assim, a individualidade estaria preservada. É importante ressaltar que não estou banalizando a prescrição, estou descrevendo uma realidade que quem não vive neste meio desconhece.

Podem sair do meu consultório dez pessoas, com dez dietas muito parecidas, e estarem completamente individualizadas. Como? Simples: pelo que conversamos em consulta! É por isso que em nutrição não existe consultoria *online* (prática proibida pelo CFN [Conselho Federal de Nutricionistas]). Copiar um cardápio da sua amiga (ou da *internet*) e segui-lo, pensando que vai ter o mesmo resultado que ela, simplesmente não vai resolver seu problema. Vocês são diferentes e, embora possam partir do mesmo princípio por terem características parecidas, precisarão saber individualizar o caminho de acordo com os resultados parciais que obtiverem ao longo do tempo.

Isso fica muito nítido na prática. Assim como todos os nutricionistas que conheço, tenho materiais básicos, com textos e informações básicas, que servem muito bem na hora da orientação individual. No entanto, essa individualização precisa ser conversada, preciso te ouvir, te perguntar como foi, te ajudar a trocar o que não está funcionando e, principalmente, te ensinar a reconhecer os sinais do seu organismo que indicam que estamos no caminho certo. É importante para mim que você entenda isso, canso de ouvir queixas antiéticas sobre colegas, como "Poxa, ele passou o mesmo tanto de cenoura para mim que passou para ela!". Será que se ele mudasse essa quantidade em 30 g ou trocasse cenoura por quiabo, tudo seria diferente? Será que isso é que seria individualizar? Isso só serviria para dizer que o cardápio é "único". Existe um cálculo? Existe! Existe uma base de onde partir? Existe! Não podemos trabalhar no empirismo, mas entenda, o buraco da individualização é bem mais embaixo.

Fixação nos detalhes

Quero que pense sobre isso: somos fascinados pelo detalhe. Talvez porque acreditamos na idéia de que a meritocracia premia o trabalho duro. Imaginamos que, se algo não for bem difícil, bem complicado, não trará um bom resultado! É daí que surge a fixação nos detalhes. Queremos saber quantos gramas de tal coisa devemos comer, quantas horas e minutos exatamente devemos esperar para fazer a próxima refeição, quantas repetições são necessárias para a eficácia daquele exercício. Olha, não que orientações e direcionamentos não sejam importantes, eles são! Mas muito mais importante do que se apegar ao detalhe é estabelecer uma base consistente. Mais importante do que saber quantos gramas de pistache "pode" é comer oleaginosas em vez de biscoito quando a fome bater à tarde. Mais importante do que calcular o tempo para a refeição é não substituí-la por um *shake* industrializado. É o grosso da coisa, entende?

Eu sei que temos a impressão de que sendo simples assim o resultado não virá. Mas quem disse que a constância é simples? É preciso muita disciplina para cair e levantar, para nunca parar, para encarar cada dia como o dia de acertar. Pouquíssimas pessoas conseguem! A maioria segue presa no detalhe, contando as gotas de própolis crendo que é ali que está o segredo. Acaba que dá com os burros n'água! No fim não tinha segredo e nem precisava de tanto pranto, era só seguir!

Detalhe

Toda vez que atendo um paciente, toda vez que converso com um amigo, toda vez que falo com as pessoas, toda vez que recebo perguntas nas redes sociais, eu identifico um mesmo padrão: tendemos a nos apegar a algo que é complexo, mas que não é o todo, é o detalhe; e apontando a dificuldade presente nesse detalhe, nos justificamos por não fazer o todo.

Eu vou exemplificar com situações do dia-a-dia — talvez você se identifique com algumas delas. Digamos que estou atendendo um paciente, para quem eu prescrevi uma dieta e disse o que se deve comer, evitar e tudo mais. Peço para vê-lo de novo em 6 semanas. Ele, então, me diz o seguinte: "Lara, eu entendi tudo isso aqui, mas e se meus amigos me chamarem para jantar num lugar que só serve risoto e mais nada? Eu entendo que a gente consegue se virar, mas num restaurante de risoto não tem opção, o que eu faço nessa situação?".

Ou, então, digamos que eu prescrevi toda uma estratégia para um paciente que pretende ganhar massa magra. Para seguir as orientações, ele precisará pesar tudo o que come, comer além da saciedade — às vezes até sem fome —, porque tem uma meta de ingestão a alcançar. Quando lhe digo que quero vê-lo novamente em oito semanas, ele me responde: "Então, durante esse período eu vou passar três dias na casa da minha avó no interior, e lá não tenho como levar balança, como pesar coisas, o que eu faço nesse caso?".

Ou, ainda, suponhamos que, depois de passar uma estratégia a uma mulher que é mãe de duas crianças, ela me diz: "Lara, eu entendi, é possível sim, mas o que faço nas festinhas infantis?".

Dados esses três exemplos, o que se nota de comum entre eles? Como eles agem? Em todos eles, o paciente se concentrou em um detalhe em vez de olhar para o todo. Essa é uma tendência geral, nós, como seres humanos, costumamos nos fixar em detalhes que não representam o todo. Depois, quando vemos nesse detalhe um obstáculo insuperável, desistimos do todo.

Olha isso na prática: no exemplo da pessoa que falou do restaurante que só tem risoto, quais as chances de toda quinta, quarta, sexta e domingo você cair numa mesa de amigos que vai num restaurante que só tem risoto? Você concorda comigo que sentar numa mesa de um restaurante que só tem risoto é um negócio que só vai acontecer pouquíssimas vezes? Nesse exemplo específico, o paciente iria retornar em seis semanas. Supondo que, durante esse período, ele vá ao restaurante de risoto três vezes — o que já não é muito provável —, esse nem seria o maior problema. A grande questão é o que ele faz em todos os outros dias das seis semanas.

O mesmo vale para o exemplo do cara em ganho de massa magra que vai passar três dias no interior na casa da avó. Será que esses três dias vão comprometer todos os outros dias das oito semanas, em que ele vai fazer o trabalho direito? Com certeza não vão, mas nós estamos condicionados a olhar para o detalhe, o único, o pequeno, aquele momento em que não será possível fazer o que me dispus a fazer no todo. É a mesma coisa do último exemplo que dei da mãe na festinha infantil. Amiga, quantas festinhas infantis você tem? Se tiver uma por semana — e você não precisa comer em todas elas — e, de vez em quando, abrir uma exceção, não vai estragar tudo.

Mas esse é o nosso problema, é fixarmo-nos no que talvez possa acontecer. Preocupamo-nos com aquilo, sendo que não é aquilo o problema, não é a festinha. É por isso que sempre que me perguntam: "O que você faz quando vai em um aniversário que tem bolo, e você quer comer bolo?". Eu respondo, "eu como bolo". Então a pessoa me pergunta: "Pô, mas como é que você pode, beber, comer açúcar e continuar magra do mesmo jeito?". Porque o que importa é a freqüência e a quantidade. A questão é que essas coisas são detalhes da minha vida, não o meu dia-a-dia.

Porém, para a maioria esmagadora das pessoas que se preocupam com o detalhe, o erro acontece no dia-a-dia. Ela não consegue se segurar frente a nada. Ela olha aquela bolachinha que vem no café e não consegue não comer. Ela não consegue dizer não para o bolo que servem no escritório, para a sobremesa no restaurante, para a vontadezinha de doce na TPM. Ou seja, a base está errada. É por isso que, para essa pessoa, a exceção parece um negócio tão preocupante. Ela precisa entender que há uma base para corrigir. Essa base é o dia-a-dia, o grosso, o arroz com feijão. Essas pessoas costumam errar todos os dias, em pequenas coisinhas, mas todos os dias. Não é assim que vai dar certo!

Quer um exemplo clássico disso? Em época de Natal e Réveillon, essas pessoas me perguntam o que fazer no fim do ano, quando é impossível seguir a dieta. Filha de Deus, entra ano e sai ano, eu digo isso. O Natal é uma festa — um jantar e um almoço —, o Réveillon é uma festa — um jantar e um almoço; não tem época, são duas festas com dois dias de comemoração, ponto!

"Ah, mas também tem várias confraternizaçõezinhas no trabalho, o amigo secreto da igreja, do não sei o quê...". Bom, então vamos ter de decidir o que queremos, não é? Porque se você comer em toda confraternizaçãozinha, vira uma época mesmo, e então não dá. O grande negócio é que não é justificável se apegar ao detalhe do Natal e ano novo para não fazer dieta dezembro inteiro.

O meu desespero é atender um paciente em março e ele me dizer: "Então, em novembro foi o meu aniversário, depois disso vieram o Natal e o Réveillon. Em janeiro também viajei e depois veio o Carnaval, então estou desde novembro sem fazer dieta". Então eu respondo: "Espera aí, você citou muitos eventos, aniversário, natal, réveillon, viagem e carnaval — cinco eventos no total. Se cada um desses tiver durado três dias (já que seu aniversário dura um só e a viagem dura mais, digamos que dá uma média de três dias para todos eles), temos um total de quinze dias. Se você tivesse furado TODOS esses quinze dias, de novembro até março, seriam só quinze dias em um período de 150 dias. Por causa de quinze você achou que não valia a pena fazer dieta em 150?". É esse o nível do detalhe!

A pessoa se apega ao detalhe de que existem festas, mas não entende que a festa é um detalhe e o que vale é o todo, o dia-a-dia, o que acontece entre o Natal e o Réveillon, entre o Réveillon e o próximo Natal.

Mas por que ela prefere se apegar a esses detalhes? Porque é mais fácil se apegar ao detalhe, ver que é difícil e ficar livre para não fazer nada, já que é difícil demais! É muito desconfortável assumir que uma coisa é sim possível de se fazer, mas requer esforço e é muito desconfortável. Preferimos nos proteger com a idéia de que "eu não faço porque é muito difícil, tem Natal e Réveillon…". É isso que costumo receber nas redes sociais, perguntas como "você acha que vale a pena fazer dieta daqui até o Réveillon?". Não, não acho, acho que vale a pena você jogar as mãos para o céu…. É lógico que vale a pena! Você está se apegando ao detalhe. É para fazer dieta a vida toda, todo dia.

Grave isso: não comprometa a simplicidade do todo se concentrando na complexidade do detalhe. O detalhe é detalhe, o que importa é o que você faz todo dia. Se de vez em quando tiver que ir a um restaurante que só tem risoto, se no seu aniversário você quiser comer doce e tomar vinho, se no Natal você quiser comer farofa e manjar, isso não vai fazer diferença. O que faz diferença é o que você faz todo dia, no grosso! Grave isso!

Isso emagrece?

Limão em jejum, pimenta no café, gengibre batido, água morna, água muito gelada, banho frio, exercício em jejum, cápsulas termogênicas, cintas apertadas, creme que faz suar mais, *shake* industrializado, chá disso, chá daquilo… A lista vai longe. Sempre repleta de itens que prometem o emagrecimento.

É comum que me perguntem se acredito em alguma dessas coisas. Minha resposta é sempre a mesma: Não é uma questão de "acreditar". Emagrecimento é um fenômeno que acontece sempre que acontece restrição calórica, ou seja, sempre que a quantidade de calorias ingerida é menor que a requisitada pelo organismo.

Apesar de ser parte fundamental do processo, a restrição calórica pode ser influenciada pelo perfil hormonal, principalmente em pessoas com algum tipo de disfunção ou desequilíbrio hormonal, como a resistência à insulina ou as doenças tireoidianas.

Então você pode tomar quanto de limão quiser, pode combinar com gengibre, pimenta e o que mais jurar que faz milagre, mas a verdade é que nada disso vai surtir grande efeito no emagrecimento.

Basicamente, não existe nada que, ingerido em maior quantidade, faça "pesar menos" ou emagrecer — afinal, essas são coisas distintas. Para variar, o que emagrece é dieta.

Só volta

Você vai bem. Descobre o que precisa ser feito e passa a fazer. Tudo anda conforme o planejado, a vida é boa! Isso até que um pensamento errado transforma uma exceção simples em um tremendo pesadelo que dura dias!

O que acontece a seguir é aquele filme que você já viu passar inúmeras vezes: uma sucessão de ações desgovernadas que levam embora todo o trabalho feito!

Se alguma coisa não saiu conforme o planejado, vai adiante e só volta!

Uma paciente, ao me contar sobre como havia sido o período desde a nossa primeira consulta, me relatou o mesmo que tanta gente enfrenta: ela saiu do consultório animada, empolgada e, durante as primeiras semanas depois daquele encontro, tudo foi correndo bem, até que… um pequeno deslize virou um dia "deslizando", que virou mais um par de dias sem muito controle e, quando ela percebeu, já estava "patinando desgovernada" por quase 30 dias! O mais importante, no momento em que ela me diz isso, é tentar entender e fazê-la ver, exatamente, o ponto: temos a impressão de que depois de alguns dias comendo mal, tudo está perdido, todo progresso acabou e tudo voltou a ser como se nada tivesse sido feito. Nesse pensamento há duas armadilhas:

1. Acomodar-se (afinal, agora já foi); 2. Pensar "depois eu vejo isso" (já que agora já foi mesmo).

É nessa hora que me cabe ensinar a não fazer nada disso!

ACOMODAR-SE (afinal agora já foi) — Sempre gosto de fazer analogias com dinheiro, porque todo mundo parece entender melhor assim, então vamos explicar por que esse ponto 1 não faz sentido, usando a boa e velha "dor no bolso"!

Suponhamos que você esteja juntando dinheiro para comprar um apartamento. É o apartamento dos seus sonhos! Tem quatro quartos, cozinha espaçosa daquelas com balcão no centro, uma linda sala de dois ambientes que dá numa sacada belíssima, um pé direito alto e elegante, condomínio com piscina, parquinho, porteiro 24h, academia sem música, área verde e duas vagas na garagem.

É o sonho da sua vida e você o encontrou à venda por uma bagatela (o dono tinha uma empresa que quebrou e foi obrigado a voltar a morar com a mãe — mas isso a gente comenta em uma outra hora). Tudo corre bem, e você tem economizado bastante. Deixou de viajar no último ano, comeu fora pouquíssimas vezes, não cedeu a nenhuma promoção, disse não para trocar de carro e até ficou triste por negar ao seu bebê a boneca LOL (última sensação entre as meninas).

Então, de repente, sem mais nem menos.... Você encontra em um passeio inocente no *shopping* aquela bolsa incrível que a Schutz lançou tempos atrás, mas tinha acabado tão rápido. Num impulso, você entra na loja, pede para ver, mas, enquanto a vendedora vai buscar a bolsa no estoque, você tem 3 segundos de clareza e pensa com muita tranquilidade: "Só vou ver, imagina, não vou levar, não tem chance... estou juntando dinheiro, deixei de fazer tanta coisa mais importante. Bolsa? Não, é tranquilo, só vou ver". É quando a vendedora Clarice coloca a alça da bolsa em seu antebraço... o couro é quase frio, é cheiroso, é bonito, é intrigante... seus olhos passam por ela em sua mão, percorrem o chão e agora você fita o espelho. É você... com ela... aquela bolsa babadeira, toda empoderada, toda linda, bem faceira... meu Deus, não é que combina? Como se lesse seus pensamentos, nessa hora Clarice diz: "E ela vai com tudo viu? Jeans, social, rasteirinha... tudo!".

Com um sorriso acanhado, você concorda com Clarice. Realmente, vai com tudo... E você está precisando tanto, mas tanto de uma bolsa! Isso não é vaidade, nem futilidade, é sério! Por um segundo você bate o olho na sua bolsa, acomodada no banco de veludo preto da loja, ela está tão surrada, tão acabadinha... e veja, você tem se comportado tão bem nesse negócio de finanças. Economizou em tudo! E logo você, hein? Que sempre foi gastona! Ora, veja bem, logo você: uma gastona de primeira qualidade, já tem mais de um ano que não se permite nada! E essa bolsa nem é luxo, mas necessidade! A mulher precisa. A vida também não é isso! Viver passando vontade de ter as coisas! Poxa, há de se ter equilíbrio. E de novo: é algo de que você precisa! E mais: será inclusive bom para os negócios! Afinal, ao ver você com essa bolsa, suas clientes vão perceber que você é uma mulher de sucesso, e você sabe né, "dinheiro chama dinheiro"! Motivada pela comissão de 0,001% das vendas, Clarice faz a última investida: "Olha, ela está com

15% de desconto, viu? É coleção passada, e essa é a última peça". Com alegria e certeza você diz aquela frase DE-LI-CI-O-SA: "Vou levar!".

Ao passar o cartão de crédito (nossa, e você ainda vai acumular milhas com essa compra! Nem tinha lembrado disso! Poxa, essa decisão parece cada vez mais acertada) você até tem pequenos pensamentos de "ai, será que fiz a coisa certa?", mas eles são rapidamente sufocados pelos seu lado aventureiro, que diz: "Agora já foi, faz a Marta Suplicy, relaxa e goza!".

Você sai da loja com o pacote e uma sensação de conquista. Tudo parece estar certo. Você está tão feliz que quase sorri para quem passa. No caminho até o banheiro você parece flutuar. É... Flutuar! Olha, você inclusive está se sentindo leve, realizada! Tem razão, a vida não é aquela prisão! Imagina! Ter de viver sem gastar nada! Hum... Se isso é o que precisa fazer para comprar um apartamento, então quer saber? Talvez ter apartamento não seja para você! Eu, hein?

Já no banheiro do *shopping*, você logicamente passa as coisas da bolsa antiga para a nova, soca a velha na sacola e sai portando a mais nova queridinha! É você! É ela! É esse momento! Que momento!

Chegando em casa, tudo vai bem, até que você se depara com um envelope em cima da mesa... o envelope é da Caixa, é um boleto, um boleto do apartamento... ao abrir você pensa "ai!". Mas está tudo bem, você ainda está no controle da situação! Está tudo certo! Só o que precisa é de um plano de contenção de danos! É só voltar a fazer o que estava fazendo antes! Tudo vai dar certo!

Isso, é claro, até que... toda saltitante pela sala, chega Val (Valentina, sua filha), dizendo entre gritinhos e pulinhos que vai ter festa de aniversário de um coleguinha da sala, o Enzo. E ela quer ir! Vai ter pula-pula, piscina de bolinha, palhaço, show de mágica, pirotecnia, banda, DJ depois da meia noite, combo a R$50,00 e mulher até as 23h não paga (nota do autor: claramente não sei descrever os elementos atrativos em uma festa infantil).

"Temos que comprar um presente! Temos que comprar um presente! O Enzo gosta de autorama! A gente pode comprar um autorama?". Sua cabeça borbulha: "É claro que ele gosta, né? O pai dele é dono da metade de São Paulo! O moleque ia gostar de quê? De bola? Lógico que não! Tinha que ter gosto de menino rico! Ele e aquela mãe dele! Inteira vestida de Chanel! Quem esse povo pensa que é, gente?".

Com toda a consciência do mundo você explica para a Valentina: "Filha, a mamãe não pode dar um presente tão caro assim para o Enzo. Não agora. Podemos dar outra coisa!". Para sua sorte, Valentina é uma menina de gênio fácil, dócil e muito amável, e compreende sem mais delongas! Ufa! Mas então diz: "Mãe, todas as crianças que vão para a festa, também vão para o *meeting* da escola, que vai ser logo depois, às 15h. O trenzinho vai pegar a gente e levar para um clube de campo. Lá vai ter brincadeiras, atividades e acampamento! Eu posso ir? Posso? A Catarina e o Joaquim vão!".

É nessa hora que você lê o bilhete no caderno dela: "O passeio custa R$250,00! Está totalmente fora de cogitação, mas você olha para a carinha dela e, logo atrás daquela carinha tão linda, está o quê? A bolsa! Você não quer ser a mãe que compra uma bolsa para si e nega uma alegria para a filha! Imagina! Isso não se faz! O controle começa a sair da sua mão... O passeio da Val, que você achava que custaria R$ 250,00 (e isso já era muito), sai na verdade por R$ 450,00 porque você teve que comprar o presente para o menino (meu Deus, o que aconteceu com o preço de brinquedo, gente?). E ainda precisou abastecer o carro para levá-la até a festa em Alphaville! Poxa! Por que esse povo com dinheiro tem mania de morar tão longe?

PENSAR "DEPOIS EU VEJO ISSO" — As situações vão se acumulando, uma leva à outra e quando você vê... já foi! Você gastou mais em três dias do que economizou no último mês... É então que, no auge do desânimo, você se acomoda ao fracasso (que não percebe ser momentâneo), deixa de fazer esforços, na hora de comprar uma coisa, nem pensa mais em pesquisar... Já foi, que diferença fará agora? O sonho do apartamento parece começar a se afastar... Caramba, e você estava indo tão bem. Estava dando tão certo... Você tinha conseguido mudar tantos hábitos! Nem se reconhecia, de tanto controle! Mas o que foi que aconteceu? Nessa hora, um ímpeto em você diz para parar tudo, reorganizar tudo, começar tudo de novo! Mas esse ímpeto é rapidamente tomado pelo "agora já foi mesmo". Você sabe que vai voltar, não tem outro jeito, o apartamento precisa ser pago... Nem que seja atrasando parcelas, nem que tenha que pedir dinheiro emprestado da Lara (atenção: isso é apenas uma figura de linguagem!). Mas... agora não! Depois eu vejo isso... agora estou muito cansada dessa história... triste... me sentindo impotente...

E é exatamente assim que se passam quase dez, quinze, vinte dias... um mês, dois meses, seis meses... É isso! Aconteceu! Aconteceu de novo! Você se perdeu de novo! Meu Deus, por quê? Estava indo tão bem! E agora simplesmente não tenho forças para começar de novo. É muito frustrante! Não sei nem por onde começar! Não sei nem como fiz isso daquela vez...

Vamos falar um pouco sobre isso! Atire a primeira pedra quem não passou por uma situação análoga à que descrevi, mas refletida na alimentação, na dieta, em vez de nas finanças. Normalmente, a história é a mesma: você está com aquele impulso, aquela coisa, aquela animação, "eu vou fazer dieta", "eu quero emagrecer", "esse é meu objetivo", às vezes até foi na nutricionista e pegou a dieta na mão, ou no mínimo já sabe mais ou menos o que precisa.

Afinal, no fim das contas, todo mundo sabe, mais ou menos, o que precisa. Você está naquele ímpeto. Vamos lá! Você passou por uma tentação e disse não. Então foi a uma festa de família, mas, como estava bem tranqüila, também dispensou facilmente o pudim. Assim você está indo... Você começa a perceber os primeiros resultados: aquela calça que não entrava já entrou, todo mundo está comentando que você está mais magra, você olha no espelho e se gosta, tudo está indo muito bem!

No exemplo da jovem que quer comprar um apartamento, ela já pagou a primeira parcela, já pagou a primeira entrada, está tudo acontecendo maravilhosamente. Então, de repente, a nossa jovem vai ao *shopping*, só para dar uma volta. Imagine que você fez o mesmo, também foi ao *shopping*. E lá, em vez de parar na Schultz, você pára na Kopenhagen. A jovem pensa: "Não é essa aquela bolsa que eu queria?" — e entra na loja "só para ver". Você pensa: "Alguém me disse que o mousse de chocolate da Kopenhagen era o melhor do mundo. Vou lá dar uma olhada. Só ver mesmo, porque não sei como eles vendem, se vem num potinho ou no prato...". Você entra e diz à atendente: "Esse aqui que é o mousse de chocolate?". Ela responde: "É, sim!". Você diz: "Não sabia que vocês vendiam coisas de geladeira...". Então a moça sugere: "Quer experimentar?". Você aceita e pensa consigo mesma: "Por que não, vou só experimentar, não é?". Então você experimenta, põe na boca. "É gostoso mesmo, que delícia de sabor! Caramba, eu nem lembrava do gosto de chocolate, que delícia!". Em seguida, a vendedora lhe diz: "Leva um, você vai amar. E ainda tem uma promoção, levando o mousse, o cappuccino feito com chocolate de verdade sai por metade do preço".

Então você leva, e come feliz da vida. E enquanto come, você pensa: "Gente, eu tinha que ter comido mesmo, não é? Afinal, viver em dieta é uma prisão! Não é equilíbrio... Eu preciso de equilíbrio! E também, vou te falar viu, se ser magra é não poder comer esse mousse de chocolate, então ser magra não é para mim. Eu, hein! Pensamento bobo desse povo bitolado, tem que viver a vida!".

Perceba a armadilha: você não precisa não comer um mousse; você não precisa ser bitolada; você pode sim ter equilíbrio. O perigo não é comer o mousse, o perigo é o que normalmente vem depois disso.

Logo depois de comer o mousse, você se sente bem. Até anda por aí leve, cumprimentando as pessoas. Você acabou de comer serotonina. Aquilo te invade de um jeito fantástico, é um prazer enorme! Então você pensa que é isso que você quer, esse equilíbrio. Você quer comer mesmo! No entanto, você poderia pensar tudo isso e, mesmo assim, terminar seu mousse, parar e retornar.

É esse o segredo. Abriu uma exceção, só volta! Não precisa esperar nada: terminou, volta! Se, no exemplo da bolsa, a moça tivesse simplesmente retomado aquilo que ela vinha fazendo — isto é, economizar, se controlar — tudo teria dado certo. Mas a filhinha apareceu pedindo algo, um gasto que ela não esperava, e ela acabou cedendo...

Por que ela acaba cedendo? Porque ela sentiu culpa, ela pensou mais ou menos o seguinte: "Eu vou gastar com bolsa, sendo que eu nem precisava direito e era só para mim, e vou falar não para minha filha?". No exemplo de dieta poderia acontecer algo similar. Depois de ter comido o mousse, o marido, ou a sogra, ou a amiga, a convida para ir a um rodízio de pizza. Então a pessoa pensa: "Eu comi o mousse quando estava sozinha, nem foi pelo convívio social! Nem é importante para mim! Eu vou deixar de fazer algo com a minha família? Ah não, vou fazer isso também!". Então ela come de novo fora do que planejou. Mesmo depois disso, ainda dava tempo de salvar sim — a grande sacada é que em qualquer momento ainda dá tempo de parar e retornar para o que você estava fazendo antes. O problema é que as coisas vão se sucedendo: você come o mousse, depois você sai com suas amigas, vai ao rodízio de pizza com cerveja...

As situações vão se acumulando e, quando você vê, já comeu mais vezes fora do planejado em quatro dias do que no mês inteiro! É nessa hora que você se olha no espelho e seu rosto está inchado. Você tenta vestir uma calça e parece que ela encolheu. Então você cai na bobeira de subir numa balança e descobre que engordou: está pesando três quilos a mais. É nesse momento que você pensa: "Meu Deus do céu, o que aconteceu? Eu estava indo tão bem, tudo estava indo tão certo, eu estava fazendo dieta de um jeito que nunca antes tinha conseguido fazer. Eu cheguei a passar 20 dias sem furar a dieta! O que aconteceu?".

Qual é a chave para não sucumbir a pensamentos como esses? A chave é dizer "dane-se o que aconteceu", fingir demência e voltar imediatamente ao que estava fazendo antes. Mas normalmente não é isso que fazemos. Repare que, ao longo da história, temos várias deixas, vários momentinhos em que poderíamos retomar a dieta, mas acabamos nos acomodando, pensando "agora já foi" ou "depois eu vejo isso".

E porque você pensa "depois eu vejo isso", deixa de pensar "eu vou ter de voltar a fazer dieta mesmo, eu sei disso, não adianta eu meter a rebelde e não fazer, eu vou!".

É exatamente isso que acontece com a maioria das pessoas que ficam animadas por um tempo, fazem tudo que tinham de fazer, mas de repente vêm o bonde descarrilhar e ficam mais um mês sem fazer dieta direito.

Depois de um mês sem fazer dieta direito, perdem-se praticamente todos os resultados obtidos, ou pelo menos grande parte deles, e então é preciso começar tudo do zero, o que é muito cansativo.

Talvez você esteja pensando agora: "Tá bom, Lara, entendi esse problema que você está apontando — aliás, estou muito familiarizado com ele, já passei por isso várias vezes —, mas o que eu agora quero saber é a solução!".

A solução dessa situação não é simples. Na verdade, ela não é simples ao mesmo tempo em que é muito simples. Digo que ela não é simples porque você está condicionada a fazer esse caminho toda vez. Porém ela é ao mesmo tempo simples porque, se você mudar um único hábito, tudo se resolve. Qual seria esse único hábito? Não perder a deixa!

No plano das finanças é assim: estou economizando dinheiro, mas gastei com a bolsa; a deixa para voltar a economizar dinheiro é agora!

Não deixe que mais nada faça você gastar com algo desnecessário. Mas, supondo que tenha derrapado novamente, que sua filha lhe pediu um negócio e você cedeu, a outra deixa é agora mesmo. É agora, precisa voltar agora!

Você pode voltar em todo momento que pensa em cometer errinhos. A deixa está sempre lá! Por isso a frase é: só volta! Não espere nada, não pense, não lamente, não calcule, só volta!

Caiu, levanta. Sujou, limpa. Se você não for prática e implacável e pegar essa deixa, muito tempo vai passar. O bacana é que sempre dá tempo de voltar, mas quanto mais cedo, menor o dano.

Toda essa história foi baseada em uma paciente que atendi ontem. Ela, apesar de ter passado quase 30 dias nesse furacão, retornou para a atividade e a dieta. Ela conseguiu pegar a deixa e voltar. Quando eu a avaliei novamente, percebi que ela tinha melhorado muito desde a última vez em que se consultou.

Perceba como ela viu a deixa. Ela aproveitou e voltou a fazer o que sabia que tinha que fazer — e obteve resultados. "Mas se ela não tivesse passado um mês bobeando teria tido mais resultados…". Sim, claro. Mas eu não posso fazer nada. Toca para frente! A única escolha que a gente tem é tocar para frente, não tem outra coisa a se fazer. Não adianta ficar imaginando, fazendo conta, esperando outro dia, esperando a hora. Tem gente que fica esperando a consulta para retomar a dieta.

Pare e pense nisso: ela está prestes a cometer um tremendo exagero, vai comer mais um monte de doces. Ela sabe que não é para fazer isso, mas pensa "Vou comer porque eu estou para ir na nutricionista, depois eu vejo isso"! Não! Faça agora, não espera! Quem consegue resultados é quem faz agora, do jeito que dá!

Grave isso, guarde isso para sua vida: caiu, levanta; sujou, limpa; parou, volta! É como andar de bicicleta: enquanto você pedala, se mantém de pé; se parar, cai!

CAPÍTULO III

Tipos de alimentos

Tipos de açúcares

Vamos botar os pingos nos "is". Açúcar é açúcar (pronto, o capítulo poderia terminar aqui). Ele pode ser mais natural, menos refinado, mais gostoso... mas continua sendo açúcar.

Alguns açúcares têm baixo índice glicêmico, no entanto é importante entender que para alguns isso realmente é um bom negócio, mas para outros não muda muita coisa. O índice glicêmico indica a velocidade com que sua glicemia vai subir pela absorção do carboidrato (CHO), só isso! Ter um índice glicêmico menor não significa ter menos CHO. Por isso, para quem tem uma doença que demanda diminuição do consumo de CHO, o que importa mesmo é a carga glicêmica, ou seja, a quantidade total de carboidratos! Nesse caso, o índice glicêmico é irrelevante, porque, seja lenta ou rapidamente, o carboidrato será absorvido!

"Mas tal opção não tem mais nutrientes?". Jovem, por favor! Se você está realmente preocupado com nutrientes, coma vegetais! Não faz sentido algum justificar o consumo de açúcar (seja o tipo que for) por alguns miligramas de nutrientes que estão em milhares de outros alimentos. Sucrilhos tem oito vitaminas e minerais e ninguém acha uma boa por causa disso, não é?

Se você não tem diabetes, esteatose hepática, hipercolesterolemia ou qualquer outra doença que exija a redução do consumo de carboidratos, nem está em uma estratégia de emagrecimento, você até pode consumir açúcar (de preferência em pequenas quantidades). Nesse caso, você pode optar por um não refinado, mais natural. Mas não se engane, como dito e redito: açúcar é açúcar!

Açúcar de coco

Por algum motivo as pessoas se agarraram à idéia de que açúcar de coco é ótimo! E por isso o colocam em tudo — no bolinho, no abacate, nas receitas, no café, no chá! Então eu pergunto: por quê? De onde tiraram que era para usar isso? "É porque é natural, vem do coco" — me diz o primeiro. E o outro vem de onde? Do petróleo? Vem da cana! Tirando o processo do refino, também é natural! Então qual seria a diferença entre o de coco e o mascavo, neste caso? "O índice glicêmico [velocidade do aumento da glicemia] é baixo!" — me diz o segundo. Sim, mas e a carga glicêmica? A quantidade de carboidratos que vai ser absorvida no final das contas é a mesma, não importa a velocidade com que isso aconteça! Não se iluda! Açúcar é açúcar! De coco, de beterraba, ou de cana! Se você está tratando diabetes, esteatose hepática não-alcoólica, hipercolesterolemia ou buscando emagrecimento, a resposta para qualquer tipo de açúcar é a mesma!

Frutas

Não é para ter medo e nem pensar mal delas. Se você ainda tem dificuldade para controlar o consumo de açúcar e farinha, elas são o menor de seus problemas!

Você até pode preferir as menos doces por motivos como o tratamento de uma doença com base em hiperinsulinemia, mas isso de jeito nenhum significa pensar em caqui e banana como "furo", ou "jacada"!

Use frutas como a natureza pensou: guloseimas deliciosas a serem aproveitadas em sua época, que é quando estão mais disponíveis e saborosas. Não há necessidade de acrescentar nada a elas. Então se o fizer, que seja por escolha. Não há necessidade de adicionar açúcar e nem gordura! Frutas já estão prontas! Perfeitas!

Prefira orgânicas e, se possível, de quem cultiva mais perto de você! Não bata e coe, coma a fruta inteira (ou bata e não coe). A quantidade que você pode/deve comer é algo individual que será decidido pelo seu nutricionista, ou (caso não tenha um) seu bom senso.

A questão das frutas

Frutas são saudáveis? Sim! São naturais? Sim! São alimentos bacanas de se ter na alimentação? Sim! Mas não do jeito que fazemos hoje em dia! Não vou nem entrar na questão (muito séria) da quantidade absurda de agrotóxicos que se usa, só recomendo o seguinte: sempre que possível, prefira orgânicos!

É muito importante ressaltar que na natureza as frutas aparecem em épocas. Essa coisa de comprarmos qualquer fruta em qualquer momento do ano, não é o modo como foi "planejado" pelo universo! Ou seja, no seu hábitat natural, você nunca consumiria a mesma fruta durante o ano todo! O tamanho também seria muito menor — quem consome orgânicos, sabe. Uma fruta sem agrotóxicos normalmente é bem pequena. Além disso, na natureza, sem o cultivo adequado, disputaríamos essas belezinhas com vários bichinhos! Ou seja, passar a mão em uma maçã de 200 g e comê-la inteira, seria quase impossível!

O que tudo isso quer dizer então? Quer dizer que frutas são as GULOSEIMAS DA NATUREZA! Devem ser apreciadas como tal! Esse lance de comer cinco, seis frutas por dia, pode até ser gostoso, mas não é natural! "Então como vamos ingerir vitaminas, fibras e minerais?". Com os VEGETAIS! Além de provocarem uma elevação da glicemia dez vezes menor (o que favorece o emagrecimento), quando consumidos em grande quantidade e variedade, os vegetais são capazes de fornecer todo tipo de vitaminas, minerais e fibras de que precisamos!

Para resumir: comer fruta é legal? Sim! Faz bem? Sim! Está "liberado"? Não! Requer bom senso? Sempre! A natureza é perfeita. Ouça o que ela diz.

Banana pode?

Grave esta máxima: não existe nenhum alimento *low carb*! Simplesmente não existe. Porque *low carb* (LC) é uma estratégia nutricional, não uma classe de alimentos. Você pode comer meio abacate e não estar em LC, ou pode comer duas bananas no mesmo dia e estar em LC! Por quê? Porque o que importa é o contexto.

Se você fez duas refeições no dia, a primeira com ovos, brócolis, manteiga, tomates e cogumelos, e a segunda com peixe, salada verde e azeite de oliva, comer uma banana não implica sair do contexto LC, porque a quantidade total de carboidratos ingeridos naquele dia continua baixa, ainda que a banana seja uma das frutas mais ricas neste macronutriente. Contudo, comer uma banana — ou qualquer alimento mais rico em carboidratos, como raízes e grãos — em um dia que houve ingestão de oleaginosas, outras frutas e chocolate amargo, significa tirar esse dia da lista dos LC. Percebe como é simples? Você pode comer feijão e estar em LC! Pode comer grão de bico e estar em LC! Pode comer caqui, mandioca, abacaxi, batata doce, qualquer coisa e continuar LC, porque o que classifica uma alimentação LC não é o tipo do alimento, mas sim a quantidade total de carboidratos ingerida durante o dia (ou período)!

"Quanto devo comer de carboidratos para estar em LC?". Isso varia a depender do caso, é como sempre falo: quantidades são individuais. Há quem consuma 50 g de carboidratos líquidos (descontando fibras) ao dia e esteja em LC. E também há quem esteja em LC com até 100 g/dia ou 1 g de carboidratos por quilo de peso. Tudo depende da composição corporal, do nível de atividade física e do objetivo! Não existe nenhum alimento que precise ser excluído da alimentação para permanecermos em LC. Mas é preciso fazer escolhas, já que tudo, todo dia… complica!

Queijos

Não me venha com queijo *light*! Queijo é a gordura do leite! Não faz sentido "gordura *light*". Queijo bom é amarelo, fermentado, gorduroso — o resto é conversa mole! "*Light*-ultra-filtrado-o-raio-que-o-parta" não!

"Mas Lara, não quero engordar!". Se você não quer engordar, pare de comer sem fome e o tempo todo. Elimine da sua dieta coisas acrescidas de açúcar com nome chique (maltodextrina, dextrose, xarope de milho, xarope de glicose, maltose, xarope de malte etc.), grãos modificados e refinados, substâncias que você nem sabe o que são e, principalmente, pães, massas, doces e farináceos. O que mais engorda não é a gordura natural do alimento, é manter a insulina alta o dia inteiro, uma das conseqüências do consumo excessivo de carboidratos, principalmente refinados.

"Mas, Lara, o queijo não deveria ser branco, magro?". Quanto mais fermentado é o queijo, menos carboidratos ele contém e, portanto, menor é quantidade de insulina liberada ao ingeri-lo, o que ajuda no emagrecimento. Além disso, a gordura é a grande responsável pela saciedade, ou seja, comendo mais gorduras você não terá fome o tempo todo! "Mas, Lara, o queijo amarelo não é mais calórico?". Se você ainda acha que calorias são o ponto principal do emagrecimento, volte duas casas e fique uma rodada sem jogar!

"E quanto posso comer de queijo?". Não sei! Quantidades são individuais e devem ser estabelecidas por quem te orienta. Quem não tem nutricionista deve sempre guiar-se pelo bom senso!

Mais uma dica importante: lembre-se de sempre escolher aquele queijo com o mínimo de ingredientes possível. Um bom queijo tem dois, no máximo, três!

Laticínios

Não vou entrar na questão "pode ou não pode", "deve ou não deve". Vou, em vez disso, ensinar quem escolheu consumir laticínios a fazer escolhas melhores. Para os não intolerantes à lactose, sugiro apenas que consumam os laticínios mais fermentados e que atentem para as quantidades. Os laticínios que recomendo são:

IOGURTES NATURAIS — Sempre escolha os integrais. Nada de fugir da gordura natural dos alimentos! Prefira aqueles cujos ingredientes são apenas leite e fermento lácteo (leia os rótulos), principalmente os feitos em casa. Dê preferência àqueles feitos com leite da fazenda. É claro que, não havendo esse tipo, você deve optar pelo melhor que encontrar. Evite os que contêm açúcar, dextrose, maltodextrina, amido ou amido invertido, mel, sacarose, adoçantes e corantes artificiais.

COALHADAS — Também prefira as naturais e integrais (quanto mais artesanais, melhor) e atente para a quantidade! Converse com seu nutricionista para saber a quantidade que cabe na sua alimentação e como usá-la.

QUEIJOS AMARELOS GORDUROSOS — Queijo *light* não! Pense: queijo é a própria gordura do leite, como isso pode ser *light*? Simples: não sendo natural! Mas isso foge da nossa proposta. Quanto mais natural e gorduroso for o queijo, mais fermentado ele está e, portanto, menos carboidrato (lactose) ele contém. Isso significa que menos insulina é ativada. É por isso que existem estudos bem conduzidos e de metodologia robusta que indicam uma associação entre o consumo de laticínios integrais e um risco reduzido de diabetes tipo 2.

Seja qual for o laticínio, seja o que for que você coma, lembre-se: quanto menos ingredientes, melhor! Comida não tem ingredientes, ela é o ingrediente!

Óleo de coco pode?

Vamos falar de polêmica. A afirmação acima circulou em *sites* por todo lado e causou certo *frisson*. E, diga-se de passagem, com razão! A minha sorte é que quando isso aconteceu, eu estava viajando e só assisti de longe ao circo pegar fogo. Nesse meio tempo, o Dr. Souto fez dois *posts* incríveis e completíssimos em seu *blog* (Procure no Google: "Dr. Souto *blog*"). Vou tentar resumi-los aqui (mas sugiro fortemente que leia o original). A AHA (Associação Americana de Cardiologia) publicou um artigo atacando a gordura saturada da dieta, o que causou um movimento repleto de manchetes errôneas e fantasiosas!

Não se trata de um novo experimento ou de uma nova revisão sistemática. Trata-se de uma revisão narrativa, isto é, seus autores claramente partiram da conclusão de que "gordura saturada faz mal", e selecionaram apenas os estudos que corroboram essa visão, ignorando os que a contradizem, como o Sydney Diet Heart Study, o Minnesota Coronary Experiment e o Women's Health Initiative — ensaios clínicos dos mais importantes. Além disso, incluíram quatro estudos antigos, mas que corroboravam seu ponto de vista. Chamaram isso de "totalidade das evidências", o que foi embaraçoso já que existem 3 meta-análises e 3 revisões sistemáticas de estudos observacionais que não encontraram associação entre gordura saturada e doença cardiovascular e mais 6 meta-análises e 5 revisões sistemáticas de ensaios clínicos randomizados, e NENHUMA delas encontrou qualquer efeito das gorduras saturadas sobre a mortalidade total ou a mortalidade cardiovascular.

É interessante notar que o próprio artigo da AHA afirma que não adianta substituir gorduras (saturadas ou não) por carboidratos. Ou seja, eles não questionaram a estratégia *low carb*, já que comer poucos carboidratos não tem absolutamente nada a ver com comer muita gordura — são coisas independentes que podem ou não ser combinadas. O que continua claro para nós é que a AHA não é favorável à substituição dos carboidratos pelas gorduras na pirâmide alimentar, ainda que não fazer essa troca seja claramente uma opção ruim, considerando a totalidade da evidência disponível atualmente. O mesmo artigo deixa claro também que a AHA já abandonou a idéia de que restringir gorduras totais na dieta seja útil ou desejável. Conclui-se, portanto, que a AHA não está condenando dietas baixas em carboidratos e nem de longe está recomendando uma dieta *low fat* (baixa em gordura) — ela inclusive se posiciona contra um limite, percentual ou absoluto, na quantidade de gordura na dieta (leia de novo: ELA — isto é, a AHA —, não eu). A AHA afirma que reduzir a quantidade de gordura saturada não traz benefício SE isso for compensado pelo aumento de carboidratos, ou seja, uma dieta alta em carboidratos é, na visão da AHA, tão ruim quanto uma dieta rica em gordura saturada.

A única questão em discussão aqui é se, em uma dieta *low carb*, a gordura saturada deve ser limitada ou não. Mais nada!

Então, se você entendeu o que foi dito, concluiu facilmente que o artigo de revisão da AHA não era sobre óleo de coco. Ele apenas foi citado ao mesmo tempo em que se apontava que o óleo de coco é uma gordura saturada. E, no raciocínio dos autores, se é saturado, é ruim. É muito possível que eles tenham sido movidos pela irritação com tanto modismo em relação a esse assunto. (E nisso eles tem toda razão! Para variar o pessoal perde a mão e sai tocando o terror na quantidade das coisas). Mas nunca houve um ensaio clínico randomizado com óleo de coco e desfechos duros, concretos.* Isso não mudou. Não há nada de novo no ponto de vista científico sobre óleo de coco.

No próprio artigo a AHA admite que o óleo de coco, no contexto de uma dieta baixa em carboidratos, ajuda a melhorar o perfil lipídico, ao reduzir a relação LDL/HDL. Em seguida, eles embarcam numa discussão na qual confundem o fato de que elevações medicamentosas e genéticas de HDL não reduzem doenças cardiovasculares com o fato conhecido de que uma relação LDL/HDL mais baixa em razão de estilo de vida é um fator de risco (reduzido) muito mais importante do que o LDL isoladamente.

Se você leu até aqui (em primeiro lugar, parabéns) entendeu que essa polêmica não passou de mais um caso de sensacionalismo misturado à dificuldade de interpretação de texto, regada a desconhecimento sobre metodologia da pesquisa científica. Não foi uma nova descoberta. Não é um novo ensaio clínico randomizado. Nem mesmo uma meta-análise sobre óleo de coco. É apenas um parágrafo dentro de uma revisão narrativa, na qual os autores admitem que o perfil lipídico melhora com óleo de coco (LDL/HDL), e então explicam que o HDL não lhes interessa e que o aumento do LDL é um motivo para aconselhar que se evite o seu uso. Entendeu? O problema é sempre o mesmo: as pessoas não se preocupam em entender a veracidade da informação jogada na mídia. Não têm interesse no que não seja fácil ao extremo. Muitos não são capazes nem mesmo de ler o que já está mastigado (como no caso deste livro)! Então vamos mastigar mais um pouquinho: não, cozinhar com óleo de coco não faz mal (nem com manteiga, e nem a gordura da carne faz mal)! O problema sempre estará no excesso! Na falta de bom senso! Comer um baixo nível de carboidratos não significa comer muita gordura. A AHA não apóia uma dieta rica em carboidratos (como sugere o esquema da pirâmide alimentar). É necessário cuidado para avaliar as informações e sempre considerar a totalidade das evidências. Sua dieta ainda deve se basear

---

* A respeito da diferença entre desfechos duros e moles, cf. "Sobre gordura saturada", p. 37 — NE.

em vegetais, e o consumo de gordura natural continua exigindo parcimônia, como tudo na vida!

Chocolate

A primeira coisa que você deve saber é que existe uma diferença enorme entre chocolate e doce sabor chocolate. A maioria de nós, por não ter o paladar "treinado", gosta mais do segundo. O chocolate de verdade é aquele com alto teor de cacau e, conseqüentemente, amargo. Segundo as regras, para um produto ser chamado de "chocolate" deve conter pelo menos 25% de cacau. Mas sabe quanto a maioria esmagadora do mercado tem? Pasme: por volta de 5% (isso foi denunciado em 2013 por um produtor de cacau de Ilhéus e na época foi um bafafá!).

O chocolate que você deve procurar precisa ser composto de cacau (massa, manteiga, pasta ou pó de cacau) e, se contiver açúcar, este deve ser um dos últimos ingredientes (já que eles são listados conforme a quantidade em ordem decrescente). Os benefícios do cacau, principalmente o fator antioxidante (nenhum alimento tem mais propriedades antioxidantes do que o cacau) só são garantidos quando este compõe a maior parte do produto.

Se você ainda não tem paladar para um 85%, 90% ou até 100% cacau, lembre-se de que é questão de "treino" para se acostumar. Temos o costume de não aceitar o gosto que as coisas têm. É por isso que se utiliza tanto sal e adoçante (sem falar no açúcar!), para "transformar" o gosto em algo que nos agrade. Isso é um tiro no pé. Coisas como chimarrão, vinho, cerveja, café, chá e chocolate são legais de se apreciar pelo gosto que têm, e não pelo gosto modificado! (Aproveito para já deixar claro aqui que não é para tomar vinho e cerveja loucamente, só citei por terem gostos naturalmente apreciados sem a necessidade de adoçar). Ah, e lembre-se: quantidades são individuais!

Azeitonas

Azeitonas são uma opção muito legal de se inserir na dieta. É justamente delas que vem o azeite, que todo mundo conhece como uma gordura boa. Elas são ricas justamente nessa boa gordura (monoinsaturada) que, além de torná-las um item saudável, também aumenta a sensação de saciedade! Fruto da oliveira, elas podem ser verdes ou pretas, ambas boas fontes de antioxidantes. Normalmente são comercializadas em conserva, e é aí que mora o medo e o real problema. Mas calma, que a gente resolve!

A quantidade de sódio em produtos em conserva é realmente alta, mas precisamos considerar que isso não será a base da sua alimentação. Estamos falando aqui de usar azeitonas naquele lanchinho que só acontece quando uma refeição completa não pode ser feita. A idéia é colocar em um potinho, por exemplo, um tomate fatiado com limão e azeitonas. É justamente naquela ocasião em que consumiríamos biscoito, farináceos, bala, bebida açucarada. Lavá-las duas ou três vezes em água fria, ou até deixá-las de molho em água filtrada por 10 minutos, ajuda a reduzir a quantidade de sal. A quantidade que você "pode", "deve", "precisa", será definida pelo seu nutricionista, afinal, como você já sabe, isso é individual. Caso você não tenha acompanhamento, pense que uma porção de 8 a 10 unidades costuma ser suficiente para garantir os benefícios a elas atribuídos.

Sobre batata

Quando você pensa em batata inglesa e dieta chega a se arrepiar? Acredita que só batata-doce não atrapalha o emagrecimento?

Quando comparamos 100 g dos dois tipos de batata (ambas cozidas) é possível ver que, considerando tanto as calorias quanto a quantidade de carboidratos, não há motivo para evitar uma e endeusar a outra. A batata inglesa não é malvada! Ela tem menos calorias, menos carboidratos, mais proteínas e mais fibras que a doce (Fonte: TACO).

Ah, mas sei bem o que você vai dizer: o índice glicêmico (IG) da inglesa é maior. Por isso deveríamos evitá-la no processo de emagrecimento. Será? O glycemicindex.com é um site que reúne todos os estudos sobre índice glicêmico produzidos ao redor do mundo, veja o que ele diz:

Batata inglesa cozida com casca: 69.
Cozida por 45 minutos sem casca: 83.
Batata doce descascada assada: 94.
Descascada e assada no carvão: 82.
Cozida: 44.

O modo como se prepara os alimentos muda o seu IG, então a mesma batata pode ter IG diferentes. Você pode comer batata doce com um IG de 94, ou batata inglesa com IG de 69. Ou seja: não é verdade essa história de que batata inglesa engorda e batata-doce não! Como costumo explicar, o que engorda é errar nas quantidades, principalmente daquilo que não é tão saudável quanto batata!

Manteiga *ghee*

Para quem não conhece, a manteiga *ghee* é a versão mais pura deste derivado do leite. Ela é livre de sólidos, possíveis toxinas do leite e lactose. Por isso, mesmo quem não tolera lácteos pode consumi-la.

O preparo, que pode ser feito em casa, consiste basicamente em aquecer a manteiga tradicional (de preferência aquela que vem da fazenda, de vacas que pastam) até que a água se evapore e, em seguida, remover manualmente os elementos sólidos. Para conhecer o processo em mais detalhes, pesquise "como fazer *ghee*" no YouTube. O resultado final é um óleo brilhante e transparente, e não rançoso. A *ghee*, por ser uma gordura pura, não contém carboidrato algum, é natural, não produz fumaça e pode ser usada para cozinhar (e eu adoro colocar no café).

Na medicina ayurvédica (que na minha opinião, está anos-luz à frente da ocidental), a *ghee* é considerada uma substância rejuvenescedora e regeneradora. A saciedade que ela causa é enorme! Além do sabor incrível, há indícios de que ela também auxilia o tratamento de inflamações gastrointestinais e o fortalecimento do sistema imunológico. Vale a pena usar para cozinhar, lá em casa refogo legumes com ela e amo!

Barras de *nuts*

Que oleaginosas são excelentes opções, isto nós já sabemos. Eu mesma sempre as recomendo aos meus pacientes. Agora, por que diabos alguém escolhe um industrializado no lugar delas pela facilidade de transporte é um mistério para mim. Encontrei duas barras que juram ser boas escolhas… Vamos lá! O primeiro ingrediente de uma delas é amendoim, que nem sequer é uma oleaginosa, mas sim uma leguminosa, mais perto da família do feijão do que da família da amêndoa.

Nem vou entrar na questão das aflatoxinas, mas deveria! Além disso, entre os principais ingredientes estão xarope de glicose (açúcar), açúcar e polidextrose (açúcar). Eu duvido que quando a pessoa opta por uma barra destas ela espera estar consumindo tanto açúcar! Se fosse assim, talvez ela preferisse um chocolate, descaradamente açucarado! O problema deste açúcar todo, como eu já cansei de repetir, não são as calorias, mas a elevação da insulina que ele provoca, o que também eleva a glicemia, que, por sua vez, ativa a liberação de insulina. O resultado de todo esse processo é uma diminuição no utilizo de gordura corporal para produção de energia (emagrecimento).

Sabe o que é mais engraçado? Se a pessoa simplesmente optar por algo não-industrializado, ela não corre esse risco. Não erre, vá de comida de verdade!

Sal

Eu já usei sal refinado, já usei o rosa, já usei o marinho bruto, sempre com a mesma intenção: acertar e fazer o melhor pela minha saúde e a dos meus pacientes. Então, ultimamente, houve mil pronunciamentos! Uns contra, outros calorosamente a favor… Li todos e resolvi resumir aqui o que aprendi.

1. Sal rosa é caro… bem caro! Assim como todos os *superfoods* que existem e que prometem melhorar desde a queda de cabelo até a libido ou a sinusite. Minha bisavó, no entanto, nunca teve acesso a nenhum deles e mesmo assim viveu bem até os 98 anos!

2. Saber química orgânica é essencial. Senão corremos o risco de dizer que os 85 minerais contidos no sal são importantes para o organismo, embora haja um total de 92 elementos na tabela periódica, dentre os quais há gases nobres e 11 elementos radioativos. Já os microelementos essenciais ao corpo humano são apenas 14.

3. Relembrar o que realmente é uma referência científica aceitável é sempre válido. Não valem como referências: *sites*, opiniões de especialistas e, principalmente, a opinião de quem vende o produto!

4. Regra de 3 (lembra?) é essencial! Com ela podemos fazer as contas e chegar à conclusão de que o que se chama de "excesso de flúor" não é "excesso", e que para quem usa 2 g ou 10 g de sal ao dia, não compensa, por exemplo, pagar 20 reais em 200 g de sal por causa

de 0,16 g de magnésio (que pode ser encontrado também em outras fontes, mais baratas e comuns, por sinal).

5. Por mais que eu gire, pinte e borde, vou sempre cair na mesma máxima: o que devo fazer e recomendar é simples! Não é inacessível e minha bisavó o reconheceria. Muita modernidade, sem muito embasamento, pesa demais.

Bacon **pode?**

Todo nutricionista que você consultar lhe dirá que abacate é muito saudável, afinal, ele é composto por 60% de gordura monoinsaturada, e todo mundo está careca de saber que esta é uma excelente gordura para se consumir. Ele tem também quase 20% de poliinsaturadas (que eles também concordam que é "do bem") e outros 20% de gordura saturada (quem prestou atenção aos subcapítulos anteriores já sabe que ela não faz mal à saúde e não causa doença cardíaca). Quanto a isso não há polêmica, mas o que ninguém questiona é que *bacon* tem 50% de gordura monoinsaturada! E 37% de saturada! E 13% de poliinsaturada! (Dados: USDA).

Então eu lhe pergunto, se o abacate é saudável pelos 60% de ácido oléico que contém, por que o *bacon*, não o é? Falar de gordura animal como se ela fosse diferente da gordura vegetal não faz sentido algum! Quem sabe química e biologia pode confirmar. Se você olhar num microscópio o ácido palmítico, uma gordura saturada encontrada tanto em vegetais como em animais, não terá como dizer se ele veio de uma fonte animal ou vegetal! A estrutura da molécula é a mesma! Então se o que faz bem no abacate é o ácido oléico, por que o ácido oléico do *bacon* (50%) não faz bem? Entende a importância de questionar? Então prefira *bacon* artesanal (sem aditivos químicos) e, antes de "comprar" uma idéia, questione e pesquise muito!

Tapioca pode?

Novamente, "poder" você pode tudo! Mas vamos desmitificar essa história de tapioca? Ela se tornou queridinha quando a explosão do "glúten *free*" chegou e, como é gostosa (eu adoro!), logo caiu no gosto do pessoal. Acontece que a maioria não se dá conta de que tapioca é mandioca processada, refinada! Ela tem um índice glicêmico tão alto quanto o do açúcar. Ou seja, ela tem a mesma capacidade de gerar picos de glicemia, que aumentam a liberação de insulina e, com isso, comprometem o emagrecimento. "E se eu colocar chia ou linhaça, o índice glicêmico não diminui?". Se você acrescentar chia ou linhaça ao açúcar, o estrago é menor? Não? Então, na tapioca também não! "Mas e se eu usar uma colher de sopa de tapioca numa omelete?". Pode até usar, mas minha pergunta será: para quê? Um carboidrato simples como a tapioca pode ser de grande valia — sobretudo no pós-treino — quando a finalidade é ganhar massa magra, quando o treino está direcionado a isso e a dieta foi calculada para este fim. Do contrário, não tem por quê!

Dois litros de água por dia?

Sou totalmente avessa a qualquer tipo de premissa que se aplique a todos. Somos indivíduos, e, como a própria palavra sugere, temos necessidades individuais! Ou seja, ninguém "deve" fazer algo igual aos outros!

As necessidades são únicas. Por isso dizer que "todo mundo tem que tomar 2 litros de água por dia" é uma estupidez. É generalizar de novo! Então quanto eu devo tomar? Ora, voltamos mais uma vez ao famoso "deixe o seu organismo lhe mostrar o que você precisa!". Se você aprendeu a comer só quando tem fome, também deve aprender a beber só quando tem sede! Porém (e este é um *porém* bem grande), nessa vida maluca e estressante que vivemos, aprendemos facilmente a ignorar a sede. Tanto que tem quem nem saiba mais o que é a sede! Não foi só uma vez que ouvi de pacientes "Lara, tenho sentido a boca mais seca, o que é isso?". É sede, ora essa!

Há também quem jure por Deus que nunca sente sede! Impossível! O que existe é o hábito de não tomar água, mas dizer que seu corpo não pede água é o mesmo que dizer que ele não pede fibras, por exemplo! A pessoa pode detestar vegetais (assim como tem gente que detesta água), mas o corpo cobra a conta de não consumi-los!

Ou seja, ele "pede" sim vegetais, você é que não quer dar (por não gostar)! Assim como ele pede sim água, mas se você não tem o hábito de beber, vai pagar a conta por isso! Pele seca, cabelos sem vida, problemas renais, dificuldades de emagrecimento e por aí vai... Para não ignorar a sede, mantenha sempre uma garrafinha com você!

Assim sempre que a sede tocar, atenda. Mas não fique "enfiando" água para dentro achando que está abafando!

A regra é: coma quando tem fome, beba quando tem sede!

Suco é uma boa?

Volta e meia vejo alguém no restaurante pedindo um suco para acompanhar a refeição, ou mesmo para apreciar sozinho, ou ouço uma mãe dizer sobre o filho: "Olha, ele só toma suco natural!", querendo demonstrar o quão saudáveis são os hábitos da criança. Mas o que nem a pessoa da mesa ao lado e nem a mãe imaginam é que estão dando um tiro no pé!

Veja bem, a natureza é perfeita, há frutas de todos os tipos, mas, em sua perfeição, as frutas são sazonais, ou seja, cada uma dá em uma época. Tecnicamente, isso ocorre para evitar que comamos todas, todos os dias e em excesso. As frutas são ricas em frutose (seu açúcar natural) que, por ser um componente original, não apresenta risco algum à saúde. Porém uma das principais causas dessa ausência de risco é que, junto com a frutose, há na fruta a quantidade exata de fibras suficiente para que este açúcar não seja lançado no sangue de forma a elevar a glicemia (e conseqüentemente a liberação de insulina), o que pode atrapalhar a perda de gordura e (quando freqüente) levar ao acúmulo desta! No entanto, quem pede um suco em geral o toma coado. Ou seja, isola-se o açúcar natural da fruta, aumenta-se a quantidade ingerida (afinal, em um copo de suco de laranja, por exemplo, pode haver até dez unidades espremidas), retira-se as fibras e consome-se a goladas! É muito diferente do propósito original da fruta! Caso queira tomar um suco, sugiro que faça em casa, sem coar e usando apenas uma unidade de fruta por vez (a quantidade total de frutas do seu dia vai depender da sua dieta e objetivos).

A polêmica da frutose é que muitos acham que ela faz mal por si mesma, o que não é verdade. Se ela estiver em sua forma natural, isto é, na fruta inteira, não há problema. O perigo sempre é isolar esse tipo de açúcar, como a indústria costuma fazer. Verifique os rótulos do que for consumir e fuja de produtos que contêm frutose e outros açúcares adicionados. Quanto ao suco, recomendo o seguinte: tem sede? Beba água! Tem fome? Coma a fruta!

O tal do suco verde

Vamos esclarecer isso de uma vez: é um simples suco, e só! Não emagrece, não "desintoxica" (você andou bebendo urânio?), não faz crescer cabelo, não deixa o olho mais azul!

Sim, eu faço, deixo o que vou usar separadinho em potes e, de manhã, junto com o café da manhã, tomo. Todos os dias? Não! Sem pressão alguma, não é isso que muda minha dieta ou meu padrão, só faço porque gosto e é uma forma pouco calórica de ingerir nutrientes interessantes!

O foco não deve ser um suco, ou uma casca, ou uma semente ou o que quer que seja. De nada adianta tomar suco verde de segunda a sexta e encher o bucho de cerveja e fritura no final de semana! Se é para viver bem, coma limpo todos os dias!

Refrigerante

Toda vez que falo que suco não é essa maravilha que as pessoas pensam que é, rola revolta. E são sempre os mesmos argumentos: "Um suco não vai matar", "para quem está saudável, qual o problema?", "isso já é terrorismo", "se trocar refrigerante por suco já é ótimo", "privar a criança disso é crueldade". E por aí vai...

Calma lá! Menos, bem menos! O que está faltando é discernimento e principalmente interpretação de texto. Quando falo sobre suco, só tenho um objetivo: deixar claro que suco não é a maneira natural de consumir frutas. Só isso! Só! Mais nada! É só isso! Eu não disse que mata, não disse que não pode, não disse que não é melhor que refrigerante e nem que precisa excluir da vida de pobres criancinhas! Eu só digo que não é a maneira natural de consumir fruta e que, por não ser natural, o excesso do açúcar isolado da fruta tem suas conseqüências! Isso não é óbvio? Vamos de novo para os mais ouriçados: não estou dizendo para ninguém tomar refrigerante, e não estou dizendo que quem trocou refrigerante por suco não está de parabéns.

A mensagem do texto é simples, mas pelo que vi, requer um pouquinho mais de esforço para que alguns entendam: suco não é a forma que a natureza escolheu para que consumíssemos frutas. Só isso! Então você pode tomar suco da mesma forma que pode comer compota, pão e bolo: sabendo o que está fazendo! E você não faz isso? Só quis dar o seguinte aviso: não tome suco achando que está abafando, isso é açúcar de fruta puro (quando coado). Só!

Café puro

De tempos em tempos vale repetir a seguinte dica do café: café é PURO, jovens, puro! Não me venha adoçar café que eu te dou um beliscão.

E para passar a tomá-lo puro é mais fácil do que você imagina! Eis o macete: tire completamente (não aos poucos, completamente) o açúcar ou adoçante do café e beba-o assim por cinco dias. Cinco dias. Só não vale "pular" o café porque não está docinho, você precisa tomar na mesma freqüência com que já tomava, mesmo fazendo careta ou não apreciando logo de cara.

Se no sexto dia você não estiver "convertido", te apóio a voltar a adoçar (sem beliscar, vai...) ou a se convencer de que na verdade não gosta de café!

Raríssimos casos levam mais de cinco dias (mas existem). O mais interessante é como tudo muda quando você começa a tomar o café puro! É possível passar a reconhecer um café realmente bom e um não tão bom assim. Outra coisa interessante é que a gente passa a apreciar justamente esse amargo suave e gostoso que ele tem. Essa é a referência que ele passa a ter. Por isso, se depois de se acostumar ao café sem açúcar alguém te serve um café já adoçado, ao colocá-lo na boca, a impressão é de que adoçaram uma berinjela! Sabe como é? Não tem nada a ver! Então passe pelos cinco dias e venha você também para o lado negro da força.

Café sem açúcar

Por muito tempo eu tomei café com adoçante e não suportava chocolate acima de 60%! Apesar de termos sensores para quatro sabores em nossa língua (doce, salgado, amargo e azedo), insistimos em usar somente dois! Um desperdício! A medicina ayurvédica relaciona a falta do estímulo destes quatro sabores à compulsão alimentar e ao desequilíbrio de micronutrientes.

Depois de muito ler sobre isso, me convenci de que era importante, mas isso não mudou o fato de eu detestar café não adoçado e não ver graça nenhuma em chocolate amargo! Então vi em algum lugar o desafio do café, a idéia era beber o café amargo por cinco dias (mas não vale tomar menos do que o usual só para fugir do gosto) e se no sexto dia eu ainda tivesse necessidade do doce, poderia voltar a adoçá-lo! Pensei: "Vou fazer! Só para provar que quem inventou essa baboseira está errado!". Dei com os burros n'água! Já no quarto dia estava "convertida" e até hoje tomo puro! O mesmo aconteceu com o chocolate e outros alimentos.

A saga dos ovos

Doze brigadeiros: sem problema. Doze bolinhos de chuva: sem problema. Doze esfihas: sem problema. Doze cervejas: SEM PROBLEMA E COM AMIGOS. Doze biscoitos recheados: sem problema. Doze bolinhas de queijo: sem problema. No entanto, o fato de o senhor meu namorado ter comido doze ovos no café da manhã hoje chocou o país.

Tudo bem que estamos falando de um homem de 90 kg, muito ativo, saudável, que come entre duas e três vezes ao dia. Mas o choque não vem por outra coisa senão o fato de serem ovos! Por quê? Por que medo de ovo e coragem para a farinha refinada? Por que medo de ovo e não de açúcar?

Teve quem dissesse que o problema era o dinheiro. Para o ovo? A proteína mais barata que tem? Como assim? Teve quem se preocupasse com gases. De ovo? Meu amor, o que te faz uma companhia desagradável nesse sentido é açúcar e farinha (que fermentam na sua barriga, te tornando uma ameaça pública). Teve quem se preocupasse com colesterol. Com ovo? O seu colesterol dispara é na presença de uma insulina alta, o que normalmente se dá pelo consumo excessivo de carboidratos. Teve quem se preocupasse com o excesso. Mas excesso do quê? Ele é um cara enorme! O que parece muito para mim, que sou pequenininha, para ele não é! Quantidades são proporcionais e individuais! E quem disse que ele come doze ovos todos os dias?

Neto (e a maioria dos meus pacientes) come até se sentir satisfeito; tem dias em que isso acontece com quatro ovos, e tem dias em que com mais. De qualquer forma, o que me choca é que, se ele tivesse comido cinco pães, ninguém teria se surpreendido! Que mundo de ponta cabeça!

Ovos — parte I

Agora vou falar de ovo. A primeira coisa de que vamos tratar são as informações básicas sobre os ovos — não só os de galinha, mas também os de codorna e de pata.

INFORMAÇÕES BÁSICAS:

Alimento	Calorias	Proteínas	Lipídeos	Carboidratos
Ovo de codorna	20	2 g	1,5 g	0 g
Ovo de galinha	75	7 g	5 g	1 g
Ovo de pata	110	8 g	7,5 g	1 g

Tendo em mãos essas informações básicas, vamos agora explicar por que é preciso desmistificar certas questões acerca do ovo.

Na década de 70 surgiu o mito de que consumir gordura era perigoso. E embora a moda de comer tudo sem gordura, de zerar gordura, de pensar que gordura faz mal, tenha sido apenas isso — uma moda —, ela perdura até hoje. O problema é que tudo isso se baseava em uma tremenda má interpretação dos estudos que foram surgindo ao longo do tempo, somada a informações deturpadas que se propagaram. Para compreender por que mitos como esse existem na nutrição, é preciso saber distinguir os diferentes tipos de estudos científicos existentes.**

A primeira coisa que você precisa saber sobre o ovo é que ele é um dos alimentos mais nutritivos que existem no mundo. Em nutrição, existe um índice chamado IDR (ingestão diária recomendada) que funciona mais ou menos como uma predição da quantidade de cada nutriente que um ser humano deve ingerir. O ovo contém quase 10% dessas IDR para os seguintes nutrientes: vitamina A, vitamina B5, vitamina B12, vitamina B2, ácido fólico, fósforo. Além de conter mais de 20% da IDR de selênio e ser um alimento rico em vitaminas E, K, B6, cálcio e zinco. Há também a colina, que entra no grupo da vitamina B, da qual trataremos mais adiante.

Para você ter uma idéia do quão nutritivo é um ovo, considere que de dentro dele sai um pintinho. Portanto, tudo que é preciso para gerar um pintinho está contido no ovo. Considere também que o ovo

---

** Cf. "Evidências científicas", p. 111 — NE.

contém todos os aminoácidos essenciais, aqueles que precisamos ingerir, e é particularmente rico em três deles, muito conhecidos no fisiculturismo e importantes para o ganho de massa magra: isoleucina, leucina e valina. As pessoas normalmente conhecem esse trio como BCAA; o mesmo BCAA pelo qual elas pagam caro na loja de suplementos e que contém, além desses aminoácidos essenciais, um corante, um antiumectante, um conservante e um pouquinho de maltodextrina. Porém quem usa esse suplemento poderia simplesmente comer ovo, dado que dois ovos cozidos contêm cerca de 3 g de BCAA, que é a dose que se costuma tomar do produto industrializado. Ou seja, poderíamos pensar em comer ovos em vez de usar um pó, o que é sensacional.

Uma das maiores preocupações em relação ao ovo é a quantidade de colesterol que ele contém. É justamente essa crença que sustenta o mito de que não se pode comer mais de dois ovos por semana. Há quem diga também que, se você tem risco cardiovascular ou, então, se você não é saudável, não pode mais comer ovo! A primeira coisa a se compreender é que hoje em dia já está muito claro que a quantidade de colesterol consumida não eleva, necessariamente, os níveis de colesterol. Isso não ocorre porque o próprio corpo produz mais da metade do colesterol. Quase 70% do colesterol provém da produção endógena. Ou seja, é o seu próprio fígado que produz o colesterol; você poderia jejuar pelo resto da vida, e o resultado dos seus exames mudaria pouco, sobretudo se você tem o colesterol alto por uma questão genética.

Por isso, o fato de o ovo conter colesterol não é o que vai fazer o seu nível de colesterol subir. E evitar o consumo de colesterol na dieta também não necessariamente reduz esses níveis. Além disso, o colesterol em si não é um problema, do contrário, não produziríamos mais da metade da quantidade presente no nosso corpo. O colesterol é muito mais essencial à vida do que perigoso. Além disso, existem vários tipos de colesterol. Quando alguém me diz que tem colesterol alto, eu sempre pergunto qual deles, porque o colesterol se divide em frações, tem o valor de colesterol total, LDH, HDL, VLDL e os triglicerídeos. Não é tudo a mesma coisa dentro de colesterol. E também não podemos dizer que "alto é ruim e baixo é bom", não mesmo!

Bom, dado que sabemos que os tipos de colesterol não são tudo a mesma coisa, e que ter um HDL alto é muito mais um fator de cardio-proteção do que ter um LDL baixo, estamos interessados em ter um bom colesterol HDL. Para isso, o ovo vem a calhar, porque ele melhora muito a quantidade de HDL. Além disso, estudos indicam que o consumo de ovos também melhora a qualidade do colesterol LDL. Podemos falar em uma mudança de qualidade porque se descobriu, ao longo do tempo, que não existe um só tipo de colesterol LDL; há um tipo bom e um ruim. O consumo de ovos está associado a um aumento do LDL bom e uma diminuição do LDL ruim, por isso se diz que ele melhora a qualidade do colesterol LDL.

Ovos — parte II

Agora vamos falar sobre os motivos por que um alimento tão maravilhoso tem sido tão temido, tão mal falado, por tanto tempo. Vamos entender isso de uma vez por todas!

Por um bom tempo demonizou-se o tal do ovo. O motivo era um só: COLESTEROL. Por muito tempo o medo do colesterol moveu as notícias e orientações a que todos nós tínhamos acesso.

Afirmações como: "quanto mais colesterol uma pessoa consome, mais elevado é o seu colesterol sangüíneo" foram amplamente divulgadas e acreditadas por muitos anos. E a pergunta é: como tal informação (falsa) tomou tamanha proporção? Tudo começou com um achado destes dois senhores: Ilya Mechnikov e Nikolay Anichkov.

Ambos cientistas, eles queriam demonstrar que o consumo de carne, e principalmente de colesterol, acelerava o envelhecimento e causava problemas. Então conduziram um experimento em coelhos. Para quem entendeu a importância de se distinguir os diferentes tipos de estudo, aqui já fica claro um ponto MUITO importante!

Eles alimentaram coelhinhos com uma mistura de colesterol puro diluído em óleo de girassol e observaram que os coelhinhos desenvolveram arteriosclerose (placas que restringem o fluxo dos vasos sangüíneos), inflamação e toxicidade hepática. No entanto, eles deixaram muito claro que tal resultado não poderia ser extrapolado para humanos (o que parece muito óbvio, certo?).

Por mais que comamos folhas e sejamos capazes de dar pulinhos e sermos uma gracinha, somos completamente diferentes de coelhos. Coelhos são herbívoros, humanos são onívoros, o que significa que somos capazes de digerir/metabolizar/absorver/aproveitar nutrientes de fontes animais de forma que coelhos não podem (você pode até escolher não usar nada de fonte animal em sua alimentação, mas isso não te faz um coelho).

Anitschkov nunca disse que o colesterol da dieta poderia causar arteriosclerose em humanos! Mas acontece que andava por essas bandas um sujeito chamado Ancel Keys. Esse cara é o responsável pelo medo que você teve de comer gordura e morrer de infarto! Ele conhecia os estudos com coelhos e acreditava que o colesterol elevado era a causa da arteriosclerose, então conduziu um estudo com voluntários que aceitaram consumir diferentes quantidades de colesterol na dieta. A idéia era provar essa teoria de que quanto mais colesterol se consome maior é o seu acúmulo nas paredes das artérias.

Mas Keys deu com os burros n'água: o resultado de seu experimento mostrou que a quantidade de colesterol na dieta não tinha nenhuma relação com o colesterol no sangue. Acontece que, por volta dos anos 50, o sujeito foi a uma conferência na Itália e conheceu um cientista de Nápoles. Esse cientista lhe disse que a doença cardíaca não era problema em sua cidade, o que chamou muito a atenção de Keys — afinal, era a segunda metade do século XX, a doença cardíaca era pela primeira vez um problema eminente e crescente; todos haviam passado a falar e se preocupar com isso!

Keys então visitou Nápoles e descobriu que a população realmente era quase livre de doenças cardíacas, mas percebeu que a danadinha acometia SIM os mais RICOS! Ele observou que os mais pobres tinham valores mais baixos de colesterol e relacionou isso ao fato de terem menos acesso ao consumo de carnes (principalmente as mais nobres — e gordas). Tinhoso que só vendo, ele se convenceu de que isso dava suporte à teoria com a qual estava obcecado! A diferença entre os portadores de doenças cardíacas e os que não as apresentavam era SIM o consumo de gordura na dieta!

Então, em 1953 ele publicou o famoso estudo "dos seis países". Ele coletou, em seis países, dados relativos à incidência de morte por doença cardíaca e ao consumo de gordura. Qualquer pessoa que olhar para o gráfico vai entender o que ele já estava querendo provar há muito tempo. No Japão, o consumo de gordura é bem baixo e morre-se bem pouquinho do coração. Nos EUA, o consumo de gordura é bem alto e morre-se muito do coração. Depois de lançado o estudo, ele disse "está fechado o assunto, encerramos aqui".

Esse estudo foi recebido com muitas ressalvas. Na época em que Keys o publicou, o pessoal não o recebeu bem; e quando digo pessoal não estou falando dos populares, dos meros transeuntes, eu estou falando da AHA (American Heart Association), que é o maior órgão de saúde cardiovascular do mundo.

O estudo tinha erros grotescos, por exemplo: as mortes haviam sido consideradas por atestados de óbito. O consumo de gordura por cada país havia sido levantado em toneladas totais, no entanto, não houve separação da quantidade de gordura destinada ao consumo alimentar e aquela empregada na produção de velas e sabão.

Além disso, trata-se de um estudo observacional, o que já bastaria para desconsiderá-lo. Porém, o ponto principal é que, embora no estudo só tenham sido considerados dados de seis países, o autor tinha acesso às informações de 22 países. Ele pinçou os seis países que corroboravam a sua hipótese, porque, se considerasse todos os 22, a sua teoria de que o consumo de gordura é o responsável pelas mortes por doença cardiovascular cairia por terra. Quando consideramos a totalidade dos dados, percebemos que existem países que consomem a mesma quantidade de gordura que os EUA, mas que têm um índice menor de mortes por doença cardiovascular, como Alemanha, Noruega, entre outros.

Então, o que o autor fez foi omitir dados para poder provar aquilo que pensava ser real. Isso pode parecer muito absurdo, mas acontece em ciência o tempo todo. A mortalidade por doença cardíaca na Holanda, na Noruega e na Dinamarca é menor que nos EUA, no Canadá e na Nova Zelândia, embora o consumo de gordura seja o MESMO.

Em 1957, a AHA desceu a lenha na teoria de Keys! A associação afirmava não haver evidências suficientes para sustentar a hipótese de que o consumo de gordura da dieta estava relacionado à elevação do colesterol e ao surgimento de doenças cardiovasculares. Acontece que 4 anos depois, uma publicação na renomada revista científica *Circulation* mudou completamente o tom do discurso ao sustentar que a redução ou controle do consumo de gordura, sob supervisão médica, com substituição de gorduras saturadas por poliinsaturadas, é recomendada como um meio de prevenir a arteriosclerose e reduzir o risco de ataques cardíacos e derrames. Esta recomendação teria sido baseada nas melhores evidências científicas disponíveis naquele momento.

A partir disso, poderíamos concluir que novos estudos, que corroboravam essa informação, haviam sido publicados. Mas acontece que não! Na verdade, o que ocorreu de novo acerca desse assunto nestes 4 anos foi o seguinte: Ancel Keys passou a ser membro do comitê da AHA, começou a ocupar cada vez mais espaço na cena, ganhou prestígio e respeito e seu nome passou a ter um peso político grande na AHA.

CAPÍTULO IV

Doenças, vitaminas e outros componentes do corpo

Vitamina D

A vitamina D é um hormônio esteróide de fundamental importância para a manutenção dos níveis normais de cálcio e fósforo, necessários para a mineralização dos ossos, a contração dos músculos, a condução nervosa e a função celular geral.

Seu aporte acontece de duas formas:

ALIMENTAÇÃO — a vitamina D é encontrada principalmente em peixes gordos, como sardinha e salmão (de preferência selvagem, já que o criado em cativeiro apresenta apenas 10%–25% do conteúdo de vitamina D encontrado no selvagem), gema de ovo, óleo de fígado de bacalhau, fígado e outras vísceras.

EXPOSIÇÃO À LUZ SOLAR — 15–20 min, entre 10h e 15h, SEM filtro solar.

Após ser absorvida pelo organismo e sintetizada na pele, a vitamina D é ativada em duas etapas de hidroxilação. A primeira no fígado, onde se transforma em 25(oh)D3 (forma inativa e circulante), e a segunda nos rins formando 1,25(oh)2D3 (forma ativa).

A concentração de 25(oh)D3 no plasma é o melhor indicador do estado nutricional desta vitamina, já que assim é possível relacionar a fonte alimentar à sua síntese endógena.

A deficiência de vitamina D ocorre quando as concentrações são inferiores a 20ng/ml.

A ingestão total e diária ou a suplementação (quando necessária) deve ser orientada pelo médico e/ou nutricionista. Vale lembrar que é importante que se faça o uso junto a uma refeição com fonte de gordura, já que se trata de uma vitamina lipossolúvel.

Para saber mais sobre o assunto, recomendo o *site* vitamindcouncil. org, onde se encontram inúmeras informações baseadas em evidências!

Ferritina baixa, o que fazer?

O ferro é um mineral essencial para inúmeras funções em nosso organismo.

1. Ele participa da composição da hemoglobina, atuando no transporte de oxigênio do corpo;

2. É importante para a saúde de tecidos como unhas, cabelos, células e pele;

3. É fundamental na saúde da tireóide, pois atua na conversão do T4 em T3, que é o hormônio ativo.

E como saber se há deficiência dele no organismo? Através de sintomas como cansaço, falta de ar, falta de concentração ou cabelos e unhas quebradiços.

Um bom marcador sangüíneo para avaliar os estoques de ferro no corpo é o exame de ferritina. Embora os valores de referência variem bastante, sabemos que valores ideais giram em torno de 40 e 80 ng/ml, dependendo do caso.

QUAIS SÃO OS ALIMENTOS RICOS EM FERRO?

Carne vermelha;
Vegetais verde-escuros, como brócolis, espinafre e couve;
Leguminosas, como grão-de-bico, lentilha, ervilha e feijão;
Algas, como kombu, wakame e spirulina;
Cereais integrais, como aveia e quinoa;
Sementes de gergelim e abóbora;
Tofu, missô;
Salsinha, ora-pro-nóbis.

O QUE FAZER PARA AUMENTAR A ABSORÇÃO DE FERRO?

Procurar ingerir frutas ricas em vitamina C (limão, laranja, kiwi etc.) juntamente com os alimentos ricos em ferro, pois assim há um aumento da absorção. Por exemplo, pode-se consumir um limão espremido na salada.

Evitar ingerir derivados do leite junto com as refeições principais, pois o cálcio diminui a absorção do ferro. Deve-se evitar, por exemplo, o queijo nas refeições principais.

Evitar o consumo de café e chás juntamente com alimentos ricos em ferro, pois reduzem a sua absorção.

Evitar o uso regular de remédios antiácidos, pois eles reduzem o pH do estômago, atrapalhando a absorção do ferro.

Outras razões que podem afetar a absorção do ferro são: disbiose intestinal, parasitas, má digestão, alterações hormonais que aumentam o volume menstrual e intoxicações metálicas.

Converse com seu nutricionista para que seus exames e sintomas sejam analisados e para que assim a estratégia ideal seja definida.

Talvez seja necessário suplementar, mas isso deve ser feito sob orientação profissional, uma vez que ferro em excesso também não é bom!

Nitritos e nitratos

Você também foge de carnes processadas por medo da presença de nitritos e nitratos em sua composição?

Que alimentos processados não são a melhor opção para a alimentação, está claro, mas não por esse motivo! Numa busca rápida numa base popular (Google) encontrei motivos para fugir destes aditivos. Em 0,29s, letras enormes na minha tela diziam: "eles podem se tornar altamente carcinogênicos". Bom, nossa sorte é que não é no Google que se busca respostas! Em uma pesquisa correta em bases científicas, encontrei aproximadamente 7 mil artigos sobre o tema, selecionei 336 trabalhos e dentre esses filtrei os 14 mais recentes e com metodologia menos questionável. O resultado? Não só é um mito achar que nitritos e nitratos são maléficos à saúde, como há evidências de sua eliminação natural pelo organismo (em oposição à crença popular), de suas propriedades vasodilatadoras (o que melhora a pressão arterial) e da redução do risco de ataque cardíaco, além de benefícios ao sistema imune. Mesmo se houvesse risco no consumo deles, carnes curadas (*bacon*, lingüiça e outros) não seriam fontes significativas (estimativas da USDA apontam entre 10–120 ppm — partes por milhão). Quer saber como a gente se engana? Fugimos de carnes com esses componentes sem saber que os maiores detentores de nitritos e nitratos são, na verdade, os vegetais! Rúcula, manjericão, alface, beterraba e aipo contêm cerca de 300 vezes mais destes dois do que uma salsicha (que seria a campeã desses componentes)! Resumindo: embutidos são boas opções? Não! Sempre prefira comida de verdade, mas não os demonize por conterem nitritos e nitratos! Devemos deixar de consumir os vegetais listados? Não! Apenas entender que se eles são benéficos à saúde mesmo contendo tanto do que se julga "veneno", o julgamento está incorreto!

Convém repetir que não estou de maneira alguma incentivando o consumo de embutidos, mas sim deixando claro que nitritos e nitratos não são o que os torna desaconselháveis! P. S.: Mas não faltam motivos para evitá-los!

Resistência à insulina

Vou explicar a resistência à insulina de um jeito lúdico, simplificando um assunto que na verdade é complexo.

A primeira coisa a se notar é que a opinião geral sobre a insulina mudou de uns tempos para cá, desde que a *low carb* se popularizou. As pessoas tendem a ser extremistas e a mudar de um extremo para outro.

Antes, elas sequer sabiam o que era a insulina e qual a sua função; agora, partiram para o outro extremo, e pensam que a insulina é um hormônio do mal, um vilão, algo que devemos evitar!

Quando vou explicar aos meus pacientes o que é a insulina, costumo dizer que ela é um hormônio maravilhoso, sem o qual morreríamos. A insulina tem várias funções indispensáveis, algumas delas relacionadas à alimentação. Quando comemos, o pâncreas produz a insulina. Se ingerimos carboidratos, a produção é mais alta; mas se ingerimos proteínas, a insulina também aumenta. Com a ingestão de gordura, também ocorre a liberação da insulina, porém num nível bem menor. De modo geral, podemos dizer que, quando comemos, a insulina é liberada pelo pâncreas. Com alguns alimentos essa liberação é maior, com outros é menor, mas não há nenhum que não faça o corpo produzir insulina.

Uma das várias funções da insulina é atuar como hormônio anabólico. É justamente isso que fez as pessoas desenvolverem medo da insulina. É por conta dessa função anabólica que, quando os níveis de insulina no sangue estão altos, o corpo fica mais propício a estocar gordura.

Temos que lembrar que carboidratos são fontes de energia, assim como as proteínas e gorduras que, embora tenham outras funções, também podem servir para produzir energia. Quando comemos carboidratos, eles são digeridos e se transformam em moléculas de glicose. Para que essas moléculas exerçam a sua função de fonte de energia, elas precisam estar dentro das células e não no sangue. A glicemia é justamente um índice da quantidade de glicose no sangue. O ideal é que não haja muita glicose, por isso os valores normais desse índice vão de 75 a 100 (a referência pode mudar um pouco a depender do laboratório). Quando comemos muitos carboidratos e os digerimos, a nossa glicemia se eleva, afinal, os carboidratos se transformam em moléculas de glicose no sangue. A insulina é o hormônio que vai bater lá na porta da nossa célula e dizer "olha, tem um carregamento aqui".

Para esclarecer como a insulina atua no nosso corpo, elaborei um exemplo muito didático, muito maravilhoso. Imagine um cérebro e a sua corrente sangüínea com todas as suas células. Imagine também o seu pâncreas. Quando você come seu pãozinho, seu macarrão, suas frutas, seus legumes, todo alimento que contém carboidrato — ou seja, tudo exceto carne e óleo, azeite, manteiga etc. —, o seu corpo os digere e as moléculas de glicose passam para a corrente sangüínea, para depois entrarem nas células. Nesse momento, o cérebro entende que é hora de mandar um sinal para o pâncreas. Quando esse sinal chega ao pâncreas, ele diz: "Beleza! O pessoal está querendo entrar e eu vou ajudar!". O que ele faz então? Ele secreta a tal da insulina. A insulina vai conversar com uns carinhas, os tais GLUT 4. Quem seriam eles? O GLUT 4 é uma proteína transportadora sensível à insulina, ou seja, ela é responsável por transportar a glicose para dentro da célula. É então que a insulina vai lá e conversa com os GLUT 4: "Escuta, vocês poderiam deixar a glicose entrar?". A idéia é que, uma vez que a insulina fez essa sinalização, as moléculas de glicose então passem para dentro das células.

Quando isso acontece, está tudo muito lindo, tudo muito bom! Mas alguma coisa pode dar errado. Vamos falar agora sobre a resistência à insulina. Para explicar o que é a resistência à insulina, vou fazer uma analogia. Vou chamar cada um desses personagens (cérebro, pâncreas, corrente sangüínea e GLUT 4) de algo que facilite a compreensão. Imagine que o cérebro é o dono de um restaurante. Esse restaurante é o seu organismo e as células são as mesas do restaurante. As moléculas de glicose são os clientes e a insulina é a recepcionista que leva os clientes até a mesa.

Acontece que o dono mora em cima do restaurante e nunca visita o andar de baixo, só fica olhando lá de cima. A rua, que na nossa analogia representa a corrente sangüínea, está enchendo de clientes. O dono do restaurante, que não quer nem saber como está a galera que trabalha lá, só olha pela janela e diz: "Caramba, está cheio de cliente na rua. Por que eles não estão se sentando?". Porém ele não se dá conta de que os clientes não estão entrando porque não tem mais mesas disponíveis. É por isso que eles estão se acumulando na rua. Mas, como ele não visita o interior do estabelecimento, ao ver esse acúmulo de clientes ele pensa: "Essa recepcionista [a insulina] é uma incompetente!". E o que ele faz para resolver o problema? Ele contrata mais recepcionistas em vez de comprar mais mesas. Ou seja, ele aumenta a produção de insulina.

A resistência à insulina é o seguinte: depois de o GLUT 4, que é um funcionário infeliz, ter recebido muito mais trabalho do que correspondia à sua função, ele diz: "Quer saber? Dane-se!". Então ele pára de ouvir o que lhe dizem, cria resistência às ordens da recepcionista e não coloca mais ninguém para sentar. O dono do restaurante (cérebro), que não vê o que está acontecendo, só contrata mais recepcionistas (isto é, manda o pâncreas produzir mais insulina). Então esse sinal do cérebro continua vindo, o dono continua falando: "O pessoal está na rua! Bota eles para sentar!". O que o cérebro não entende é que o problema não é a falta de insulina, e segue produzindo mais. E o que isso gera? Gera um aumento dos níveis de insulina no sangue. Por isso, quando se mede (com um exame de sangue) a insulina basal do paciente, que está em jejum, ela está altíssima. E quando ele come ela fica ainda mais alta.

Para entender as conseqüências disso precisamos conhecer as outras funções da insulina. Em primeiro lugar, vale ressaltar que tudo no nosso corpo funciona em níveis fisiológicos normais. Qualquer coisa que se eleve demais é ruim, porque pode transformar uma função importante num pesadelo. No caso da insulina, ela é um hormônio anabólico — o que foi muito útil para a sobrevivência da humanidade no passado, pois é isso que nos permite armazenar calorias e energia. O problema ocorre quando ela se eleva demais e vira um pesadelo. Isso se tornou relativamente comum porque hoje em dia a gente come uma quantidade de comida maluca! As pessoas têm uma noção bizarra do quanto precisam comer, então superestimam quantidades. Elas estão sempre preocupadas, pensando: "Mas não vai faltar? Não é pouco?".

Preste atenção na quantidade de comida que se come por dia e no nível de atividade que se pratica! O pessoal viaja, achando que precisa de umas quantidades absurdas de comida. E além disso, escolhe mal os alimentos, consumindo industrializados, farináceos, doces — tudo que é lotado de carboidratos do pior tipo possível.

Dito isso, precisamos enfatizar também que o grande problema não são os carboidratos. Contanto que se coma uma quantidade normal, correspondente às suas necessidades, não há problema; o carboidrato pode vir da banana, da mandioca, ou de qualquer outra fonte. Isso não será um problema se você não tiver um quadro estabelecido de resistência à insulina. Porém, se o quadro já está instalado, mesmo fontes muito saudáveis de carboidratos devem ser reduzidas durante o tratamento, porque, como eu já mencionei, a insulina tem outras funções. Por exemplo, a retenção de água e sódio nos rins é uma função da insulina. O estímulo da síntese de triglicerídeos também é função da insulina, assim como o estímulo da conversão de glicose em gordura no fígado. Facilitar o processo de lipogênese (lipo = gordura, gênese = criação), isto é, de criação de tecido gorduroso, é mais uma função da insulina. Além de todas essas funções, a insulina também atua impedindo e dificultando a quebra de tecido gorduroso.

É comum, quando encontramos um quadro de resistência à insulina, observar um mesmo padrão: normalmente, a pessoa tem um alto consumo de carboidratos. Como se define o que seria um alto consumo? De novo, isso é individual! Tem gente para quem um alto consumo vai ser cerca de 50 gramas de carboidratos por dia. Outros podem consumir 250 gramas de carboidratos em um dia. Isso é assunto para o nutricionista. Você não precisa se preocupar com isso. O que você precisa fazer é identificar se há um problema, pedindo para o seu médico solicitar exames que avaliem a resistência à insulina. Se você tiver resistência à insulina, normalmente apresentará outros problemas correlatos, como um começo de esteatose — isto é, gordura no fígado —, triglicerídeos aumentados, pressão elevada, gordura visceral excessiva, circunferência abdominal aumentada, obesidade, sobrepeso etc.

Tem quem me pergunte: "Olha, pedi meu exame, estou olhando aqui agora, quanto que tem que dar?". Veja bem, o diagnóstico de resistência à insulina, de síndrome metabólica, de diabetes, não é algo que se faz apenas olhando um número no resultado do exame. Quem deve dar o diagnóstico é um médico. É ele quem vai cruzar informações, afinal, um único exame não diz muita coisa. Às vezes, a pessoa faz um exame de insulina depois de se acabar de comer biscoito no dia anterior; isso altera o resultado. Por isso, não basta um único exame, um único número, uma única coisa para fechar um diagnóstico. O médico vai olhar para várias coisas. Porém, em termos de valores de insulina, normalmente qualquer valor maior do que 10 requer muita atenção.

Às vezes, os profissionais de saúde que não estudam esse assunto cometem um erro crasso: eles olham apenas o valor da glicemia e constatam que está normal, mas quando verificamos o valor da insulina, que muitas vezes nem é solicitado, percebemos que está elevado, algo em torno de 22, por exemplo. E o que é pior, às vezes, o valor da insulina está em 22, mas isso se encontra dentro do valor de referência do laboratório (que na maioria das vezes é ridículo). É por isso que um exame de glicemia padrão pode mascarar um pâncreas que está se matando, se esgoelando, para deixar a glicemia normal.

A vantagem do exame bioquímico é que ele nos permite encontrar um quadro que ainda não está instalado. O tempo todo vejo casos de pacientes que têm uma insulina de 16, uma glicemia de 99 e uma hemoglobina glicada de 5,2, e que dizem: "Meu médico disse que não tem nada errado". Mas está tudo a um passo de ficar ruim! Por que não começar a cuidar? Não precisa esperar o problema estar com o comprovante de residência, muito bem localizado, alocado e estabelecido para começar o tratamento!

O tratamento da resistência à insulina é uma dieta baixa em carboidrato. É justamente para essas pessoas com resistência à insulina que a *low carb* é tão interessante. Ele não só é uma das estratégias, mas é a melhor estratégia. Isso é algo que não está mais em discussão; existem comprovações aos montes na literatura. Não se fazem mais estudos para saber se o cigarro faz mal para o pulmão. Assim como não se fazem mais estudos para decidir qual é a melhor dieta para tratar a resistência à insulina. É evidente que a melhor opção é uma dieta que reduza a quantidade do macronutriente principal para a sinalização desse hormônio, que está em excesso.

Se você tiver resistência à insulina, o seu médico irá lhe prescrever algum remédio. Nesse caso, não seja umas daquelas pessoas que tomava remédio para tudo e agora passou para outro extremo: não quer tomar para nada. O remédio em si não é o problema. O problema é aplicar o mesmo remédio em absolutamente todo mundo. Se você tem um problema, uma resistência à insulina ou uma hiperinsulinemia, o remédio vai salvar a sua vida, ele é muito importante! Então ouça seu médico. Mas entenda que o remédio sozinho não vai fazer verão, mas não vai mesmo! Se você não cuidar da dieta ele não vai funcionar. Você pode até agüentar mais uns anos, mas é igual a quando o mecânico arruma o seu carro e fala: "Não está resolvido, ele agüenta mais um tempo, mas não está resolvido". É isso que acontece quando a pessoa só lança mão do remédio. O certo é tomar o remédio e usar como base a dieta!

Limpeza do fígado

A bola da vez é a tal da limpeza hepática. Segundo os entusiastas da tal "faxina", se o fígado, órgão essencial, não funciona perfeitamente, a saúde fica comprometida (até aqui concordamos). Portanto, seria importante realizar um processo de limpeza desse órgão (e bem aqui, discordamos).

Quem defende a prática, orienta que se faça uma preparação de alguns dias, em que a pessoa deve consumir aproximadamente 1 litro de suco de maçã diariamente a fim de auxiliar a expansão dos ductos biliares.

Depois começam as etapas de ingestão de suco de limão e laranja com azeite de oliva, intercalados com o uso de sal amargo (sulfato de magnésio), um poderoso laxante.

Quem faz o teste comprova: em algumas horas começa a eliminação de estruturas semi-sólidas esverdeadas (pedras) que prometem ser cálculos indesejáveis que estavam "habitando" o fígado e a vesícula.

Recebi de uma pessoa muito próxima o relato e uma foto. Realmente, mesmo o mais cético ficaria intrigado ao ver as fotos! Mas vamos à explicação. Expelir pedras ou cálculos da vesícula ou dos rins é uma das experiências mais dolorosas pelas quais uma pessoa pode passar. Só quem já sentiu as violentas cólicas do processo sabe da impossibilidade de vivê-lo sem poderosos analgésicos. Só isso já deveria bastar para concluir que não houve "expulsão" de pedras da vesícula ou dos rins. Mas, para não restar dúvida, sigamos pelo caminho mais seguro: a ciência. Se você é da área ou se interessa pelo assunto, confira o artigo publicado na renomada *The Lancet* chamado "Could these be gallstones?" [Podem ser cálculos biliares?]. Se você prefere uma versão mais mastigada, continue lendo!

Pois bem, o caso não é novo! Em abril de 2005 a mesma revista científica *The Lancet* publicou um caso semelhante: após passar pelo processo de preparação para a tal limpeza e então pelo protocolo em si, uma mulher expeliu uma série de pedras esverdeadas. Quando os pesquisadores examinaram-nas no microscópio, observaram o que lhes permitiu comprovar que a tal "limpeza do fígado" não passava de um mito. As pedras não possuíam estrutura cristalina e derretiam quando submetidas a uma temperatura de 40 graus, formando um líquido verde oleoso. Elas não apresentavam colesterol, bilirrubina ou cálcio (componentes das pedras vesiculares), mas continham ácidos graxos, que representavam 75% do material original: que era AZEITE! (material original = ácido oléico).

Portanto, meu jovem, se você foi um dos que passou pelo processo de "limpeza do fígado" e ficou crente de que havia eliminado impurezas do órgão mais extraordinário, sinto informá-lo: você foi enganado!

Agora vou contar por que você "mereceu". Em primeiro lugar, eu já falei milhares de vezes que não é para ficar fazendo firula sem nem saber de onde ela vem! Em saúde fazemos apenas (única e exclusivamente) o que é corroborado por um vasto corpo de evidências científicas! E vale lembrar que as seguintes não são evidências científicas válidas:

1. *Post* de *blog*;
2. *Post* de *site*;
3. *Post* de Instagram;
4. Vídeo no YouTube;
5. Documentário do Netflix;
6. "Minha amiga disse";
7. "Um médico que atua na área do dr. Fulano, falou".

Em segundo lugar, quando você fala do seu fígado, você sabe de quem está falando? Eu te conto: seu fígado é um dos principais motivos de você estar de pé! Você vive achando que o coração e o cérebro são tudo o que importa, mas não faz idéia de que o tal do fígado é que é o cara!

Separei algumas coisinhas que ele faz, só para você ter uma idéia e me dizer se se trata de um órgão que precisa da ajuda de limão e sal-amargo de um cara que passa a vida se empanturrando de coxinha...

Uma das funções do fígado é a secreção da bile. A bile, meu jovem, é o motivo de você poder se deliciar com o que há de mais palatável na alimentação: a gordura!

Sabe aquela gordura gostosa da picanha? O sabor maravilhoso de um bom azeite de oliva? Pois bem, é graças à bile, produzida no fígado, concentrada na vesícula e posteriormente direcionada ao intestino, que você pode aproveitá-los!

Ela age como um "detergente", auxiliando a dissolução e possibilitando o aproveitamento das gorduras que, além de saborosas, são essenciais ao funcionamento do organismo.

E por falar em gordura... seu lindo fígado que é o responsável pela produção do colesterol. E não é pouca coisa não, imagine você: mais da metade de todo o seu colesterol provém da produção endógena, ou seja, é "feito em casa".

O colesterol, você se lembra, é aquele amigo condenado injustamente por tantas atrocidades, mas que na verdade é um dos principais motivos de estarmos vivos, já que além de ser um dos principais componentes da estrutura de nossas células, ele também é indispensável na síntese de vitaminas e hormônios sexuais (testosterona e estrogênio).

O fígado também é responsável pelo armazenamento de glicose. É como se ele fosse uma poupança de onde você poderá sacar aquele dinheirinho que guardou para uma emergência, sabe? Nessa analogia, o dinheiro é a glicose e a "emergência" são as várias horas sem comer.

Além disso, o fígado ainda tem a tarefa de produzir proteínas essenciais envolvidas em processos osmóticos e oncóticos. Além daquelas relacionadas à coagulação sangüínea.

Quer mais? Ele também tem a função de filtrar microrganismos e transformar amônia em uréia (sem isso teríamos sérias alterações neuropsíquicas e poderíamos entrar em coma).

Não, não acabei! A função mais incrível, mais maravilhosa, mais supimpa, mais do balacobaco que ele poderia ter é... a função *detox*!

Sabe por que essa função é a mais desejada do momento? Porque o pessoal fica tentando ensinar/ajudar o fígado a fazê-la, enquanto essa é justamente a função dele!

Quando você manda para dentro uma porrada de açúcar, quilos de farinha, ou bebe mais que um Opala 84, é o fígado que lida com a bagunça! Ele tem a capacidade de transformar porcarias e drogas em substâncias não ativas, o que permite que elas sejam excretadas pelo organismo.

É por isso que, se eu fosse o tal do fígado e você me viesse com papo de "vou fazer um *detox*", "vou fazer uma limpeza...", eu ficaria muito bravo!

Quer fazer *detox*? Tenha um fígado! Quer fazer limpeza no organismo? Tenha um fígado! Pronto! Está feito!

E se você quiser ajudar mesmo, não faça algo uma vez a cada trocentos dias, mas sim todos os dias: coma menos açúcar, coma menos farinhas, beba menos, não use drogas, e pelo amor de qualquer coisa: simplicidade! Comida de verdade, água limpa e sono de qualidade! Obrigada!

Esteatose hepática

Recebo mensagens de pessoas diagnosticadas com esteatose que afirmam terem sido orientadas a cortar gorduras da alimentação. Imagino a linha de raciocínio: "o consumo de gordura é a causa de seu acúmulo no fígado, logo você deve cortar gorduras". O problema deste raciocínio é não ser baseado em evidências científicas.

A literatura é unânime em afirmar (coisa rara na ciência) que o que causa — ou acentua — o quadro de esteatose hepática não-alcoólica é a conversão do excesso de glicose (molécula final dos açúcares e carboidratos) em triglicerídeos (gordura) no fígado. Também é comprovado que quanto mais proteína e menos carboidrato se consome, menos casos de esteatose ocorrem.

Existem estudos clássicos em modelos animais que mostram uma reversão completa de quadros de esteatose com uma dieta baixa em carboidratos. Há também estudos em humanos (esses são os que levamos em conta) que comprovam a eficácia dessa abordagem! Existe até um estudo em que há indução de esteatose hepática em (pasme) apenas 7 dias com excesso de sacarose (que é açúcar e não gordura)! Nesses estudos, observou-se que o único tipo de gordura que promove a indução da esteatose são os óleos vegetais poliinsaturados (associados ao causador principal, o açúcar), isto é, óleo de soja, milho, girassol etc., (e não manteiga, queijo e ovos).

Saindo do campo da literatura científica, há inúmeros casos clínicos (meus inclusive) de pacientes com regressão total da esteatose em pouco tempo, apenas com uma alimentação baixa em carboidratos e sem uso de medicação.

Grave isso: o que faz mal ao fígado é o excesso de carboidratos, principalmente da sacarose (glicose + frutose). É o açúcar, aquele contido em muito mais da metade de todos os industrializados (até no molho de tomate tem!). "Poxa, então não vamos comer mais nada? Nada pode?". Cesse o drama, jovem! Comida de verdade, aquela que sua bisavó sempre comeu, não causa mal ao corpo, a órgão algum e pode ser consumida sem problemas! Para variar o que funciona é o de sempre: legumes, verduras, frutas, oleaginosas, azeite de oliva, queijos, carnes e ovos!

Esteatose hepática e *low carb*

Volta e meia alguém me pergunta se comer uma dieta baixa em carboidratos e rica em gorduras pode ser perigoso para quem tem "gordura no fígado", isto é, esteatose hepática. A resposta é simples: claro que não! O erro está em pensar que a gordura que se acumula no fígado é aquela ingerida dos alimentos (ovos, carnes bovina e suína, aves, azeite, coco, manteiga, banha de porco etc.). Já expliquei outras vezes que o metabolismo das gorduras não é tão simplório assim, não é "comeu gordura, ela vai parar no fígado, no coração, nas artérias"! Quem afirma uma coisa dessas não tem base bioquímica e fisiológica alguma! A única forma de induzir esteatose em seres humanos é com o incremento do consumo de frutose. O problema então são as frutas? Claro que não! O consumo de frutose que é realmente prejudicial é o do açúcar (sacarose: que é composta de glicose + frutose). Existem estudos que provam uma indução assustadoramente rápida de esteatose em voluntários em dietas ricas em frutose! Por isso não faz sentido algum tratar um caso de esteatose com uma alimentação de baixa quantidade de gorduras! A esteatose é tratada eliminando as fontes não naturais de frutose e os industrializados ricos nesse tipo de açúcar: biscoitos, pães, barras, molhos, refrigerantes, e todo resto dos "pacotinhos", "caixinhas" e "potinhos". A saída mais uma vez é simples: comida de verdade e o mínimo possível de industrializados!

Intestino

Quem já se consultou comigo ou já assistiu a alguma de minhas palestras, já me ouviu falar da importância de ficar de cócoras para fazer o número 1 e o número 2. Se a gente ficasse de cócoras para fazer o número 1 e o número 2, muitos dos problemas de constipação e das dificuldades do parto natural seriam resolvidos.

Mas se você, como eu, não tem o banheiro para usar de cócoras em casa, o que fazer? Você vai colocar o lixinho embaixo do pé quando estiver sentado no vaso. Apesar de não ficarmos completamente de cócoras desse jeito, pelo menos o ângulo é mais próximo ao de cócoras do que quando sentamos retinhos no vaso.

Quando sentamos desse jeito na hora de evacuar, comprimimos o intestino e projetamos o ânus, o que facilita a evacuação. Muita gente tem constipação justamente por causa da posição. Se você tentar evacuar deitado de bruços, você vai conseguir? Não! Não é porque você é constipado, é porque está numa posição nada favorável para isso; sentar-se retinho também não é favorável.

Então, da próxima vez que você for ao banheiro, coloque o lixinho do banheiro embaixo do pé e levanta as perninhas — você vai ver como é mais fácil e depois não vai conseguir mais fazer sem o lixinho.

Uma coisa que a gente tem de esclarecer sobre esse assunto é exatamente o que estamos chamando de constipação. Porque tem muita gente que acha que é constipada, mas não é! Constipação é ter vontade de evacuar e não conseguir, é sentir dor, ter dificuldade e sangramento, isso é estar constipado. Quando a barriga fica mais alta, dura, você fica enfezado sabe? Isso é constipação. Agora, não ir ao banheiro todos os dias, não necessariamente é constipação.

É muito importante deixar isso claro, principalmente porque quando as pessoas param de comer cinco vezes ao dia sem fome, e passam a comer só com fome, elas acabam comendo menos e, obviamente, também evacuam menos. Quando isso acontece, às vezes a pessoa pensa que ficou constipada porque não está indo ao banheiro todos os dias. Porém você não precisa ir ao banheiro todo dia, você precisa ir ao banheiro sempre sem dificuldade. O que tem que acontecer é: "senti vontade, fui ao banheiro, sentei, fiz, acabou!".

Então, se você sente vontade de evacuar dia sim, dia não — ou eventualmente num espaço de tempo maior —, mas quando sente vontade você vai sem dificuldade, sem dor e, se nos dias em que não vai, as fezes não ficam empedradas e você não fica enfezado ou dolorido, então está tudo bem!

Outra coisa, tira essa pressão maluca de precisar ir todo dia na mesma hora, porque as pessoas acham bonito falar: "Ai, eu vou todo dia na mesma hora, eu sou um reloginho". Não tem isso, você não precisa ir todo dia na mesma hora. O importante é não ter dificuldade. Tem que ir toda vez que tiver vontade e, no dia em que não for, não ficar empedrada, enfezada.

Partindo desses princípios, vamos falar de constipação de verdade, que é o quadro daquela pessoa que quando vai é duro, sangra, dói, que morre de vontade e não consegue evacuar. Essa pessoa tem que cuidar de 4 coisas:

INGESTÃO DE ÁGUA — para que suas fezes fiquem formadas e saiam de você com facilidade elas têm que estar hidratadas e, para isso, você precisa tomar água. Se você não tomar água o bastante e comer um monte de fibras, seu intestino vai travar mais ainda. Por isso, se você tem o intestino meio dificultoso, preste muita atenção na quantidade de água e aumente-a para ver se assim você melhora. Quando eu digo que se deve tomar água conforme a sede, tem quem me responda: "Eu não tenho sede, meu corpo não pede água". Mas a pessoa é constipada; o corpo dela pede água sim, ela que não sabe reconhecer a sede. É a mesma coisa da pessoa que está com a pele seca, a unha e o cabelo fraco e diz: "Meu corpo não pede água". Pede sim, é você que não sabe reconhecer a sede. Por isso, a ingestão de água é o número 1.

INGESTÃO DE FIBRAS — a ingestão de fibras é o problema mais comum, principalmente quando a pessoa começou a fazer uma dieta mais baixa em carboidratos. Quando ela pára de comer arroz, pão e macarrão, ela esquece que não deveria substituir esses alimentos por carne e queijo, mas sim por vegetais. A base de uma dieta *low carb* são os vegetais, não é carne e queijo. O negócio é: tem que consumir vegetais em todas as refeições. Não se deve comer legumes e verduras só na hora do almoço e do jantar, mas sim o dia todo. É para comer fruta. Sempre que alguém me pergunta: "Comecei a fazer *low carb* e meu intestino ficou preguiçoso, é por causa da *low carb*?", eu respondo: "Olha, se você estiver fazendo uma *low carb* bem feita, não tem chance de isso acontecer. Porque uma *low carb* bem feita baseia-se em vegetais". Agora, se a pessoa vai fazer *low carb* e só come queijo, carne, oleaginosas e creme de leite, é óbvio que o intestino vai sofrer com isso.

PRÓ E PREBIÓTICOS — O que são probióticos? Pró significa a favor, é o que faz acontecer. E *bios* é vida. Então probióticos são aqueles alimentos que ajudam a vida que tem dentro de você, do seu intestino. São os bichinhos, os microrganismos que povoam o nosso intestino. Muita gente tem deficiência de probióticos, seja porque usou muito antibiótico, seja porque come mal, seja porque não repõe. O negócio é: probióticos precisam ser repostos! Você pode repô-los usando kefir, kombucha ou manipulados. Cada nutricionista tem um jeito de prescrever probióticos. Quais tipos de cultura, quantos milhões de cultura, tudo isso depende de quem está prescrevendo. Por isso não posso especificar aqui, porque para cada paciente isso muda. O lance é: se você não for passar pela nutricionista, faça essa reposição com kombucha, com kefir, da forma que você conseguir. Quanto aos prebióticos, estes são as fibras, mas em forma isolada, por exemplo: focus, FOS [Frutooligossacarídeos], pectina, *psyllium*. Todos esses são prebióticos e vão ajudar o trânsito intestinal. Então, se você já está tomando água e comendo fibras direitinho, pode ser a hora de repor probióticos e tomar prebióticos.

BIOMECÂNICA DA EVACUAÇÃO — nós, como seres humanos, fomos feitos para evacuar de cócoras, porque assim se comprimem os intestinos, projeta-se o ânus e a evacuação é facilitada. Só que passamos a evacuar sentados. Como não podemos mais ficar de cócoras, precisamos achar uma solução — o banquinho nos pés —, porque, ao se colocar um banquinho embaixo dos pés, pelo menos nos aproximamos um pouco mais daquilo que é o ideal. Por isso, você vai colocar o lixinho embaixo dos pés e erguer um pouco as pernas, o que melhora o ângulo. Da próxima vez que for ao banheiro, você vai se lembrar de mim e vai colocar o lixinho embaixo do pé. Pode confiar: vai ser muito melhor.

Compulsão alimentar

Assunto vasto e cheio de confusões! Mas vamos tentar esclarecer alguns pontos importantes. Em primeiro lugar, entenda exatamente o que é: o transtorno de compulsão alimentar é uma condição psiquiátrica caracterizada principalmente por episódios em que o sujeito come grandes quantidades mesmo sem fome, sem controle aparente, apresentando, em seguida, arrependimento por ter comido (não necessariamente é seguido de métodos purgativos — isso se encaixa em outra categoria).

Algumas características comuns dos portadores do transtorno são: comer até sentir-se desconfortável; esconder comida preparando-se para o episódio; esconder embalagens vazias por vergonha e medo da reprovação; comer constantemente enquanto há comida disponível; ausência de controle sobre o parar; sentir-se envergonhado e culpado após o episódio; expressar repugnância à própria forma física; baixa auto-estima.

A primeira coisa que precisa cessar é a banalização do termo! Se você comeu duas barras de chocolate ontem, não necessariamente você é portador do transtorno. Quando falamos de compulsão, estamos falando da repetição de um impulso, não de casos isolados e seletivos.

Normalmente a pessoa com transtorno alimentar perde parte da seletividade; ela não come apenas o que acha gostoso, mesmo porque, no episódio voraz, muitas vezes nem há tempo de apreciar o sabor. Por isso é importante diferenciar a compulsão alimentar da ansiedade e de episódios isolados.

É preciso enfatizar que dieta (seja ela qual for), jejum intermitente (que não deve ser feito sem acompanhamento), ou qualquer tipo de restrição alimentar feita por períodos longos ou curtos não causa compulsão alimentar. Repita comigo: dieta não causa compulsão alimentar.

Isso porque compulsão alimentar não é um problema de cunho nutricional, mas sim psiquiátrico/psicológico. Ele é caracterizado pela repetição do comportamento impulsivo ao comer, ou ao comprar, ou ao uso de drogas, prática sexual, de exercícios físicos (basicamente, atos de prazer momentâneo). A compulsão faz com que o sujeito perca o controle sobre a ação buscando e repetindo o impulso de forma prejudicial.

É de suma importância entender que muitas vezes (exceto no caso de drogas e crimes) o ato em si não é prejudicial! O que o torna um pesadelo é o modo como é administrado pelo portador do transtorno, por exemplo: fazer sexo, comprar uma bolsa ou fazer uma dieta não são ruins à saúde mental, o problema está no transtorno!

A dieta, o jejum, a promoção da loja, o ato sexual, podem sim ser o gatilho que desencadeia esse transtorno, mas em momento algum causam o transtorno em si! Dizer que fazer dieta causa transtorno alimentar é o mesmo que dizer que lavar as mãos várias vezes ao dia causa transtorno obsessivo-compulsivo (TOC).

É importante que isso fique esclarecido porque vivemos em um tempo em que muitos que se levantam em prol da causa (o que é maravilhoso) o fazem de maneira deturpada. Tentar calar nutricionistas que escrevem ou falam sobre estratégias nutricionais não é a forma mais inteligente de proteger aqueles que apresentam a tendência ao transtorno. O modo mais eficiente de ajudar é conscientizar sobre o problema e ensinar onde encontrar ajuda.

Quando um profissional da saúde deixa de dar informações porque algumas das pessoas que as receberão poderão usá-las de forma distorcida, ele também impede que aqueles que seriam beneficiados tenham acesso a essas informações! É como se deixássemos de publicar promoções de sapatos, para não prejudicar o compulsivo por compras, ou deixar de postar fotos de biquíni, para não despertar um compulsivo por sexo.

Dentre as confusões que circundam o assunto, a mais perigosa é onde buscar ajuda. Entenda: não existe alimento que ajude na compulsão alimentar. Não existe "dica" para conter a compulsão. O que PRECISA ser feito o mais rápido possível é o diagnóstico e o tratamento apropriados!

E quem faz isso não é o nutricionista, nem o profissional de educação física e nem o *coach*! O portador de um distúrbio psicológico/psiquiátrico precisa de um psicólogo e um psiquiatra!

O trabalho do nutricionista neste caso é não atrapalhar o tratamento. Por exemplo: é um tiro no pé prescrever, a uma pessoa ansiosa e compulsiva, uma estratégia que exija olhar o relógio o tempo todo a fim de saber a hora de comer! Uma alimentação rica em carboidratos, que provoca oscilações constantes de glicemia, confundindo os sinais de fome e saciedade, também é um erro tremendo!

Dietas excessivamente restritivas e com regras absurdas só pioram o quadro!

O trabalho do nutricionista neste caso é ajudar o paciente a reconhecer a fome e a saciedade, sinais claros do organismo, mas que normalmente são ignorados por esses pacientes. Também cabe ao nutricionista orientá-lo acerca das melhores escolhas (alimentos naturais) e, principalmente, ensiná-lo a não ter pensamentos fatalistas relativos aos "erros" e "imprevistos" no plano alimentar.

Se você desconfia que é portador de um transtorno alimentar, procure ajuda — principalmente um bom psicólogo!

Terror alimentar

Para ter resultado não podemos abrir exceção. Mas isso não pode gerar um certo terror na hora de se alimentar? Em primeiro lugar, como sempre digo: a exceção justifica a regra! Mas, sempre acrescento: algo que acontece sempre não é exceção! "Mas, Lara, quantas vezes seria considerado exceção no meu caso?". Não sei! Para responder isso é preciso avaliar idade, sexo, objetivo, exames, rotina pregressa, histórico, nível de atividade física etc.

É importante saber diferenciar transtorno alimentar de disciplina. Como diferenciar os dois? Um é doença, e o outro é um comportamento. Qual a diferença?

Comportamento	Doença
Há a escolha do sujeito sobre a ação a ser tomada	Não há escolha, a ação a ser tomada surge como uma imposição
Quando a ação não é realizada, não há sofrimento	Quando a ação não é realizada, há pânico, medo, sentimento de culpa e sofrimento
O objetivo está claro ao sujeito, o que facilita o entendimento das restrições momentâneas	O objetivo nem sempre está claro ao sujeito, o que dificulta a percepção e gera restrições contínuas
É possível simplesmente parar o comportamento	Não é possível simplesmente parar o comportamento
Não necessita tratamento	Necessita tratamento

Consegue perceber a diferença? Excetuando o óbvio, que já esclareci no começo (que não se trata de não abrir exceções, mas sim de não fazer delas a regra), consegue ver o que muitas pessoas acabam por fazer? Elas confundem disciplina com transtorno psicológico. Isso inclusive lhes cai bem, já que dessa forma podem justificar um comportamento indisciplinado com uma suposta preocupação de não ser "doente". Mas a verdade é que, para ter bons resultados, as coisas são mais simples (porém simples não significa fácil).

Quando um atleta está em sua preparação, é freqüente que lance mão de um treinamento exaustivo e uma dieta rigorosa. Isso não torna essa pessoa doente, certo? Torna-a um caso clássico de alguém exercendo a disciplina em favor de um objetivo claro.

Tanto um concurseiro, quanto uma mãe ou um atleta podem ultrapassar a linha entre a disciplina e a doença e, assim, desenvolver um transtorno psicológico. Porém, quando isso acontece, a disciplina não é a causa do transtorno, mas sim um sintoma. Transtornos psicológicos/psiquiátricos costumam se manifestar em comportamentos que, para pessoas não doentes, não caracterizam um problema! Por exemplo, ter o hábito de lavar as mãos várias vezes ao dia não caracteriza uma doença, mas, em alguns casos de transtorno obsessivo compulsivo, esse é um dos principais sintomas.

Ser disciplinado ao lavar as mãos sempre que tocar em algo sujo ou antes das refeições não vai causar o TOC. Assim como ser concurseiro, mãe ou atleta não vai causar o transtorno psicológico.

Voltando à pergunta que originou tudo isso, o que gera "terror alimentar" ou qualquer outro transtorno do tipo não é "abrir exceções" (até porque isso nem é necessário), a causa real precisa ser investigada e diagnosticada por um psicólogo e/ou psiquiatra, uma vez que o sintoma é apenas uma manifestação externa da causa.

Assim como tratar apenas a febre (sintoma) não cura a infecção (causa), dizer para alguém que tem um transtorno psicológico (causa) que ele pode comer de tudo e não ter "terror alimentar" (sintoma) não trata o real problema, apenas o mascara!

Ele pode até sair daquele "lugar", mas vai se manifestar em outro (já que a causa não foi tratada). "Mas, Lara, qual a causa?". Não faço idéia! Esse é justamente o trabalho do psicólogo e/ou psiquiatra: descobrir se a causa é um trauma, uma dor, uma situação mal resolvida, um pensamento limitante ou seja lá o que for, e conduzir o devido tratamento.

Meu colesterol está alto e agora?

Minha avó nunca abriu exames em casa! Dizia ela: "Não vou saber interpretar o que diz aí e ainda posso acabar me assustando por nada". Ela não podia estar mais certa! O exame é seu, você pode fazer com ele o que quiser, só não vale abri-lo em casa, comparar os resultados com os números que vêm ao lado (valores de referência) e se desesperar!

Há muitos motivos para termos estudado tantos anos (e não apenas ter lido meia dúzia de livros sobre *low carb*) e um deles é a capacidade de interpretação de exames bioquímicos. Mas acredite, nem todo profissional da saúde tem essa capacidade. O colesterol total estar acima de 200mg/dl não significa nada! Não significa que está alto, nem baixo, muito menos "alterado"! E nem estou falando de analisar cada fração do colesterol (já que isso é o mínimo, mas pasme: nem todo médico ou nutricionista faz), mas sim de cruzar esse indicador com outros indicadores como homocisteína, lipoproteína A, lipoproteína B, proteína C reativa, CPK e cortisol, por exemplo, para só então decidir se o resultado é bom ou não!

A pergunta que fica é: Você sabe fazer isso? Sabe analisar um exame e, principalmente, um paciente em sua íntegra? Possivelmente não, ou não teria procurado um profissional para isso. Se esse é seu caso, aconselho fortemente que não tente diagnosticar nada sozinho, as chances de você errar são imensas, para não dizer absolutas! Lembre-se: o *coach*, o amigo da academia, ou o primo que "lê muito" também não têm preparo algum para tal função. Se você tivesse idéia das barbaridades que já ouvi no consultório, os diagnósticos dados por alguém que apenas "leu muito", ficaria chocado! Seja sensato, faça exames, acompanhamento e intervenções com um profissional realmente capacitado. Depois disso é só deixar com ele. Sua parte (a da "mão na massa") já é trabalhosa o bastante!

Carência de nutrientes

Não há nenhum nutriente (vitamina, mineral, antioxidante etc.) que exista somente, única e exclusivamente em grãos (arroz, feijão, aveia, grão de bico, quinoa, lentilha etc.). Em termos de densidade nutricional, é muito mais interessante um prato cheio de vegetais diferentes, mais uma fonte de proteínas (carnes ou ovos), mais uma fonte de lipídios (azeite, manteiga ou banha de porco), do que uma pratada enorme de arroz com feijão! Além de conter vitaminas e minerais, os grãos são riquíssimos em carboidratos.

Em casos de emagrecimento, simplesmente não faz sentido encher a pessoa de grãos. Comer aveia de manhã, arroz integral (e afins) no almoço, cereais à tarde e mais grãos à noite significa fazer ativação de insulina o dia inteiro! E quando há sinalização constante de insulina, o emagrecimento é dificultoso, passando a depender exclusivamente de estratégias como "contagem de calorias" e "restrição de quantidades". Ambas podem ser muito válidas, mas estão longe de ser as únicas alternativas para um bom resultado. Quando optamos por DIMINUIR (e não "eliminar") a quantidade de carboidratos do consumo diário, é possível ter uma alimentação tranqüila, riquíssima em variedade de vegetais (e por conseqüência, de nutrientes) e sem a ocorrência de picos de glicemia (altos níveis de açúcar no sangue) ao longo do dia! Quando a glicemia se mantém estável e baixa, há facilidade na utilização de gordura corporal pelo organismo, diminuição drástica da fome e preservação/incremento da saúde como um todo.

Você tem o objetivo de emagrecer? Troque seus grãos por vegetais folhosos e legumes variados! Você só ganha com isso!

Linus Pauling

Linus Pauling, falecido em 1994, aos 93 anos, como um absurdamente bem-sucedido químico quântico e bioquímico, levou o prêmio Nobel duas vezes: o de química, pelo seu trabalho sobre ligações químicas, e o da paz, pela campanha contra testes nucleares. Eu poderia falar por horas de suas conquistas no meio acadêmico, mas vou só destacar algo que ele concluiu em vida e que deveria reger a medicina preventiva — ele dizia: "Você pode traçar qualquer doença a partir da deficiência de um mineral". Ele tinha toda a razão.

Para funcionar em excelência, seu corpo precisa de 90 nutrientes: 60 minerais, 16 vitaminas, 12 aminoácidos e 2 ácidos graxos essenciais. Sempre que houver um desequilíbrio neste quadro, uma doença se instalará! Diferente do que achamos, minerais em sua totalidade são cada vez mais escassos no solo da agricultura atual. A quantidade de pesticidas e agrotóxicos é tamanha que foi capaz de danificar por completo a constituição natural do solo. Ou seja, achamos que estamos no caminho certo quando consumimos vegetais, mas estamos apenas na metade do caminho!

A suplementação de vitaminas e principalmente de minerais não é frescura e nem de importância secundária, ela é essencial! Você não está num ambiente natural! Você vive em um lugar repleto de poluição, agrotóxicos, pesticidas, produção em escala industrial, antibióticos e radiação! Então quando alguém ironiza e diz: "Ah, então quer dizer que tudo pode causar câncer?". A resposta é: infelizmente sim! E não só câncer, mas várias outras doenças que hoje parecem comuns, como diabetes, hipertensão, síndrome metabólica e doenças auto-imunes!

Cuidar de nutrição não tem como prioridade sua cintura ou seus bíceps, mas sim te manter vivo com qualidade! E não vivo, mas saudável aos 60! Prevenção é algo ao qual não se dá um décimo da atenção devida! Médicos continuam a tratar os problemas depois que eles já chegaram, e isso está errado! Procure um profissional de saúde que esteja atualizado, que entenda a importância do incremento da saúde como um todo. Melhore seus níveis de saúde, alimente-se em vez de apenas comer, durma de forma reparadora, exercite-se e mantenha a mente limpa! Quero ver você aos 100!

Micro e macro nutrientes

Em termos de alimentação classificamos os nutrientes em macro e micro. Os macronutrientes se dividem em três tipos: carboidratos, gorduras e proteínas. Já os micronutrientes são as vitaminas e os minerais.

Os micronutrientes são fundamentais para o funcionamento do organismo, mas precisamos deles apenas em pequenas quantidades (miligramas, microgramas). Já os macronutrientes são necessários em maiores quantidades.

Agora vamos entender um pouquinho mais sobre cada um:

PROTEÍNAS

Comemos proteínas, mas através da digestão absorvemos aminoácidos, as moléculas finais da digestão das proteínas. Existem aminoácidos chamados "essenciais" que devemos ingerir através da alimentação (não se preocupe, eles são abundantes); e existem os aminoácidos chamados "não essenciais" que nosso próprio corpo produz.

Proteínas têm algumas funções em nosso organismo, sendo a principal a que chamamos de função plástica, isto é, a construção e a reparação de tecidos (músculos, pele, cabelo, unhas, os tecidos dos órgãos). Elas também são importantes para reações metabólicas e a síntese de alguns hormônios.

É possível encontrar proteínas tanto em alimentos de origem animal (carnes, ovos, leite etc.) quanto nos de origem vegetal (lentilha, feijão, grão de bico etc.).

CARBOIDRATOS

Ingerimos carboidratos, que, depois de digeridos, são absorvidos na forma de glicose.

Diferentemente das proteínas (e como veremos a seguir, dos lipídeos), não existe nenhuma glicose chamada "essencial". Isso não significa que o corpo não saiba lidar com a glicose. Muito pelo contrário, significa apenas que, na falta de glicose, o organismo tem outras maneiras de suprir essa demanda (o que chamamos de glicogênese — que é a capacidade do corpo de transformar outras moléculas em glicose).

As principais funções dos carboidratos são a produção de energia (atividades físicas) e o abastecimento do sistema nervoso central (cérebro).

Os carboidratos são abundantes principalmente em grãos, frutas e raízes, mas também são encontrados em pequena quantidade em vários outros alimentos.

LIPÍDEOS

Os lipídeos são popularmente conhecidos como gorduras. Quando comemos lipídeos, eles são digeridos e se transformam em ácidos graxos, triacilgliceróis, fosfolipídios, colesterol e ésteres de colesterol, que são, então, absorvidos pelo organismo.

Existem dois ácidos graxos chamados "essenciais": o ômega 3 e o ômega 6. Devemos ingeri-los, uma vez que nosso corpo não os produz.

A função dos lipídeos para o corpo é o que chamamos de função vital. Costumo explicar para meus pacientes que sem gordura a vida pára.

Ao longo dos anos, as pessoas foram bombardeadas com mitos sobre gorduras (principalmente sobre a saturada) e passaram a vê-las como algo perigoso que deveria ser evitado. Isso não é verdade!

Lipídeos são fundamentais para a síntese de hormônios (cortisol, aldosterona, testosterona, progesterona etc.), vitaminas (A, D, E, K) e prostaglandinas.

Seu colesterol não é um vilão que "quanto mais baixo, melhor". Ele é um dos principais motivos de você estar vivo! Em termos de fisiologia, todos os extremos são ruins, mas, comparando os dois extremos — muito alto e muito baixo —, vemos que o colesterol muito baixo é mais perigoso.

Mais da metade das pessoas que enfartam tem valores de colesterol normais. Isso é sabido há bem mais de dez anos.

Encontramos gorduras tanto em fontes animais quanto em fontes vegetais. E não, a fonte vegetal não é necessariamente mais saudável que a fonte animal.

Agora que você sabe um pouquinho mais sobre macronutrientes, vale lembrar: quantidades são individuais.

CAPÍTULO V

Balança

A obsessão só trocou de lugar — balança

Meus pacientes são aconselhados a não se pesarem de maneira alguma. Nunca! A balança é uma péssima maneira de avaliar resultados. Nela você não tem idéia do que é gordura, o que é musculatura, o que é acúmulo de água, o que é desidratação, estoque de glicogênio, enfim: PÉSSIMA IDÉIA!

Também aconselho meus pacientes a não contarem calorias e não se preocuparem com elas. Eu lhes explico em detalhes por que não faz sentido contar calorias para emagrecer e por que é muito mais importante saber escolher os alimentos com um propósito e definir corretamente o momento da ingestão. Mas tenho visto uma coisa acontecer com freqüência, principalmente em quem adere à LCHF (*low carb high fat*): as pessoas só trocam a obsessão de lugar, mas continuam obcecadas.

Não se pesam, mas medem cetonas o tempo todo; não contam calorias, mas baixam aplicativos de contagem de carboidratos! Qual a diferença? A idéia é aprender a comer para tornar-se livre! É saber fazer escolhas para não depender de tecnologia alguma, conta alguma. Afinal, é nisso que consiste uma alimentação natural! Senão, não faz sentido! Se, para cada alimento que for botar na boca, você tiver que fazer um registro no celular e consultar esse registro para saber "o que ainda pode comer", o que é realmente diferente? Só trocou o que conta, mas continua contando! Se o resultado das cetonas no sangue determinar sua animação ou desânimo, qual a diferença entre isso e o peso subir ou descer na balança? Nenhuma! Número de cetonas, calorias, carboidratos, quilos, são medidas que podem auxiliar na elaboração de estratégias, mas não são as estratégias em si!

Fuja disso! Procure um profissional que lhe ensine como alimentar-se e avaliar-se de maneira fidedigna e natural! Esse sim é um bom caminho!

Pare de se pesar

Uma variação de até 2 kg (dois quilos) ao dia (leia de novo: ao dia) é completamente normal e não representa "engordar" e nem "emagrecer"! Levando em conta que "engordar" é ganhar gordura e "emagrecer" é diminuir o percentual de gordura, ambos podem acontecer independentemente do seu peso! Você pode pesar 3 kg a mais e ter emagrecido (caso esses quilos sejam de músculos), ou pode pesar 5 kg a menos e ter engordado (caso tenha perdido massa magra). O que quero dizer com isso é: não tente ver o que está acontecendo com seu corpo pela balança! Isso é muito irreal! A balança não te diz nada além de "peso"! E peso não é o mesmo que "composição corporal"!

Um mesmo homem pode pesar 70 kg ou 110 kg e ser magro (ou gordo) nos dois momentos, desde que o percentual de gordura seja igualmente baixo (ou alto) nos dois pesos. Então pare de se pesar! Isso afeta a cabeça! Sempre tem aquela pessoa que diz: "Ai, essa semana engordei 500 g!". Oi? Como você sabe? "Ué, vi pela balança!". Miga, sua louca! E se isso for acúmulo de glicogênio muscular? E se for retenção de líquidos? E se for intestino preso? E se for variação normal do dia? E se for período menstrual? Nada disso vai ser levado em conta? Então pare já!

Para quem estava no "30 dias bicho e planta",* sugeri que se pesassem no primeiro dia, anotassem e só voltassem a fazê-lo depois de 30 dias! E mesmo assim era só para ter uma idéia, porque se não quisessem não precisariam se pesar nunca! "Mas então como vou saber se emagreci/melhorei minha composição corporal?".

Qualquer método de avaliação da composição corporal tem limitações! Para citar as principais: a bioimpedância é completamente influenciável pela hidratação do avaliado (ou seja, se na primeira vez que você faz está melhor hidratado que na segunda, isso influenciará o resultado sem que na verdade tenha ocorrido a variação indicada), pela rigidez do protocolo de preparação (estar em jejum, não ter feito exercícios nas últimas 24h, não ter tomado café ou bebida diurética etc.) e pelo tipo do aparelho. A medida feita a partir de dobras cutâneas é influenciável pela técnica do avaliador, tipo de protocolo escolhido para o cálculo e o formato de corpo do avaliado (usar Durnin ou Pollock numa pessoa "formato pêra" pode ser diferente de usar numa pessoa que tem sua gordura mais concentrada no tronco).

Se não me pesar como vou saber se emagreci?

Todos os outros métodos (citei anteriormente os dois mais usados) têm limitações. Guiar-se por eles pode só atrapalhar seus pensamentos e emoções, que são capazes de determinar se você fica ou não na dieta (ou se vai apelar para a clássica "Ah, quer saber, já que não está funcionando mesmo...").

Então como saber se emagreci? Simples, são 3 formas: primeiro, espelho (se você se vê mais magro, vê o contorno diminuindo, é porque está acontecendo!); segundo, roupas (elas não crescem, ou seja, se estiverem ficando largas, você está emagrecendo!) e terceiro, comentários (quando te disserem "uau, você parece mais magro!", saiba que não é de graça, há algo diferente!). Se um destes ou os três acontecerem,

---

* Dieta que segue a mesma linha da dieta *low carb*, apenas com a diferença de que se baseia totalmente no consumo de carnes, verduras e legumes. Ou seja, não há espaço para processados ou açúcares, apenas alimentos frescos e naturais — NE.

não importa o que diga a balança ou qualquer método de avaliação: continue, porque está funcionando!

Peso/balança

De tudo que envolve composição corporal, de tudo que envolve minha conversa com o paciente, o que mais me desespera é essa história da balança e dos quilos, porque o lance é: não sei quem colocou na nossa cabeça que a gente sabe quando engorda ou emagrece quando se pesa. Se a pessoa sobe numa balança e vê que está com uns quilos a mais, ela diz que engordou; se ela tem uns quilos a menos, ela emagreceu. No entanto, a verdade é que isso não basta, temos que pensar em qual é a definição de engordar e qual é a definição de emagrecer.

Engordar significa aumentar a quantidade de gordura corporal. Por isso, engordar não significa por definição pesar mais, mas sim aumentar a quantidade de gordura corporal. E emagrecer, por sua vez, significa diminuir a quantidade de gordura corporal. Qual é a chave importante deste assunto? A chave importante é entender que, quando diminuímos a quantidade de gordura corporal, isso pode ou não se refletir na balança.

Por exemplo, se uma pessoa aumenta a sua massa magra em 2 kg, quando ela subir na balança, vai ter 2 kg a mais, vai pesar mais. No entanto, ela emagreceu, porque se ela tem 2 kg de massa magra a mais no seu corpo, isso significa que o percentual de gordura no seu corpo diminuiu. Então ela aumentou em quilos, mas, ao mesmo tempo, emagreceu. E lembre-se, o que estou chamando de emagrecer é diminuir o percentual de gordura no corpo, o que pode ser feito diminuindo os quilos de gordura ou aumentando o percentual de massa magra.

É importante deixar isso claro porque muitas vezes o emagrecimento vai refletir na balança e outras vezes não. A balança vai dizer quanto você pesa, mas não quanto de gordura você tem, quanto de músculos você tem. É aí que mora um problema muito grande: a balança lhe diz quanto você pesa, mas não fala da sua composição corporal. Além disso, embora eu só tenha falado de gordura e músculo até agora, nosso peso na balança também é resultado da quantidade de massa óssea que temos, das nossas vísceras, dos microorganismos que habitam nosso corpo — que pesam e pesam bastante — e principalmente da quantidade de água no corpo. O problema é que, entre esses componentes do peso, o que varia com mais facilidade e maior freqüência é a quantidade de água do corpo. Por exemplo, quando você começa uma dieta, aqueles dois ou três primeiros quilos que vão embora normalmente não são gordura, mas sim água. E essa água que fica retida no corpo é a primeira a ir embora e reduzir os números na balança.

O problema está no fato de que a maioria das pessoas interpretam isso como emagrecer. E quando elas passam a reter um pouquinho mais de água e isso se reflete na balança, elas pensam que engordaram. Essa confusão de chamar de emagrecer a perda de líquido e chamar de engordar o ganho de líquido mexe com a cabeça das pessoas, principalmente das mulheres. As mulheres botam na cabeça que peso é um negócio que define a gente. Elas se espelham no peso dos outros. É por isso que todos os dias chegam mensagens para mim perguntando o meu peso. Por que as pessoas querem saber quanto eu peso? Elas vão me prescrever medição? Não, elas não vão! Elas querem saber quantos quilos tem um corpo como o meu para poder comparar com o seu próprio peso. Mas, de novo, o meu peso não reflete exatamente quanto de gordura ou músculo eu tenho e, portanto, não serve como parâmetro de comparação. Ele reflete tudo que eu tenho, minha massa óssea, minha retenção de líquido daquele dia, daquela época...

Vou ilustrar com alguns exemplos. Mulheres que estão para menstruar retêm mais líquido e, às vezes, pesam mais por conta disso. Depois da menstruação, as mulheres retêm menos líquido e pesam menos. Se você passar um final de semana inteiro se enchendo de açúcar, vai reter mais líquido, porque isso eleva a sua insulina, o que diminui a excreção de sódio e água. Isso não significa que você engordou, mas apenas que está mais pesada.

A coisa mais ingênua da vida é se pesar todos os dias. Existem pessoas que se pesam duas vezes ao dia e, ao olhar a diferença mostrada na balança, pensam que o seu corpo de fato está mudando. Uma variação de até 2 kg para mais ou para menos pode não significar absolutamente nada. Como o peso na balança é influenciado por todos esses tecidos que mencionei, ele pode variar sem que isso indique algo sobre a nossa composição corporal.

Quando uma pessoa me diz, "Olha, vim aqui porque quero pesar menos", eu respondo, "Mas qual é o motivo de querer pesar menos?".

Eu sempre pergunto "Você é atleta de pesagem? Você precisa se encaixar numa categoria para fazer uma competição?". Mas não, é só porque ela quer ser mais magra. A questão é que ser mais magra pode não querer dizer pesar muito menos. Quando as pessoas põem na cabeça "eu quero ser mais magra", estão pensando unicamente em números. Elas não entendem que é possível chegar ao corpo desejado sem alcançar o número que colocaram na cabeça. Isso acontece porque a quantidade de músculo, a massa óssea e outros fatores variam de corpo para corpo, de forma que não dá para comparar o corpo de um com o corpo de outro. Isso é falso! O seu peso não te diz se você engordou ou emagreceu, ele te diz quanto você pesa, mas o que importa é a sua composição corporal.

Podemos comparar duas mulheres de 1,60m, uma com 60 kg e outra com 55 kg, e observarmos que o corpo da primeira é muito mais magro. Isso pode ocorrer porque a mulher de 60 kg pode ter mais musculatura, pesar mais e, ainda assim, ser mais magra que a de 55 kg, que pode quase não ter musculatura e apresentar um grande percentual de gordura. Se eu lhe mostrasse essas duas mulheres e lhe perguntasse com qual delas você quer se parecer, você apontaria aquela que está mais magra. Mas, se em vez da aparência, eu mostrasse o peso das mulheres, você talvez apontaria os 55 kg. O que te falta entender é que você pode estar mais magra com 60 kg do que com 55 kg, porque o que importa não é o que aparece na balança, mas sim a sua composição corporal.

Eu não me canso de repetir para os meus pacientes que é para parar de se pesar. Esse negócio de olhar a balança mexe com a cabeça da gente. A pessoa acha que está indo super bem, mas, quando olha a balança e percebe que não perdeu nenhum quilo, ela pensa: "Quer saber? Esse negócio de dieta não é para mim. Não adianta, eu não emagreço, eu não emagreci". O que ela não sabe é que existem meios mais confiáveis de saber se emagrecemos. Mais adiante vou falar de alguns deles, mas já posso adiantar que roupa não cresce e ninguém elogia nada à toa. Se você foi vestir sua calça e reparou que ela está mais larga, ou então se você chegou no trabalho ou foi encontrar a família e as pessoas falaram, "Nossa, como você está mais magra! O que você está fazendo?", dane-se o que deu na balança, você está mais magra, sua roupa não cresceu durante a noite e ninguém está elogiando para puxar seu saco.

Eu costumo dizer para as pessoas: "Na rua, ninguém pergunta seu peso, as pessoas só olham para você. E se perguntarem, você mente, fala o que quiser, ninguém vai te pesar para conferir". O grande negócio é que a gente bate o olho em você e vê se você é grande ou pequeno, se você é gordo ou magro, se você é mais musculoso ou menos musculoso, a gente olha as pessoas.

No primeiro ano em que comecei a trabalhar no consultório, eu atendia muitos atletas de fisiculturismo. Se você conversar com um atleta de fisiculturismo velho de casa mesmo, verá que ele não sabe nem quanto pesa, nem qual o seu percentual de gordura, nem nada disso, porque quando ele sobe no palco para competir, o juiz só vai olhar para ele e não vai perguntar quanto ele pesa ou qual é o seu percentual de gordura. Danem-se esses números!

É por isso que, quando meus seguidores me perguntam o meu peso, eu digo: "Não sei, eu não fico medindo, para que vou ficar medindo?". Eu me olho no espelho e digo se está bom ou não. Mas os números eu não vou entregar para ninguém, não tem por quê! Quem precisa saber o seu peso é o seu médico, porque na hora de prescrever medicação é preciso considerar quanto você pesa. A sua nutricionista também deve saber o seu peso na hora de fazer algumas contas. Mas as pessoas na rua? Você? Para quê? A troco de quê?

Você tem que saber se está mais magro ou se está mais gordo, se quer diminuir ou se quer aumentar, e não quanto quer pesar, porque isso é irreal. A variação na balança nem sempre se relaciona com a composição corporal. Por isso, eu quero que você se desvencilhe dessa idéia de que o peso na balança representa um percentual de gordura maior ou menor. A gente tem que se libertar dos números! O povo é louco com número!

Talvez você esteja pensando: "Bom, então como eu descubro a minha composição corporal? E se eu fizer uma bioimpedância? E se eu fizer uma avaliação por dobras cutâneas?". Eu vou lhe dizer o mesmo que os meus pacientes ouvem. A bioimpedância é um exame que serve para muito pouco, porque é um exame extremamente influenciável pelo protocolo de preparação e pelo nível de adaptação do paciente. Por isso, se o meu paciente fizer o protocolo de preparação muito bem feitinho, ele terá um resultado melhor; mas, se ele não fizer, terá um resultado pior.

Se o meu paciente, no dia anterior ao exame de bioimpedância, tiver tomado alguma coisa com efeito diurético, se tiver feito exercício ou tomado café, ou se não estiver em jejum há umas 4 ou 5 horas, ou, ainda, se minha paciente estiver no período menstrual, a bioimpedância não vai dar um valor exato, correspondente à realidade. Em um *post* no meu Instagram, mostrei o quanto o exame DXA — que é o padrão áureo na medição da composição corporal — é influenciado pelo nível de hidratação. Ou seja, a aferição da composição corporal é sempre relativamente frágil.** Se mesmo em um método de aferição como o DXA, que permite realmente ver a composição corporal da pessoa, o nível de hidratação afeta fortemente os resultados, o que dizer da bioimpedância, que não tem o mesmo nível de especificidade.

As pessoas às vezes me trazem os resultados de bioimpedância medidos ao longo dos anos e me dizem: "Olha, isso aqui é o que eu era, isso aqui é como eu estava". Mas eu não acredito nessas bioimpedâncias, porque não sei como foi a preparação para o exame, não sei qual era o percentual de retenção de água do paciente naquele dia, não sei se a paciente estava em período menstrual ou não, não sei se o paciente estava em jejum. É por isso que eu prefiro que o paciente me mostre fotos, que são mais fidedignas. Com elas, o paciente pode me dizer: "Olha, eu era assim em 2015, e é assim que eu fiquei em 2016. Isso aqui foi nas férias do ano passado, isso aqui é agora". A foto não mente. Às vezes o paciente fica de pé e diz, "Olha, essa calça aqui era apertada para mim", em seguida ele coloca o braço dentro da calça. Quando é assim, eu consigo ver de forma palpável o que está acontecendo.

Talvez você esteja pensando: "Lara, mas também tem a forma de aferir o percentual de gordura pelo método de dobras". Sim, porém esse método também é pouco confiável. Isso se deve a vários motivos. O primeiro é que ele depende do protocolo escolhido pelo profissional. Se, por exemplo, for usado o protocolo de 4 dobras, que não contempla nenhuma das dobras dos membros inferiores, o percentual de gordura de uma pessoa que tem formato pêra, que é mais gordinha nas pernas, será subestimado. Cada profissional usa um protocolo diferente para medir o percentual de gordura pelo método das dobras.

** Para saber mais, cf. "Perda de massa muscular (bioimpedância)", p. 200 — NE.

É por isso que não é possível comparar duas avaliações feitas por profissionais diferentes.

A grande pergunta é: por que que estamos vidrados nos números, quando o que importa para nós é a aparência? Como eu faço com meus pacientes? Com eles, quando é preciso, eu faço bioimpedância, eu os peso, meço as circunferências, faço aferição por dobras cutâneas. Depois eu entrego esses números para ele e digo: "Esses números não servem para nada. É pelas fotos comparativas que vou ver se você vai emagrecer, ficar mais forte, ficar mais seco, ficar maior". Então eu explico para ele como fazer uma foto comparativa. Porque eu preciso conseguir perceber as diferenças no corpo comparando duas fotos. Digamos, por exemplo, que uma menina tirou uma foto na frente do espelho de biquíni e, depois de dois meses, tirou outra, com a mesma luz e na mesma posição. Comparando essas duas fotos, ela pode ver que o seu corpo mudou completamente: o oblíquo está mais marcado, o volume das coxas diminuiu, os braços estão mais finos. Se ela está vendo que melhorou nesses aspectos, o que importa saber quantos quilos a mais ou a menos ela tem? Nós olhamos e percebemos se está melhor ou pior. É por isso que não preciso saber quantos quilos eu tenho!

Existem tipos diferentes de profissionais, que lidam de formas diferentes com os resultados. Há profissionais que gostam de trabalhar com números e quilos, mas essa não é a minha linha. "Mas, Lara, tem como ficar mais magro e não pesar menos?". Tem! "E tem como ficar mais magro e pesar menos?". Tem também! Mas o grande negócio é que a minha atenção não vai estar focada nos quilos, mas sim no corpo!

Então, se você quer se pesar, olhar o resultado e deixar aquilo mexer com a sua cabeça, sua auto-estima, sua visão de si, tudo bem! Mas eu não trabalho assim nem comigo, nem com meus pacientes.

Por isso, toda vez que meus seguidores me perguntam quanto eu peso, eu respondo que não sei. Eu não subo na balança, não subo mesmo, não tem por quê. O que eu, Lara, faço é ficar na frente do espelho, olhando o meu corpo. É assim que eu determino o que preciso fazer, se quero aumentar isso aqui, se quero diminuir aquilo ali... Quantos quilos isso representa não tem a menor importância!

CAPÍTULO VI

Exercícios e corpo

Termogênese adaptativa

Do ponto de vista fisiológico, o emagrecimento é o que acontece quando o aporte de alimentos é inferior à necessidade do organismo (estado não alimentado). Entre as principais características desse período estão o déficit energético, os baixos níveis de insulina (que implicam em mais altos níveis de glucagon), o aumento do cortisol e a liberação de catecolaminas.

Do ponto de vista comportamental, sempre que uma pessoa deseja gerar emagrecimento de forma voluntária, ela simula esse "estado não alimentado" através de uma intervenção (dieta).

Mas, como você deve imaginar, o organismo não vê o emagrecimento como algo desejável. Por isso, ao longo do tempo, é natural que o processo seja dificultado por adaptações fisiológicas. A diminuição do metabolismo basal, também conhecida como termogênese adaptativa, é a principal delas. A redução dos níveis de T3 e de leptina e a baixa atividade do sistema simpático fazem com que o emagrecimento se torne cada vez mais lento e o cenário cada vez mais propício à recuperação do peso perdido.

Esse é um dos motivos pelo qual as pessoas percebem uma espécie de "sorte de principiante" no emagrecimento: na primeira tentativa tudo flui mais fácil do que na vigésima.

Apesar de a termogênese adaptativa ser um fato, também é verdade que muitos superestimam esse fenômeno. É preciso estar em restrição calórica há muito tempo (em média seis meses, de acordo com a literatura) para observar tal resistência. Como pessoas que conseguem gerar tamanha restrição por tanto tempo são exceções, o que mais vemos são dietas interrompidas constantemente por refeições ou até mesmo por dias de maior consumo calórico. Entretanto, se bem estruturadas e manejadas, essas exceções podem ser muito bem-vindas no processo de emagrecimento.

Definição muscular

Você quer emagrecer? Não, quero definir.

Isso confunde muita gente! Vamos esclarecer: por definição, "emagrecer" significa diminuir o percentual de gordura. Isso pode ter a ver com diminuir o volume corporal ou não! Veja, uma pessoa que, ao final de todas as etapas do trabalho, baixou seu percentual de gordura e ganhou uma boa quantidade de massa magra, pode ter o mesmo tamanho, o mesmo volume, pode ter inclusive o mesmo peso, mas emagreceu! A "definição muscular" é o que ocorre quando o percentual de gordura diminui a tal ponto que os músculos que estão abaixo da pele passam a aparecer, isto é, ficam definidos. Sendo assim, os dois processos são a mesma coisa! Tanto "emagrecer" como "definir" significam diminuir o percentual de gordura!

Agora, veja bem, se não houver músculos bem trabalhados abaixo dessa camada de gordura, diminuir o percentual não vai gerar o aspecto desejado, porque não há músculos a se definir! É comum uma paciente me dizer que quer ter braços definidos, mas, quando avalio seu braço, simplesmente não há uma musculatura bem desenvolvida ali! Neste caso, mesmo emagrecendo, não vai haver a definição que ela espera.

Por isso, meninas (e meninos), entendam a importância do trabalho de construção e desenvolvimento da musculatura! Apliquem-se em seus treinos, conversem com o profissional de educação física e deixem de lado os medos e mitos!

Trocar gordura por músculos?

A gente sempre ouve pessoas dizerem que querem trocar gordura por músculos (até eu que sou mais bobinha, queria), mas nunca me disseram onde fica essa feira do rolo, onde a gente pode fazer essa troca! Possivelmente porque a feira não existe, bem como a troca! Acredito que o erro aqui seja mais de nomenclatura do que qualquer outra coisa, mas vamos esclarecer.

Ganhar massa magra é um trabalho intenso, custoso, específico, que não se faz com "dicas", mas sim com um plano alimentar especificamente calculado, uma rigorosa periodização de treino, um descanso generoso e acompanhamento médico, quando necessário. Em termos de nutrição, se você quer ganhar músculos, vou calcular a sua necessidade e recomendar que coma além dela! Vou gerar picos de insulina e usá-los a seu favor, para que com o estímulo seja gerado o resultado. Já no emagrecimento, o caminho é o inverso: a idéia é gerar déficit! Isso significa te dar um pouco menos do que você precisa, e trabalhar para manter a liberação de insulina baixa na maior parte do tempo. Ou seja, não tem como fazer os dois (de forma expressiva) ao mesmo tempo! Há de se priorizar um, depois o outro! De fato, a composição corporal como um todo melhora em qualquer um dos processos, mas não é possível empreender esses dois objetivos completamente antagônicos e colher, ao mesmo tempo, os dois resultados em sua totalidade. Não há feira de troca, infelizmente!

Qual treino é melhor para secar?

Emagrecer é diferente de perder peso. Emagrecer (secar) significa diminuir o percentual de gordura. Isso pode gerar perda de peso ou não.

Se uma pessoa, ao final do processo, eliminar 2,5 kg de gordura e ganhar 3 kg de músculos, terá emagrecido, sem, no entanto, ter perdido peso! Então, se esse é o seu objetivo, foque em emagrecer. Afinal, o objetivo maior é melhorar o aspecto do corpo, e não alcançar certo número na balança!

Dito isso, não existe treino que seca e treino que faz crescer, o que determina isso é a dieta. Costumo dizer aos meus pacientes em emagrecimento: foque em um treinamento de força (principalmente musculação)! Assim, você estará o tempo todo trabalhando a sua composição corporal, e sua massa magra ficará cada vez mais condicionada e desenvolvida. Isso resulta num aumento do gasto energético em repouso (um corpo musculoso gasta mais energia), numa melhora da autonomia (sua avozinha precisa de musculação, é disso que depende a qualidade de vida dela), e também num corpo com uma forma bonita (seja qual for seu gosto). Se você tem um corpo "pêra", ou "maçã" e se jogar nos aeróbicos apenas, poderá tornar-se uma "perinha" ou "maçãzinha", mas nunca deixará de ter a aparência da tal fruta! A única coisa que molda o corpo é um trabalho de força. É um erro crasso botar o gordinho na esteira por uma hora crente de que se trata de uma boa estratégia de emagrecimento. Pode até ser uma boa estratégia de perda de peso, mas isso não significa nem de longe emagrecer. Meu amigo, se o que você perdeu de peso na balança foi massa magra, você pode até estar mais leve, mas engordou!

O trabalho de força (princípio de sobrecarga) deve ser a prioridade de quem está em emagrecimento. "Mas e o cárdio, não precisa?". Olha, essa é uma prática importante se você for como eu e também ama fazer cárdio. Se for esse o caso, não precisa abrir mão, só se lembre de priorizar o treinamento de força. "Mas eu não vou ganhar muita massa fazendo musculação?". Não! Principalmente se for mulher! Esqueça esse medo de "ficar muito grande", não vai acontecer! O que determina se a pessoa "cresce" ou não, não é o treino, mas sim os hormônios e, principalmente, a dieta!

Perda de massa muscular (bioimpedância)

Por algum motivo, pessoas são vidradas em números. O peso e o percentual de gordura costumam ser o foco de quem está em um processo de melhoria da composição corporal. O ruim disso é que a maioria não entende que estes números pouco representam! Uma das formas de avaliar a composição corporal é o exame de bioimpedância. Entretanto, esse é um método pouco fidedigno e tremendamente passível de erro!

Em um ensaio clínico de 2014, os participantes foram submetidos a exames de DXA antes e depois de uma sessão de hemodiálise. Veja que interessante: essas eram pessoas que, por sua condição de saúde (doença renal), não excretavam todo líquido retido no corpo e dependiam de horas em diálise para eliminá-lo (coisa que eu e você fazemos através da urina). O que este estudo concluiu a partir do resultado dos exames foi que houve uma perda de até 5% de massa magra durante a sessão! Como isso é possível? A menos que acreditemos que a agulha "sugou" os músculos, precisamos levar em conta que, neste tipo de exame, água, glicogênio muscular e músculos são colocados no mesmo bolo! É daí que surge o problema! Quando uma pessoa faz *low carb*, por exemplo, ela se livra primeiro destes acúmulos. Estes são os primeiros quilos que vão embora, e também os que voltam após um dia de esbórnia gastronômica. Se você não souber interpretar um exame de composição corporal, vai achar erroneamente que perdeu músculos! Se observamos essa margem de erro até no exame DXA, que é o padrão ouro, o que dizer da bioimpedância! "Mas então qual a melhor forma de avaliar a composição corporal?". Embora a aferição por método de dobras (adipômetro) seja um pouco mais precisa quando comparada com a bioimpedância, a foto comparativa segue sendo a melhor pedida para acompanhar a evolução! Afinal, como você sabe, contra FOTOS não há argumentos!

Quero perder barriga

Embora cada corpo seja único, existem tipos comuns: os que acumulam gordura nas pernas; os que têm um formato mais "maçã", com maior concentração de gordura no tronco; os que têm braços mais roliços e os que são mais bem distribuídos. Existem também as perguntas típicas de cada um dos casos: "O que faço para secar a barriga?", "Qual exercício afina os braços?", "Já emagreci o que queria, mas meus culotes continuam lá, como resolver?". Infelizmente não é possível emagrecer em uma parte específica do corpo.

Não existe um alimento "seca barriga", ou um exercício que diminua o volume dos braços. O emagrecimento é algo que acontece como um todo. Não tem como escolher onde vai acontecer ou não. Ele se dá pela requisição de gordura corporal pelo organismo, e isso não é controlável por área. Não tem como impedir que se emagreça em uma parte do corpo ou intensificar o emagrecimento em outra. Abdominais não vão fazer sua barriga diminuir, assim como pedalar não vai fazer as pernas secarem. Como já expliquei outras vezes, não existe "treino, ou exercício para secar", o que emagrece é a dieta, mas ela age no corpo todo!

Naqueles locais onde realmente faltar o toque final, cabem intervenções estéticas (invasivas ou não). Procedimentos estéticos não são ruins e nem perda de tempo, mas o que geralmente acontece é que as pessoas os procuram no momento errado, quando ainda estão com um alto percentual de gordura e ainda há um longo caminho pela frente antes de começar a cuidar dos detalhes! Se esse é seu caso, cuide da base: dieta regrada, disciplina no dia-a-dia, treino eficiente e descanso reparador.

Se você já tiver executado tudo isso com tranqüilidade, e se todos os resultados que poderiam ser obtidos dessa forma já tiverem se manifestado, mas, mesmo assim, você ainda não estiver satisfeito, então você deve começar a pesquisar e considerar um tratamento estético. Nesse caso específico, ele poderá ser bem-sucedido!

Mas e o treino?

Vou matar vocês! Vou puxar todas as orelhas do mundo! Vou botar vocês ajoelhados no milho! Só não boto porque milho é grão, e grão agora, não! Que papo é esse de "não vou aderir ao 20DiasBichoEPlanta porque preciso de energia para treinar"?

O que te faz pensar que uma alimentação que tem raízes (carboidratos), ovos (proteínas e gorduras), carnes (proteínas e gorduras), azeite e óleo de coco (gorduras) e frutas (carboidratos) vai te deixar sem energia? Você quer tirar energia de onde? De pão industrializado? De barrinha? De granola? Me poupe, vai! Larga de frescura! Coma comida e treine forte! Treine intensamente, faça força! Comer comida não te impede de nada disso!

Ganho de massa magra e a comida de verdade

Não costumo falar sobre isso, porque "ganho de massa magra" é um objetivo que requer a definição de estratégias precisas. Leia de novo: "requer a definição de estratégias precisas"! Então não tem "dica", não tem generalização, não tem opções abertas! Quando alguém entra no meu consultório com o objetivo de aumentar a musculatura, o papo é outro! Não tem de "comer só com fome", não tem de "respeitar a sacicdade", não tem sinalização natural do corpo... Só o que tem é trabalho exato, calculado, com quantidades pesadas na balança, horários e periodização! Em primeiro lugar, a pessoa tem que estar treinando forte! Tem que estar acompanhada do educador físico, com treino periodizado, com divisão e uma abordagem decente de treino! Tem que estar com o descanso priorizado, não existe isso de ganhar massa magra indo dormir à meia-noite! Simplesmente não existe! Tem que estar pronto para comer o que precisa, e não o que quer! E vai comer o quê? Vai comer comida! Carnes (para os onívoros), ovos inteiros, ricos em proteínas, aminoácidos de cadeia ramificada! Raízes, ricas em carboidratos, principalmente após o treino e antes de dormir! Vai consumir azeite de oliva, abacate, óleo de coco, gorduras importantíssimas para o processo! Vai tomar água, talvez mais do que está acostumado, para lidar com uma quantidade aumentada de proteínas na dieta (entre 1,5 g e 4 g por quilo de peso, dependendo do caso)!

Vai suplementar? Depende! A princípio, prefiro que "vire homem e coma comida", mas se a quantidade necessária for muito alta, pode-se lançar mão da suplementação! E com o quê? Com o que precisar, proteínas, gorduras e carboidratos, sempre escolhendo os produtos mais limpos (não indico marcas por aqui, somente de forma presencial), com a menor quantidade de ingredientes possíveis e, novamente, apenas quando necessário. Não tem nada no *whey protein* que o torne uma opção mais completa que carne, frango ou peixe! Não existe a pergunta "é bom tomar?", "posso tomar?". A pergunta é: precisa? E a reposta é individualizada! Cada paciente com seu nutricionista! Ganhar massa magra é um trabalho duro, complexo, mas, no fim, muito satisfatório!

Mulheres e o ganho de massa magra

"Meu objetivo é ganhar massa magra!". Sempre que uma mulher me diz isso, rola uma longa conversa. Explico que quando se treina forte, o resultado é lindo: músculos tonificados, molde do corpo, resistência. Tudo isso é super bacana! Mas comer para ganhar massa magra implica ganhar alguns quilos na balança, ter dificuldade para vestir as calças e ver o volume aumentar! Você, *girl*, está preparada para isso? As únicas mulheres que atendi que "toparam" essa parte do processo eram fisiculturistas (já a parte do "secar" depois, todas topam! É a melhor parte!), e mesmo assim não era tão fácil! Convencer uma atleta biquíni que está migrando para *body fitness* (classificações do esporte) a ganhar uns quilos pode ser dificílimo. Você não vai crescer rápida e desenfreadamente, nem ficar masculinizada treinando forte e comendo bem. Porém, é possível que fique assim se usar outros recursos ergogênicos e se esforçar muito. Se você é mulher e decidiu ganhar massa magra, lembre-se de que não dá para fazer isso sem ver mudanças no corpo e na balança. Isso pode assustar no começo, mas o resultado final pode ser incrível!

Preciso de pós e pré-treino?

Não existem verdades absolutas quando se trata de estratégias nutricionais. Isso significa que não existe nenhuma abordagem que você precise fazer de qualquer forma ou, do contrário, tudo vai dar errado. Isso inclui refeições como pré e pós-treino. Fazer estas refeições é uma escolha, sua e do seu nutricionista, que depende do seu objetivo. Se o seu objetivo for, por exemplo, ganho de massa magra, talvez seja preciso fazer estas refeições por uma questão de logística. Quem tem esse tipo de dieta geralmente precisa ingerir uma grande quantidade de comida (cuidadosamente calculada e prescrita por um nutricionista), então torna-se uma boa opção dividir todo esse conteúdo em várias refeições. Existem casos em que a composição do pós-treino pode ser calculada para produzir uma ativação intensa de insulina, já que este é um hormônio anabólico, que pode ser bem-vindo a depender dos objetivos. O pré-treino também pode ter sua valia, e isso vai depender da conduta de cada profissional e sua adequação ao paciente. Na minha prática, por exemplo, pré e pós-treino são raros. Como a maior parte dos meus pacientes busca diminuição do percentual de gordura ou faz tratamento de DCNT [doenças crônicas não-transmissíveis], como diabetes, ou hipertensão, eles aprendem a comer apenas quando têm fome e a nunca fazer uma refeição fora deste contexto. "Mas é possível treinar sem comer antes?", "Não vou perder massa magra?". Essas dúvidas são bem comuns e serão exploradas em detalhes mais adiante, mas agora darei alguns apontamentos gerais. Para resumir, em primeiro lugar, tudo é uma questão de adaptação: você não começa hoje a comer só quando tem fome e amanhã faz seu melhor treino da vida sem pré-treino (óbvio, não é?). Em segundo lugar, a perda de massa magra se dá principalmente quando não há princípio de sobrecarga. O que vemos nos trabalhos sobre isso é o mesmo que vejo na prática: pacientes que não treinam perdem mais massa magra do que os que treinam.

Catabolismo durante o sono

Que atire a primeira pedra quem nunca ouviu (ou falou) que aquele peso que perdemos durante o sono (entre 0,5 kg e 2 kg) é produto de catabolismo (processo de utilização dos aminoácidos da musculatura para a geração de energia). Ledo engano! Não, você não consome seus músculos com tanta facilidade, embora a indústria do suplemento queira que você acredite que sim. Afinal, assim eles podem lhe vender "proteínas *time release*" para "evitar o catabolismo que acontece durante o sono"!

O que acontece na verdade é muito simples: nós perdemos água na respiração enquanto dormimos. Essa água é produto não só do ato de respirar, mas também das reações químicas ocorridas dentro das mitocôndrias, que transformam glicose e gordura em dióxido de carbono e água. Quando respiramos, exalamos essas duas substâncias. Isso, somado ao fato de que não ingerimos nada enquanto dormimos, resulta numa perda de peso que pode ser observada pela manhã. Essa perda de peso é reposta durante o dia, com a alimentação normal. Quanto maior o corpo, maior é essa variação. Um *bodybuilder* de 110 kg, por exemplo, pode chegar a diminuir até 7 kg durante uma longa noite de sono. Porém isso não significa, de maneira alguma, que 7 kg de músculos foram embora! Não se iluda com esses números!

Aliás, pare de se pesar! Já falei mil vezes que isso não faz sentido algum! A balança não diferencia massa magra, massa gorda, acúmulo de água e concentração de glicogênio muscular! Só o que ela faz é levantar hipóteses absurdas como essa!

Exercícios para emagrecer

Só dieta é o suficiente para perder peso ou também é necessário fazer exercícios? A questão começa toda vez que alguém cujo principal objetivo é o emagrecimento me faz uma pergunta sobre exercícios, e eu respondo: o que emagrece é dieta! É mais ou menos assim: "Caminhada é suficiente para emagrecer?" — o que emagrece é dieta! "Natação é uma boa escolha para quem está em emagrecimento?" — o que emagrece é dieta! "Musculação ou cárdio, se meu objetivo é emagrecer?" — o que emagrece é dieta! "*Crossfit* pode ajudar no processo de emagrecimento?" — o que emagrece é dieta! "Qual o melhor exercício para quem deseja emagrecer?" — o que emagrece é dieta!

Nessa hora, dentre todos os pensamentos que surgem na mente confusa da pessoa, os mais comuns são: "Mas para emagrecer não seria interessante gastar o máximo possível de calorias?"; "Mas fazer exercício não acelera o metabolismo, o que seria importante para o emagrecimento?"; "Mas exercícios não me fazem ganhar massa magra, o que aumenta meu gasto energético, inclusive em repouso?".

Além desses questionamentos válidos, há ainda o pior dos problemas, as deduções equivocadas: "Então exercícios não servem para nada!"; "Então posso emagrecer primeiro e pensar em me exercitar só depois!".

Vamos separar as coisas. Primeiro tire da cabeça esse pensamento preguiçoso e acomodado que vê na atividade física apenas um meio de acelerar a recuperação do estrago que você fez com o seu corpo ao longo dos anos. Acorda, Zé! Movimento é uma necessidade básica do corpo humano, tanto quanto comida, água, higiene e sono! Sem movimento o corpo atrofia, perde funcionalidade, vigor, saúde, anos de vida!

É por isso que vemos tantos velhos carcomidos de 30 anos, tantos anciãos de 45! O povo não é capaz de subir seis lances de escada sem ver a vida passar diante dos olhos. Não consegue sentar e levantar do chão sem as mãos! Não consegue brincar com os filhos, correr atrás de um ônibus, se puxar, se empurrar! Usa escada rolante para subir um andar! Um andar! O cara se bota feito um pacote em cima daquele troço para ser levado de um andar ao outro. Pega elevador por causa de três andares! Mora em um prédio e não sabe nem onde fica a entrada da escada! Vive com dor: é dor nas costas, dor no joelho, dor em tudo! Pudera né? Vive parado! É controle remoto, *delivery*, vidro elétrico, câmera de ré! Nem se virar para olhar para trás o sujeito quer mais!

Com o passar do tempo, sem exercitar a musculatura com a qual foi presenteado pela vida, o bicho vai ficando mole! Mole! "Em qual sentido, Lara?". Em todos!

O corpo fica flácido, fraco e cada vez mais incapaz. E como não existe separação entre corpo e alma, o fraco das pernas tem mais chance de ser fraco da cabeça! Totalmente avesso ao desconforto (presente em qualquer atividade física programada), o sujeito não suporta contrariedades em nada. De tudo reclama, de tudo foge, tudo o machuca, com tudo se ofende, se prostra! É o tal do bundão!

O tempo passa, a pessoa envelhece, e está feito o estrago completo! O velho precisa ter força! Força! Quando você for velho, não vai precisar andar até o centro da cidade — isso um motoqueiro faz para você —, mas vai precisar se levantar da privada sozinho e não se quebrar inteiro se tropeçar em casa. É preciso ter funcionalidade! Exercício não serve só para emagrecer, serve para VIVER com o mínimo de dignidade e autonomia.

Agora voltemos à questão inicial: em que medida o exercício realmente influencia o emagrecimento?

Antes de entrar nessa parte, quero ressaltar que, quando digo que para o emagrecimento a importância do exercício é muito pequena, não estou sugerindo, de modo algum, que o exercício importa pouco na vida. Pelo contrário, o exercício é essencial para a vida.

"O exercício importa para a composição corporal?". Sim, para a composição corporal ele importa! O que às vezes acontece é alguém me mostrar um corpo de uma pessoa que claramente faz exercícios de força, que segue o princípio de sobrecarga e que tem a musculatura desenvolvida e, em seguida, me perguntar: "Eu preciso treinar para ficar desse jeito?". É óbvio que sim! O que estou dizendo é que para o emagrecimento, isto é, para diminuir o percentual de gordura, o exercício físico em si importa muito pouco.

Para entender o motivo, precisamos falar sobre o gasto energético diário. Esse índice aponta quantas calorias são necessárias ao organismo no período de um dia e é calculado a partir das seguintes variáveis: TMB (taxa metabólica basal), FA (fator atividade), FTA (fator térmico dos alimentos), NEAT (atividades físicas não programadas ao longo do dia). Cada um desses componentes contribui para determinada porcentagem do gasto energético diário. Por exemplo, a TMB (taxa metabólica basal) tem a maior contribuição, dela advém entre 60% e 70% do gasto energético diário. O valor térmico dos alimentos é a quantidade de energia gasta para que um alimento seja digerido e metabolizado, e representa uns 10% do gasto energético total. O fator atividade baseia-se na atividade física da pessoa e pode ser calculado de diversas maneiras. Não vou tratar aqui dos diferentes métodos de cálculo do fator atividade — esse é um assunto para as nutricionistas, que precisam saber se os valores estão superestimados. Por último, temos o NEAT, que é a quantidade de energia empregada nas atividades não programadas do dia-a-dia. É a energia gasta para se levantar, sentar, subir uma escada, se coçar, mexer os membros etc. Para a maioria das pessoas, que é sedentária e se mexe muito pouco, esse valor é maior do que o fator atividade. O índice NEAT é particularmente importante por que às vezes ele atrapalha os nossos objetivos. Quando uma pessoa ingere muitas calorias, isto é, quando ela tem um grande superávit calórico, o NEAT pode acabar aumentando, o que dificulta o ganho de massa magra. Por outro lado, quando a pessoa faz restrições muito rigorosas, o NEAT pode diminuir, o que dificulta a perda de gordura.

Sabendo quais são os fatores que compõem o gasto enérgico diário, vejamos agora qual é o verdadeiro impacto do exercício físico. Muitas pessoas pensam que o exercício gasta uma grande quantidade de calorias, mas será que gasta mesmo? Imagine a típica paciente de uma nutricionista: uma mulher de 1,60 m, com uns 60 ou 70 kg. Suponha que essa mulher faz uma hora de treino tremendamente intenso, sem roubo, todo santo dia, sem nunca falhar. Essa mulher existe? Acho difícil, viu… Mas, se existir, essa mulher vai conseguir gerar, em uma hora de exercício, uma perda calórica de 400 kcal ou, quem sabe, até 500 kcal. Uma pessoa assim, que faz uma hora de exercícios vigorosos todos os dias, costuma pensar o quê? "Ah, eu posso comer, não é? Eu treino todos os dias, intensamente!". Pode mesmo? Você tem idéia do que são 500 calorias de comida? Não é nada! É um filé de frango, uma maçã e um ovo! Mas você acha mesmo que uma pessoa que faz uma hora de treino vigoroso por dia só come a mais um ovo, uma maçã e um filezinho de frango? Claro que não! É por isso que digo que, quando o objetivo é otimizar a queima de calorias, o exercício físico não é muito interessante.

No entanto, ele é interessante para todo o resto: para melhorar a composição corporal, para te deixar mais funcional, mais autônomo. Mas para gasto energético, não!

Sem dúvida, haverá quem diga: "Mas durante o exercício a pessoa ganha massa magra, isso não faz queimar mais caloria em repouso?". Faz! Algo em torno de 15 calorias por quilo de músculo que ela conseguir ganhar. Você tem noção do que é ganhar um quilo de músculo? É difícil, nenhum ser humano ganha massa magra muito facilmente. Talvez você tenha a impressão de que ganha massa magra com facilidade porque, depois de duas semanas de treino, você subiu na balança e reparou que ganhou um quilo. Mas, veja bem, isso não é massa magra, é massa com muito molho de tomate e uma Coca-Cola ao lado!

Em resumo, podemos dizer que em termos de gasto energético o exercício não é muito significativo; porém, do ponto de vista da saúde e da composição corporal ele é, sim, muito significativo!

Agora, supondo que você queira emagrecer, qual deve ser o seu foco? A dieta! É a dieta! Você deve fazer dieta para emagrecer, e não ficar se matando na esteira por uma hora. Isso não adianta quase nada, porque em uma hora de esteira, você gasta umas 400 calorias. Mas depois você acaba comendo dois brigadeiros porque pensa: "Ah, mas eu também sou filha de Deus, ninguém é de ferro!". Por isso, em vez de se concentrar nos exercícios e ter essa falsa impressão, prefiro que você foque na dieta, porque é isso que vai funcionar!

Emagrecer não é fácil, é muito difícil. Quando mostro essa conta e destrincho a questão desse modo, as pessoas costumam pensar: "Ah, mas então é muito difícil!". É, gente, é muito difícil. No seu meio, quantas pessoas você conhece que mudaram completamente a composição corporal? Quase nenhuma, não é? Talvez duas... É muito difícil! Parta desse princípio!

CAPÍTULO VII

Jejum intermitente

Dieta *low carb* e jejum intermitente

Comecei o dia muito bem, me deparando com o informativo do Conselho Regional de Nutrição que veio pelo correio. Em duas matérias, duas nutricionistas discorreram sobre os assuntos dieta *low carb* e jejum intermitente.

Para quem me segue, esses assuntos não são novidade, mas para um informativo como esses, foi o suficiente para me deixar boquiaberta e muito otimista! Apesar de discordar do que foi dito sobre jejum intermitente em alguns pontos (técnicos), fiquei impressionada com a matéria sobre *low carb*. Em certo momento, a nutricionista Mariana

Baldini ressalta os benefícios da adoção de uma dieta baixa em carboidratos para pré-diabéticos e diabéticos.

Vale lembrar que o Joslin Diabetes Center (maior centro de tratamento para diabetes no mundo) já adota a dieta *low carb* como padrão há muito tempo. A nutricionista também listou os benefícios deste estilo de alimentação para a saúde cardiovascular. Além disso, ela afirmou que existe, na literatura científica, uma lacuna relativa à definição precisa de *low carb*. Embora toda dieta denominada *low carb* implique numa redução do consumo de carboidratos e num aumento da ingestão dos demais macronutrientes, não há um consenso acerca da proporção em que essa mudança deve ocorrer para que uma dieta seja considerada *low carb*.

É uma satisfação enorme ver esse assunto sendo tratado! Não podemos ignorar a totalidade das evidências científicas. Afinal, os profissionais da área da saúde têm um compromisso com ela! Quanto aos leigos, eles devem se sentir orgulhosos, porque cada pessoa que se dispôs a estudar sobre esse assunto e cobrar dos órgãos um posicionamento a respeito contribuiu para esse avanço!

O que é jejum intermitente?

O jejum intermitente nada mais é do que não comer por um período programado, seja ele de 12, 16, 24 ou mais horas (estudos mostram benefícios já nos protocolos de 16). Neste período bebe-se apenas água, chás e café sem açúcar (no meu, uso só água).

Os benefícios comprovados pela ciência vão desde o auxílio na oxidação de gorduras até a diminuição de marcadores inflamatórios, passando por uma melhora na sensibilidade à insulina, na concentração e em quadros de síndrome metabólica. O jejum não é algo não-saudável (desde que feito sob orientação), não gera sofrimento e nem *stress* oxidativo. Muito pelo contrário, segundo alguns trabalhos, ele tem a capacidade de incrementar a regeneração celular pelo processo de autofagia. O jejum é indicado apenas para pessoas saudáveis (salvo sob prescrição médica), para mulheres que não estão tentando engravidar e não gestantes ou lactantes.

Durante o jejum, trabalhamos, treinamos (em jejuns mais curtos), dormimos, vivemos, tudo isso de forma normal e sem dificuldades. Para mim (para mim!) o jejum é algo que vai muito além do físico e que transcende o corpo! Jejuo quando preciso focar e me concentrar em alguma situação da vida. Jejuo quando preciso tomar uma grande decisão, ou quando estou estudando muito. Na minha experiência, isso ajuda demais!

O motivo dos meus jejuns serem tão longos é simples: é porque eu gosto e os faço sem dificuldades! Outra coisa, não saio fazendo jejum longo o tempo todo, o de ontem (de 48 horas), por exemplo, foi o primeiro longo do ano! Normalmente fico entre 16 e 24 horas dependendo do meu estado. Não sofro e não teimo (não teime!) — se sinto fome, paro e como! Mas, como já relatei, jejum para mim é mente! E a mente, quando bem treinada, nos leva a qualquer lugar!

Um caso de jejum prolongado

O que eu mais ouço sobre jejum são baboseiras. É triste... Há quem diga que jejum engorda, porque a refeição ingerida depois de terminá-lo é acumulada como gordura (a fisiologia e a bioquímica mandaram um beijo!). Há quem diga que o cérebro é prejudicado porque, se ficamos sem ingerir fontes de glicose, ele pára (a fisiologia e a bioquímica mandaram outro beijo). Já teve até nutricionista que me jurou ter visto "centenas de casos de hipercolesterolemia causados por jejuns prolongados" (a ciência não viu, mas ele sim!). Então vamos deixar as opiniões pessoais de lado e falar do que dizem as evidências científicas sobre o assunto.

Resolvi abordar um relato de caso publicado em 1973, ou seja, uma evidência de nível baixo, mas que é excelente para considerar hipóteses a serem testadas (os testes e experimentos eu vou mostrar depois). Um jovem de 27 anos jejuou bebendo apenas água e bebidas não calóricas por 382 (trezentos e oitenta e dois) dias, sob supervisão médica. Ele deu entrada no hospital com 207 kg e lá permaneceu durante o início do jejum. Depois, ele continuou a sua vida normal e apenas retornou ao hospital para fazer *check-ups*. Como o jejum era muito longo, ele tomou polivitamínicos, e suas funções e sistemas foram meticulosamente monitorados.

Resultados? A sua glicemia manteve-se por volta de 30mg/dl pelos últimos 8 meses, mas isso não causou sintomas ou complicações de hipoglicemia. As respostas ao glucagon foram reduzidas durante o jejum, mas normalizadas após a realimentação. As concentrações plasmáticas tiveram alterações iniciais e normalizaram-se em seguida, até o final do período. Houve queda temporária nos níveis de magnésio e uma hipercalcemia temporária no final do período. Nenhuma droga foi administrada.

Peso perdido pelo paciente: 125 kg. Peso recuperado após a realimentação: 7 kg (glicogênio muscular e demais ganhos). Cinco anos após o estudo, o paciente continuava com os mesmos 89 kg. O relato ainda cita resultados semelhantes observados em outros jejuns de períodos MUITO longos (350, 256 e 236 dias).

Jejum e o cérebro

Um dos argumentos usados por profissionais da saúde (que não têm muito apego ao estudo) para dizer que jejum é "perigoso" ou "prejudicial", é o fato de que em jejum não ingerimos nenhuma fonte de glicose (carboidratos) — afinal, não ingerimos NADA — e, por isso, podemos causar danos permanentes ao cérebro, já que ele é dependente de glicose. Bom, se isso fosse verdade, eu, meus pacientes, todos os praticantes de *low carb* e, principalmente, as pessoas que jejuam freqüentemente já estaríamos mortos ou dementes há muito tempo!

Então como é que isso não acontece? O cérebro realmente precisa de glicose para funcionar, mas essa glicose não precisa vir apenas da alimentação. Seu fígado produz diariamente 200 g de glicose, mais do que os aproximados 120 g requeridos pelo cérebro neste mesmo período. Além disso, nosso organismo tem a incrível capacidade de utilizar gordura como fonte de energia. Para que isso aconteça, ele utiliza a gordura na produção de corpos cetônicos. Ao contrário do que muita gente afirma, essa produção não é perigosa, tóxica, não-natural ou não-saudável! Tanto é assim que todos nós a fazemos, todos os dias, enquanto dormimos! Existem inclusive estudos que mostram que os neurônios têm muito mais afinidade pelos corpos cetônicos do que pela glicose. Ao contrário do que afirmam os detratores do jejum, a literatura sempre relata um aumento da concentração e da capacidade de assimilação durante o jejum!

E quem pode fazer jejum? O jejum deve ser feito por adultos saudáveis, e que não sejam gestantes, lactantes ou usuários de medicação, e sempre deve ser acompanhado por um médico ou nutricionista.

O metabolismo não diminui com jejum?

Uma das maiores preocupações quando o assunto é jejum é a "queda ou diminuição do metabolismo". Parte desse medo vem, é claro, do discurso de uma indústria dependente de consumo, que nos incita a consumir cada vez mais e em um período menor, sob pena de "sofrer conseqüências". Os artigos científicos aos quais tive acesso nos últimos anos mostram o contrário. Em um deles, um grupo de 16 pessoas (8 homens e 8 mulheres) jejuou 24 horas em dias alternados, por 22 dias. Pessoas normais, na faixa de 30 a 50 anos, não adaptadas a nenhum estilo de dieta em particular, e que no dia em que comiam estavam "liberadas" para comer o quanto precisassem, a fim de não perder peso, já que este não era o objetivo do estudo (mesmo assim, a perda de peso aconteceu). O metabolismo dos participantes do estudo não teve qualquer alteração, e a quantidade de calorias que eles gastavam em repouso no início dos jejuns manteve-se a mesma.

Um outro artigo, intitulado "The cardiovascular, metabolic and hormonal changes accompanying acute starvation in men and women" [As alterações cardiovasculares, metabólicas e hormonais que acompanham a fome aguda em homens e mulheres], publicado no *The British Journal of Nutrition*, mostra inclusive um AUMENTO do metabolismo em jejuns de 72 horas.

Além destes, há ainda outros estudos apontando o mesmo resultado: a restrição severa de calorias, ou JEJUM, não altera o metabolismo!

Do ponto de vista evolutivo isso faz todo sentido! Se não comer "lanchinhos" entre as principais refeições diminuísse o metabolismo, todos os nossos antepassados teriam sofrido gravíssimas conseqüências — talvez até a extinção —, já que com um metabolismo baixo não se caça ou coleta com avidez. Sua bisavó nunca ouviu falar nessa história de comer o tempo todo. E nem por isso ela tinha um metabolismo lento! Pense nisso!

Sobre jejum

Não é de hoje a prática de jejuar. Há muitos séculos o jejum é praticado — principalmente por questões religiosas. Mas seu papel na melhora da saúde e na redução de doenças é um assunto muito explorado pela ciência. Existe uma gama imensa de estudos (controlados, randomizados e publicados em boas revistas acadêmicas) que relacionam o jejum intermitente ao emagrecimento, à melhora da sensibilidade à insulina, à longevidade, à limitação e diminuição do quadro inflamatório crônico, à queda de níveis lipídicos altos, à redução da pressão arterial, à diminuição do *stress* oxidativo e à ação cardioprotetora. Ao contrário do que popularmente se pensa, o jejum intermitente não diminui ou desacelera o metabolismo e nem mesmo causa catabolismo (há estudos conduzidos em pacientes praticantes de musculação). É importante lembrar que jejuns são indicados apenas para adultos saudáveis não-dependentes de medicação (eles são particularmente contra-indicados para diabéticos dependentes de insulina), e nem de longe servem para todo mundo.

E o que seria o jejum, afinal? Jejum é abster-se de comida e bebidas calóricas por um período que pode variar entre 14–24 ou mais horas. Mas e a fome? Fazer jejuns quando já se está adaptado a uma alimentação baixa em carboidratos não só é mais fácil, mas também indicado. Isso porque neste estado a fome é algo não-freqüente, uma vez que o corpo usa constantemente a gordura como fonte primordial de energia. Depois de iniciada uma dieta *low carb*, o período de adaptação pode levar entre 4 e 8 semanas para acontecer. Consulte seu médico ou nutricionista e converse com ele sobre o utilizo dessa abordagem para o seu caso, principalmente se você atingiu um "platô" no emagrecimento. Ele saberá te orientar e tirar possíveis dúvidas! Jamais faça nenhuma estratégia nutricional sem acompanhamento.

A moda agora é jejum

Acho um barato uma pessoa chamar algo de "moda" só porque ELA só descobriu isso agora! Alienações à parte, estamos falando de jejum intermitente, um assunto muito bem estudado e cheio de bons resultados. Já mencionei que existem várias referências científicas a respeito, algumas sobre o fato de não haver diminuição no metabolismo, ou da massa magra, outras sobre o incremento da proteção cardiovascular, o auxílio na questão do emagrecimento e da resistência à insulina. Mas, para quem ainda tem dúvida sobre a prática, é preciso dar algumas dicas preciosas. Não busque suas informações em redes sociais. Digite termos chave (neste caso, comece por "Intermittent Fasting" [jejum intermitente]) em bases científicas (Pubmed, Lilacs, Bireme…) e veja o que há publicado sobre isso. Saiba falar inglês, porque bons trabalhos sempre estarão em inglês, e saiba identificar um bom trabalho.

O fato de haver artigos científicos falando contra ou a favor não significa nada. Temos que entender de metodologia da pesquisa científica, bioestatística e epidemiologia para saber ler bem um trabalho e analisar se ele pode ou não ser levado em conta.[*] Para não fazer feio, se você não sabe ou estuda sobre o assunto, não fale nada — principalmente se você for profissional da saúde. Há muitos estudos sobre os quais não falo nada justamente porque não estudo sobre eles! Acho burrice emitir "opinião", porque opinião de especialista é o mais baixo nível de evidência que existe. Vamos nos ater ao que estudamos, para ajudar mais do que atrapalhar! Jejum não é "moda", você é que só ouviu falar agora!

---

[*] Cf. "Evidências científicas", p. 111 — NE.

CAPÍTULO VIII

Desafio bicho e planta

Desafio bicho e planta

Lancei um desafio e a receptividade foi fantástica! Então vamos todos juntos! Vamos seguir em 30 dias de bicho e planta! Serão trinta dias, em que comeremos a alimentação mais limpa possível. Basicamente bichos e plantas, sem inventar moda e sem bruxarias! A idéia é ficar de consciência tranqüila para comer uma fatia maravilhosa daquele doce incrível que só sua avó sabe fazer. Mentira! A idéia é experimentar por 30 dias uma alimentação limpa, sem excessos e nem aqueles erros que podem tirar o resultado das suas mãos! Isso não vai substituir de jeito nenhum a orientação do seu nutricionista. Por isso, quem já está em tratamento, continue! Também não vou sugerir quantidades, já que isso é individual. E aí, quem topa?

Acredito em você! Serão os 30 dias mais limpos da sua vida! Caiu, levanta! A cabeça pesou, alivia! Furou, repõe! Isso não é "regra", é ter controle do seu corpo, da sua vida, do que entra na sua boca por apenas 30 dias. E quando estes 30 dias acabarem, você vai olhar para trás e se sentir muito orgulhoso, muito melhor do que se sentiria se desistisse no meio do caminho! Quantos planos você já fez e furou ao longo da vida? Quantas vezes já começou a malhar e desistiu? Quantas promessas de ano novo já quebrou? Quantas vezes aceitou papinho ruim entrando de fininho na sua cabeça? Mas agora não! Você não vai terminar este ano com mais um plano inacabado! Então corta o papo, hein? Estamos apenas no começo!

Pelo amor de Deus, hoje comeram leite condensado na minha frente! Eu podia simplesmente ter pensado: "Ah, quer saber? Não vou sofrer à toa, funciono melhor se puder comer isso de vez em quando". Mas isso seria só mais uma desculpa! Mais um mimimi meu! O que combinei não é "viver com regras", mas sim se conhecer por apenas 30 dias! Eu acredito em você! Não olhe para o lado, não ouça ninguém além de si mesmo! Você quer isso? Então vá buscar!

Entenda que isso não é uma dieta, comer comida é um estilo de vida. O fato de abrir exceções não afeta o seu estilo de vida! Se um estudante tira férias, ele não deixa de ser um estudante. Se um engenheiro não exerce a profissão, ele não deixa de ser um engenheiro. Se você passa uma semana difícil e isso resulta em bagunça na sua alimentação, isso não quer dizer que você "arruinou sua dieta"! Comer comida de verdade não tem data para acabar. O fato de terminar uma brincadeira que fizemos juntos, para motivar, de maneira nenhuma significa não saber o que fazer depois disso. Muito pelo contrário! Nestes 30 dias, o que mais ouço é um ganho com autoconhecimento! "Lara, percebi que eu pesava muito a mão em queijos", "percebi que não consigo passar 10 dias comendo limpo", "percebi que tenho uma relação problemática com a comida"... Tudo isso só pode ser descoberto e tratado se você encarar a alimentação saudável como algo que é parte de você, não importa quando ou onde! Entenda que comer alimentos naturais não é uma dieta, é o seu natural, aquilo para o que você foi feito. E você não precisa nem de mim e nem de nenhuma nutricionista para exercer isso!

Apenas deixe que seu corpo diga quando e quanto e, então, faça as melhores escolhas para ele!

Baseie sua alimentação em vegetais! Já falamos muitas vezes sobre isso aqui, mas a importância é tamanha que vale colocar entre as dez principais dicas! É dos vegetais que vem a variedade necessária de vitaminas, minerais e fibras de que você precisa! Provém deles também o maior aporte de carboidratos (principalmente das raízes). Para a galerinha que reclama do intestino preguiçoso é de suma importância observar se há vegetais em todas as refeições! Quanto mais crus, melhor! Mas fazê-los cozidos, assados, salteados etc., pode ajudar quem não é muito chegado na coisa a apreciar! Ache jeitos atrativos de preparar legumes, deixe-os interessantes e consuma-os todos os dias!

A recomendação de não fugir da gordura natural dos alimentos não significa que você deva caçá-la. É muito legal ver como as pessoas estão entendendo que a gordura natural dos alimentos, seja saturada ou não, nunca fez e nunca fará mal à saúde. É muito bacana ver como, cada dia mais, se está perdendo o medo desta gordura. Isso é fantástico! Mas, em momento nenhum, nem eu, nem o Dr. Souto e nem nenhuma nutricionista ou médico desta linha vai te falar para sair acrescentando gordura onde não era para ter.

Hoje acontece menos, mas houve um tempo em que eu via fotos de café com óleo de coco, mais manteiga, mais creme de leite, para acompanhar ovos com queijo, em uma refeição que também incluía abacate com nata! Calma lá, gente! A proposta é ter uma alimentação com a presença natural de gorduras, e não com suplementação de gorduras! O melhor para quem não tem a nutricionista ajustando as quantidades é trabalhar com trocas. A pessoa tomava café com leite? Então passa a tomar com nata. A pessoa comia banana? Passa a comer abacate. Levava barrinha? Passa a levar castanhas. Mas não há justificativa para socar gordura onde não tinha! Seguindo esses princípios fica mais fácil acertar! Não se perca, lembre-se de concentrar-se nos vegetais!

Vamos ao básico: deve-se comer apenas com fome. A fome é uma sinalização física importante e deve ser respeitada. Só podemos dizer que pulamos uma refeição quando sentimos fome, mas não comemos. Ou seja, se você acordar às 7 sem fome alguma e sua fome física (aquela fisiológica, clássica) só aparecer às 11, você não "pulou" o café da manhã. Seu "café da manhã" — ou seja lá o que for — será às 11.

Seu corpo tem sinalizações físicas para mostrar que é hora de dormir, evacuar, coçar, espirrar, bocejar etc. Ele também tem uma sinalização para mostrar que é a hora de se alimentar. Você nunca "precisou" e nem nunca vai "precisar" comer a cada x horas! Você até pode escolher fazer isso, mas dizer que "precisa" ou que "acelera o metabolismo" não corresponde à realidade! A ciência que sustenta essa tese é bastante robusta. Há trabalhos em que, ao se comparar pessoas que comiam várias vezes ao dia com pessoas que comiam poucas vezes ao dia, não se observaram diferenças no gasto metabólico, na oxidação de gordura e na redução da fome.

Não há discussão: só deve comer sem fome quem está em ganho de massa magra, atletas (estes dois grupos têm metas de macronutrientes para cumprir) e quem gosta da idéia de se livrar do hábito, no mínimo inconveniente, de olhar no relógio o tempo todo esperando ansiosamente pela hora de comer de novo. Não agrida seu corpo, deixe ele dizer a hora de comer! Ele não erra porque você não foi feito para viver numa sociedade com regras e refeições pré-determinadas. Seu organismo é adaptado a viver longe de tudo isso. Num ambiente natural, você comeria apenas com fome, apenas comida de verdade e nunca teria metabolismo lento ou gordura localizada.

Esperar a fome chegar para comer não é restrição, restrição é ter uma baita fome e esperar uma hora com a barriga roncando para comer duas castanhas e um damasco. A dica para não perder a linha quando o desafio acabar é: não pira! Os pretextos são muitos: a festinha de aniversário de criança, o aniversário da Renata, a despedida do Romeu, o Carnaval, a Páscoa, o jantar romântico com o gato, o *happy-hour* com o pessoal, a degustação de docinhos do casamento... Ufa! E isso que nem estou contando com episódios como aquela vontade repentina de sorvete, o desejo por chocolate, a pipoca do cinema ou a cuca de banana com nata em Blumenau (sim, eu comi e amei!). Como lidar com tantas chances de escorregar na dieta? Em primeiro lugar, precisamos entender que isso tudo faz parte da vida e que nunca haverá um período livre de contratempos. Por isso, o plano de esperar determinada data passar para só então começar a se alimentar bem é ilusório e impraticável! A jacada, o furo, a presepada, o arregaço ou seja lá o que for devem ser aproveitados enquanto acontecem e vividos intensamente; afinal, são prazerosos e não fazem menos mal se você ficar se lamentando. Quem fica se culpando durante um furo se torna chato e deixa de aproveitar a leveza da coisa. Furou? Furou! O importante é o que acontece em seguida.

Entenda que esse é um episódio isolado e que deve ser tratado como tal! Não deixe um sorvete virar um final de semana de esbórnia gastronômica! Não deixe algumas fatias de pizza virarem uma semana de "ah, já que estraguei tudo mesmo..."! Não deixe um japa cheio de arroz, virar uma "época de inhaca" (termo técnico)! Não perca o fio! Furou, volta! Caiu, levanta! Sujou, limpa! Isole o acontecimento! E não deixe que algo isolado arruíne o plano como um todo!

Quando sugeri o desafio pela primeira vez, pensava que ele era só algo para cuidar melhor do corpo. Hoje, porém, creio piamente que se trata de algo para cuidar melhor da mente! Nuno Cobra fala sempre na relação íntima entre mente-corpo-espírito, e isso é muito real. Dificilmente um sedentário que vive comendo açúcar e industrializados e dormindo mal tem energia de vida e força de espírito. Isso não acontece por causa destas coisas em si, mas por causa do que elas representam. Comer de forma saudável é se cuidar, fazer carinho em si mesmo, se apreciar. Isso gera segurança, confiança e leveza no ser. Você vai se conhecer melhor e inclusive descobrir coisas a seu respeito que precisam ser tratadas. É fantástico!

Uma dica simples: de tempos em tempos, repita esse desafio! Pode ser mais curto ou mais longo, mas, de vez em quando, separe alguns dias para não comer nenhum industrializado. Apenas comida de verdade, num corpo de verdade! Não tem como errar!

Mantenha-se ativo! Apesar de ser especialista em Fisiologia do Exercício (UNIFESP), como não sou educadora física, não prescrevo treinos e exercícios, mas sempre recomendo a meus pacientes que encontrem atividades que gostem e possam praticar várias vezes por semana. Não adianta levantar questões como "quantas vezes devo ir na semana?", ou "mas três vezes é pouco?", "tem que ser musculação?", ou ainda "caminhada emagrece?", porque a todas essas perguntas a resposta é: depende! Depende do seu objetivo, do tempo de que você dispõe e do quanto está comprometido com a sua saúde e seus resultados. Minha dica é: encontre duas coisas. Um bom profissional para te orientar e uma atividade que você ame fazer.

Parabéns a todos que estiveram comigo! Parabéns a quem ouviu o corpo e supriu-o por 30 dias apenas com comida de verdade! Que a partir de amanhã essa experiência te guie a uma alimentação com mais consciência, amor e cuidado! Quanto aos meus resultados, posso dizer que amei! Meu corpo está visivelmente mais sequinho, minha disposição é outra, o sono está rendendo e a saúde está em dia! Li muitos relatos bacanas de vocês sobre resultados. Achei incrível. Sintam-se à vontade para contar e dividir com todos! Agora, ao voltar ao normal, não perca a mão, reintroduza os alimentos em pequenas quantidades e aos poucos, observe sua tolerância e a resposta do seu corpo! Um beijo!

Alimentos permitidos

BICHOS — NÃO PROCESSADOS

Aves: frango, pato, peru, codorna, faisão etc.

Carnes: bovina, suína, cordeiro, vitela, javali etc.

Peixes (todos) e frutos do mar (camarão, vieira, lula, polvo, caranguejo, lagosta).

Ovos inteiros, com gemas.

PLANTAS

Todas as folhas: rúcula, couve, repolho, acelga, endívia, folha de mostarda, nabo, alface, salsa, espinafre, agrião, folha de beterraba etc.

Todos os legumes: alcachofra, aspargo, brócolis, couve-flor, aipo, pepino, berinjela, chuchu, alho-poró, cogumelos, quiabo, cebola, abóbora, ervilha torta, pimentão, broto de feijão, tomate, cenoura, beterraba, gengibre etc.

Raízes: mandioca, batata doce, mandioquinha, inhame, cará etc.

FRUTAS

Para quem está em emagrecimento: abacate, coco, morango, limão, maracujá, kiwi, pitanga, amora, cacau puro.

Para os demais: todas as frutas.

GORDURAS

Azeite de oliva, oleaginosas (castanha-do-pará, castanha-de-caju, nozes, amêndoas, pistache, macadâmia, avelã), banha de porco, manteiga e óleo de coco.

BEBIDAS

Água, água com gás (eventual), chá e café (puros), kefir de água, leite e uva.

Por que não pode?

Em primeiro lugar, entendam que "poder" vocês podem tudo! Podem comer o que quiserem, quando e quanto quiserem! Mas a proposta do 30 dias bicho e planta é outra, é passar 30 dias praticamente sem nenhum industrializado (salvo o café, o azeite, a manteiga e o óleo de coco, que são coisas naturais que poderiam ser feitas em casa, mas que, por facilidade, compramos prontas) habituando seu organismo à comida natural!

Logo vem a dúvida: "Por que pode manteiga e kefir de leite, mas não pode queijo?". O kefir não é industrializado, e o leite (industrializado) que você coloca nele, fermenta. Ele passa a ser um probiótico! Um importantíssimo probiótico, que vai cuidar diretamente da sua flora intestinal, ou seja, é um alimento com uma função específica! Já a manteiga, apesar de industrializada (para quem mora longe de algum produtor), será usada em pequenas quantidades. Ninguém vai usar mais do que uma ou duas colheres por dia para auxiliar o cozimento! Esses dois alimentos têm praticamente 0 g de carboidratos, ou seja, não elevam a glicemia e, portanto, não atrapalharão quem está trabalhando para emagrecer.

Agora, se eu tivesse colocado queijo na lista, quem está no desafio facilmente comeria no mínimo 50 g de queijo ao dia. Isso, somado à manteiga e aos outros alimentos todos, iria descaracterizar a proposta de comida natural *low carb*, já que o queijo não foi feito em casa e nem na fazenda (e não é tão natural assim). Além disso, excetuados os amarelos gordurosos, os queijos contêm uma quantidade de carboidratos a ser levada em conta. Esses carboidratos, quando somados aos das raízes, castanhas e frutas, podem extrapolar a quantidade diária de uma dieta *low carb*. Sempre que chega alguém no consultório dizendo que faz *low carb* e não emagrece, é batata: está exagerando nos queijos! Além disso, há também a questão de experimentar o corpo sem a administração diária de lácteos por um período. Só quem já fez sabe o quanto isso é benéfico! Para resumir, o principal é: você escolhe fazer isso se quiser! Não tem certo ou errado, trata-se apenas de 30 dias numa visão diferente. São só 30 dias!

CAPÍTULO IX

Perguntas e respostas

1. Feijão, farinha, linhaça, aveia, manga e quinoa são *low carb*?

Vamos por partes: não existe nenhum alimento *low carb*. *Low carb* não é uma classe de alimentos, uma lista. Não existe isso de "tal coisa entra na *low carb*?", porque não existe o que não entre! *Low carb* é uma estratégia nutricional voltada ao emagrecimento e ao tratamento de doenças baseadas na hiperinsulinemia. Não é a única estratégia. Não é a melhor que existe no mundo! Não serve para todo mundo. Mas se (e somente SE) for a estratégia que um paciente meu for fazer, o que vou ensiná-lo é o seguinte: você pode comer meio abacate e não estar em *low carb*, ou comer duas bananas mais uma batata no mesmo dia e estar em *low carb*. Por quê? Porque o que importa em uma dieta baixa em carboidratos é o contexto — o contexto do dia todo, da semana toda, do período todo. Dentro desse valor definido da quantidade de carboidratos do dia, caberá qualquer coisa. Não vai ter alimento permitido ou proibido! Não existe isso! Tudo depende do contexto! Esse contexto é composto de objetivos, composição corporal, exames bioquímicos, rotina alimentar, preferências e possibilidades. É por isso que tem paciente cuja dieta inclui banana, aveia, feijão, caqui e que está em *low carb*, e tem paciente que, para se manter em *low carb*, precisa limitar até mesmo o consumo de oleaginosas, uva, queijo e iogurte.

2. Tal coisa quebra jejum (óleo de coco, suco de limão, vitaminas, chá disso, chá daquilo)?

Por definição, jejum significa abster-se de comida por um tempo determinado. Ou seja, não ingerir nada que tenha calorias e nada que eleve, ainda que pouco, a insulina. Calma! Sendo assim, por definição, qualquer coisa que eleve, ainda que pouco, a glicemia, quebra jejum. Óleo de coco tem calorias? Sim. Eleva a glicemia? Não. Quebra jejum? Sim, mas calma! Suco de limão tem calorias? Sim (pouquíssimas). Eleva a glicemia? Sim (pouquíssimo). Quebra jejum? Sim, mas calma. Veja bem, estamos falando de jejum por definição. Então, por definição, tudo que tiver calorias, ainda que seja um total de cinco calorias, quebra jejum! Mas a pergunta é: você está fazendo jejum pela definição ou pelo objetivo? Se for pelo objetivo, seja ele espiritual, nutricional ou pessoal, a resposta muda. Neste caso, a resposta será: depende! "Ai, Lara, mais essa agora?". Vamos entender isso! Primeiro de tudo, se você está perguntando o que pode ou não consumir durante o jejum, das duas uma: ou o profissional que te prescreveu deixou de te orientar de forma completa; ou você está fazendo por conta própria. Se está fazendo jejum programado por conta própria... só pare! Porém, comer apenas quando sente fome, o que gera pequenos jejuns naturais, qualquer um pode fazer. No jejum metabólico, pode haver a ingestão de calorias desde que seja com algo que mantenha a insulina baixa, como o óleo de coco. Logo, o que vai determinar o que quebra o jejum é o objetivo deste jejum. Se ele for curto (14–16h) e estiver sendo utilizado em conjunto com uma estratégia de emagrecimento, não faz sentido ficar ingerindo óleo e suco! Já se ele for longo

(24–72h), quebrar o calórico sem afetar o metabólico pode ser válido. De qualquer forma, quem vai te orientar sobre o que quebra o seu jejum é quem o prescreveu para você, que irá levar em consideração o seu objetivo com o jejum.

3. Lara, sei que você come na hora que tem fome, mas poderia mostrar quais são suas opções de café da manhã?

Comida sempre! No máximo, faço um *cappuccino* com café, creme de leite, cacau e canela. Mas no geral é comida, não importa a hora: se é fome, é comida!

4. E se der fome em uma hora que você não está em casa?

Nesse caso, depende. Se for uma fome que eu consigo esperar, só espero chegar em casa. Somos adultos, fome é como vontade de ir ao banheiro: às vezes, é urgente e vamos onde tiver e, às vezes, preferimos esperar para ir em casa. Se for urgente e eu não estiver em casa, não tem segredo: fruta, legume, oleaginosa, queijo, ovo cozido… Não tem complicação! É para ser simples. As receitinhas, as firulas, servem para ajudar, mas não são a base. A base é simples. A questão é que a pessoa tem que querer! Porque, se ela não quiser, vai dar todo tipo de desculpa: "Ai, ovo…"; "Ai, não quero comer tomate"; "Ai, queria uma coisa doce"; "Ai, mas estou com vontade de uma coisa diferente". É nessa hora que se separam os meninos dos homens: aqueles que realmente querem e os que querem, mas só se for de tal jeito… Já estou nessa há muito tempo. Acompanhei tanto o emagrecimento de muitos (inclusive o meu) como o insucesso de outros tantos nessa estrada. Por isso, posso afirmar: existe um denominador comum. Há coisas que todos os que conseguem fazem, e coisas que todos os que fracassam fazem. Quem consegue normalmente opta pelo mais simples, não inventa desculpas, não faz compras de coisas "para começar a dieta", não espera a segunda-feira, cai e levanta o tempo todo, não espera motivação e aprende a falar não para si mesmo. E quem não consegue normalmente fica esperando a motivação vir, encana com detalhes, troca de estratégia o tempo todo, quando erra leva dias para voltar, busca motivação antes de começar a agir, não diz não a si mesmo e se recobre de desculpas. Se seu objetivo é mudar sua composição corporal, entenda de uma vez por todas: é DIFÍCIL! Sim, é muito difícil! Não é para ser fácil! Quantas pessoas você vê à sua volta (e não na *internet*) que realmente mudaram completamente a composição corporal? Poucas! Quantas você vê tentando? Muitas! Sim, porque é difícil! Então, para conseguir, você vai ter de se esforçar! E se esforçar não é fácil! É esforço! É fácil levar ovo cozido, fruta e oleaginosa para o trabalho? Não, é esforço. É fácil dizer não para o bolo que todo mundo está comendo, numa quarta-feira, no escritório? Não, é esforço! É fácil acabar de comer meio pudim e pensar, "Dane-se! Isso não me abala! Estou de volta agora mesmo?". Não, é esforço! Coloque isso na sua cabeça! O pagamento no fim do mês é para quem trabalhou durante o mês!

5. Devemos comer os alimentos separados para melhor digestão?

Não. Você tem diferentes tipos de enzimas digestivas justamente para poder comer diferentes tipos de macronutrientes.

6. Déficit calórico emagrece, certo? Se eu comer só porcaria, mas não ultrapassar 1000 calorias emagreço?

Veja, tecnicamente, sim. Principalmente se não tiver nenhuma disfunção ou doença que tenha hiperinsulinemia como base. No entanto, um dos principais elementos de emagrecimento é o fator comportamental e é nele que mora o problema com essa opção. Explico: 1000 calorias em forma de alimentos saudáveis já é uma quantidade consideravelmente pequena de comida. Em forma de tranqueira isso diminui ainda mais.

Por isso, a pessoa que se compromete a observar apenas o conteúdo calórico sem se preocupar com a qualidade do que come acaba com uma quantidade tão pequena de comida que dificilmente é capaz de saciar-se. Desse modo, é muito provável que ela acabe comendo mais e estourando as calorias.

Além disso, alimentos mais açucarados tendem a gerar maior sensação de fome devido à abrupta oscilação nos níveis de insulina no sangue após a refeição.

Para arrematar, posso afirmar, por experiência, tanto própria quanto como nutricionista, que pessoas com esse pensamento raramente são capazes de se controlar com pequenas quantidades. A própria idéia já mostra a real intenção da pessoa. Quem tem essa intenção raramente é disciplinado a ponto de conseguir cumpri-la.

7. Tem alguma estratégia para comer tão pouco? O estômago diminui com o tempo?

Nada é tão eficaz para trabalhar quantidades quanto o tempo que se leva para comer. A todos os pacientes a quem ensino sobre saciedade coloco a questão do tempo como base. Se você come rápido vai sempre comer mais do realmente precisa.

8. Meu prazer está no ato de comer! Nunca consegui parar na saciedade por isso. Como fazer?

O ato prazeroso de comer não tem absolutamente nada a ver com a quantidade que se come. Se sentarmos juntas para comer brigadeiros, você pode comer doze e eu, três, e teremos o mesmo prazer.

O prazer de comer não está na quantidade de brigadeiros que cai no seu estômago, mas sim no tempo em que os brigadeiros ficam em contato com a língua, a única parte do trato digestivo em que você sente sabor (e o prazer está ligado ao sabor). As pessoas acham que, para sentir prazer, precisam comer muito porque comem absurdamente rápido, não sabem mastigar e engolem tudo numa pressa que não entendo de onde vem.

9. Você contava calorias durante o processo de emagrecimento? Se sim, quantas calorias consumia em média?

Não! O que deu certo para mim, na fase de diminuição do percentual de gordura, foi: não contar calorias, não pesar comida, não ter hora para comer, não comer a menos que sentisse fome, não evitar a gordura natural dos alimentos.

10. Você suplementava ferro, vitaminas? Ou apenas com uma refeição saudável é possível manter bons níveis?

Se a pessoa come, como eu naquela época, APENAS legumes, verduras, frutas, carnes, ovos, queijo, óleo de coco etc., ela tem na base da sua alimentação só o que existe de mais nutritivo em termos de dieta humana. Qual seria a justificativa para a necessidade de suplementar?

11. É verdade que não pode tomar banho logo após a atividade física pois isso pára a queima de gordura?

Não, minha gente, não! "Queima" é um termo fantasioso, é só uma figura de linguagem, uma expressão. Sua gordura corporal não queima de verdade, ela é metabolizada. Pode jogar água à vontade.

12. Coisas como chia ajudam a diminuir a barriguinha?

Não! Absolutamente nenhum alimento sozinho ajuda a diminuir a barriguinha. O que faz isso é dieta!

13. Tem como diminuir a perda de massa magra enquanto perde gordura?

Tem. Mantendo o perfil hormonal favorável, a ingestão de proteínas em níveis ótimos e o treino de força eficiente.

14. Você fazia apenas duas grandes refeições na fase de secar? Como funciona? Almoço e jantar?

Nem almoço, nem jantar. Não tinha horário (até hoje não tenho). Como quando sinto fome. Às vezes isso acontece pela manhã. Nesse caso, eu provavelmente só sentirei fome de novo à noite. No dia seguinte, como comi na noite anterior, talvez só sinta fome no meio do dia.

E assim vai! Sem pressão. O corpo pediu, dou, não pediu, não dou! Tem dias que isso chega a quatro vezes, e tem dias que não passa de uma vez. Não tem padrão.

15. Durante o processo de emagrecimento você tentou se amar e falar: "Deixa, está bom assim! Vai que eu não chego lá..."?

Foi justamente por me amar demais durante o processo que eu não falei, "deixa assim, vai que eu não chego lá". Isso não seria me amar, seria duvidar de mim, me desmerecer. Passei pelo processo não por me odiar, mas justamente por gostar de mim! Eu o fiz POR MIM, não contra mim.

Bibliografia recomendada

Os livros abaixo foram sugeridos pela Lara ao longo dos últimos seis anos, como fonte de conhecimento em nutrição e desenvolvimento pessoal:

COBRA, Nuno. *Encantadores de vidas*. Rio de Janeiro: Record, 17ª ed., 2012.
_____. *A semente da vitória*. São Paulo: Senac São Paulo, 104ª ed, 2017.
CHOPRA, Deepak. *Você tem fome de quê? A solução definitiva para perder peso, ganhar confiança e viver com leveza*. Editora Alaúde, 1ª ed., 2014.
DAHLKE, Rüdiger. *Jejum como oportunidade de recuperar a saúde*. Cultrix, 1ª ed., 2006.
DE LESTRADE, Terry. *Jejum: uma nova terapia?* L&PM Editores, 1ª ed., 2015.
FERRISS, Timothy. *4 horas para o corpo*. Planeta, 3ª ed., 2017.
PERLMUTTER, David. *A dieta da mente: Descubra os assassinos silenciosos do seu cérebro*. Paralela, 2ª ed., 2020.
_____. *Amigos da mente: Nutrientes e bactérias que vão curar e proteger seu cérebro*. Editora Paralela, 1ª ed., 2015.
TAUBES, Gary. *Good Calories, Bad Calories* [Boas calorias, más calorias]. Anchor Books, 1ª ed., 2008.
_____. *Porque engordamos e o que fazer para evitar*. L&PM, 1ª ed., 2014.

Aos curiosos se adverte que
este livro acaba de ser impresso pela
Ferrari Daiko, São Paulo–SP, Brasil,
nos papéis Chambril Avena 80g e cartão Triplex 250g,
e que o tipo usado foi Adobe Caslon Pro.